魔神仔

番婆鬼

石爺信仰

日月潭傳說

大莆林水鬼

尋妖誌
島嶼妖怪文化之旅

臺北地方異聞工作室◎著

蛇神傳說

貓將軍

阿里嘎該

緣妖行，忘路之遠近

　　這幾年，台灣的文化版圖中，突然妖風大熾，百鬼橫行，「妖怪」突然出現在各個文化生產領域中，不但開拓了台灣文化的多樣性，更由於其與地方性的緊密相連，儼然成為台灣主體性的表徵之一。

　　在這其中，臺北地方異聞工作室這個團隊，可說功不可沒。因為他們不僅可以說是最早開始投入，並且計畫性地要朝建立一個在地文化知識系統的規模邁進，他們更透過全面性的展開妖怪文化的攻略：先是以日本殖民台灣的歷史情境，創作出台灣第一部妖怪推理小說「言語道斷之死」系列；同時經由考據、圖像化與再創作的途徑，於《唯妖論》中初步建立台灣妖怪的知識系譜。再來，藉由《金魅殺人魔術》的「實況角色扮演遊戲」，以及《說妖》的「桌遊」實境體驗，在實際的遊戲空間中，讓參與者體驗妖怪的世界觀，並同時完成了遊戲與小說的兩種介面實驗。

　　接著，便是目前在各位讀者眼前的這本，結合了歷史考據與遊記性質的「妖怪紀行」——《尋妖誌》的出版，臺北地方異聞工作室的成員，以「現身說法」的方式，展示我們如何也能成為尋妖探怪的考古成員。更重要的是，你不必遠赴遙遠的異域文明古國，預先裝備各種應對蠻荒威脅的道具，才能擁有挖掘歷史的體驗，只要輕車簡行，至多空出週末時間，就可以隨時探訪其實早已環伺在我們身邊的妖怪匿跡。

從整本《尋妖誌》所涵蓋的不同面向，就可以看出他們透過不同的文化脈絡，所建立的台灣妖怪系譜，像是台灣人非常熟悉的「魔神仔」，與平溪、南港、菁桐一帶的地緣關係，以及其與台灣礦業發展的淵源。另外像是宜蘭頭城的貓將軍，竟然最早是從山貓精，一路演變到建立將軍廟進入漢人日常的祭祀體系。此外，從原住民的相關歷史文獻中，也爬梳出不同的妖怪蹤跡：無論是在埔里噶哈巫族的番婆鬼，或是橫亙於日月潭周遭跟邵族密切關連的白鹿、人面魚達克拉哈、茄苳樹王等；又像是存在於花蓮美崙山麓、水璉部落、吉安一帶，流傳在阿美族與撒奇萊雅族傳說中那個有著貓眼、全身是毛但善於幻化變身的巨人阿里嘎該，在在顯示出台灣妖怪系譜的豐富性。

當然，臺北地方異聞工作室也沒有忽略長期流傳在民間，具有歷史真實向度的線索。像是在現今鶯歌、三峽一帶，傳說是鄭成功斬妖除魔的路線，還有名列清末府城三大奇案的陳守娘、林投姐、五妃娘娘，構成了台南的女鬼地理秩序；此外，他們也沒有忘了還遺留在嘉義大林，昔日大莆林抗日古戰場的水鬼冤魂。這些側身在原住民神話、民間傳說、漢人歷史典籍中的妖怪，通過他們嚴謹的考據與紀行，一一還魂現身，成為進入新世紀的台灣，不可或缺的文化資產。

更可貴的是，藉由這樣的書寫，他們歡迎所有人的參與，妖怪既然是大家的共同文化記憶，那麼當然是屬於我們所有人的文化財，只要你願意，也可以一同來享受這「緣妖行，忘路之遠近」的尋妖之旅。事不宜遲，就讓我們一起出發吧。

陳國偉

國立中興大學台灣文學與跨國文化研究所副教授

鬼島

台灣尋妖不思議

　　《尋妖誌》是個不尋常的嘗試。

　　這不是說《尋妖誌》有多了不起、學術上多麼考究、或提出什麼多了不起的創見——我可沒有賣瓜老王那樣的勇氣。但沿著「台灣妖怪」這種主題，本書的方向，竟是寫出一篇篇的遊記，實際探訪流傳著神怪傳說的地方；放眼現時台灣的出版物，我認為也稱得上嶄新。當然，只有嶄新不算什麼，踏進前人未開拓的領域，也可能是那個領域不值一提；然而《尋妖誌》又如何呢？把「神怪」跟「地方遊記」兩個毫不相關的主題硬湊合在一起，這難道不是臺北地方異聞工作室太無謀、太亂來了嗎？

　　其實這兩個主題沒有一般人想像的那麼遙遠。

　　時間回到 2016 年。那時我們工作室剛整理完《唯妖論》，這是籌備長達兩年的計畫，期間，我們蒐羅梳理 49 個台灣神異的資料，總算能從資料之海中探出頭，重新呼吸現實世界的空氣；但從閱讀資料的狂喜中沉澱下來，我們心中冒出了各種想法，正是接觸了這麼多資料，我們才意識到——神怪不只是神怪。

這聽來或許有些標新立異、譁眾取寵。神怪不只是神怪，不然還會是什麼？其實這不是能簡單回答的問題。就我個人的看法，所謂的神怪，其實反映了社會秩序，不是外於人類社會的「非日常」，而是生活的一部份，也是文化記憶的證明。今年初，台灣文學館策劃的「台灣鬼怪文學特展」，找了敝工作室與何敬堯共同策展，敝工作室便從文化與社會的角度切入，尋找神怪在人類生活中的位置。

舉例來說，古早人們會將自然現象妖魔化，使惡劣的自然現象成為可驅除的對象；最明顯的例子是天狗食日，當日食發生時，人們以為是天狗要吃掉太陽，便衝到街上敲鑼打鼓，將天狗嚇走，拯救太陽。日食是天文現象，古代的讀書人就知道了，但缺乏相關知識的民眾不這麼想，他們想像出天狗這樣的存在，就是希望能透過某種儀式，排解太陽從空中消失的恐懼，而不是束手無策。不只日蝕，就連地震——地牛翻身也有相應的儀式，像學牛叫來試圖安撫，或拿東西敲打地面等等。

將自然妖魔化，不能單純視為迷信。畢竟面對殘暴無情的大自然，人類是束手無策的。為了對抗這種無助感，人們將大自然轉化為妖魔鬼怪，並制定出相應的儀式，就算沒有具體功效，也能維持心理健康；這些怪物不是胡思亂想，是呼應人們的心理需求而生。

不只是為了在粗暴的自然底下得到生存的力量，鬼怪的存在也會回應社會的需求與構造；以水鬼為例，潛伏在水中抓交替的想像，便是警告人們，使其遠離危險水域。而當水鬼普遍被認為實際存在，也會產生相應的儀式——如划龍舟是為了驅逐水中妖邪。知名的虎姑婆傳說，也是要人產生類似的禁忌意識，這位能夠變化身姿的恐怖怪物，

其實是提醒孩童要對「不熟悉的客人」保持警覺。台灣過去有冥婚的風俗，看似陰森，其實是傳統社會中，女性地位低下，未婚女性無法接受家族祭祀，為了確保死後仍能享有香火，才不得不產生的解決方案。所謂的姑娘廟，也是在同樣的脈絡下產生。

鬼怪的運作邏輯，可說與社會緊密嵌合在一起，可以說，鬼怪就是社會記憶，就是生活方式；因此鬼怪的消亡，並不只是科學觀念興起，更重要的因素是社會型態改變，過去供神怪現身的脈絡，已隨著現代化消散……相關的論述，我們已在《唯妖論》的前言提及。

就是這樣的意識催生了《尋妖誌》。

即使在台灣神怪逐漸受到關注的現時，或許依然沒多少人意識到神怪與我們的文化、記憶密切相關；既然祂們曾是生活的一部分，那追尋神怪，不正是在召喚過往的記憶？甚至可以說，這是讓我們得以穿透「現代化」的迷霧，重新與過去連結的辦法！念及於此，本來只存在於文獻裡的虛幻神怪，竟從紙頁躍進現實，在迷霧的彼端等待冒險者探索其足跡——這便是「尋妖」的緣由。

既然神怪有社會、歷史的根據，那探尋的對象，自然不會停留在《唯妖論》的文獻整理，而需進入實際的「地方」。這就是為何《尋妖誌》以遊記的形式呈現。整理搜集資料，這並不難，但要是沒有還原到神怪傳說誕生的現場，這份記憶終究是抽象的。

我們已經沒有不動身的理由。

但《尋妖誌》也不是那麼理所當然、一氣呵成。

最初我們的想像，是像溫泉旅行雜誌，以介紹祕境溫泉般的愉快口吻向讀者述說鬼怪傳說。但很快我們發現不可能。原因很簡單——祕

境溫泉就算再怎麼貧乏，好歹也有個溫泉在那，但就算我們抵達當地，也是見不到鬼怪的，除非我們遇上靈異事件。

這趟旅程的艱難之處，在於我們不僅是前往一個物理上的空間，還必須走進想像、走進歷史。在看不見鬼神怪異的同時，述說鬼神怪異存在的意義，走在虛實之間。或許在遊記中，這稱得上是最困難的一種了。

且不論如何走進歷史的幽微，經過這些旅行，我們也重新意識到，終究是「人」在傳遞這些故事。神怪與社區的聯繫，緊密到無法忽視。當社區的人們談論神怪時，祂們恍若從陳舊書頁一躍而出，重現於我們的視野；是的，祂們並未死去，而是活在人的記憶與生活中。對這樣的體悟，我們能再現出來嗎？

理想是美好的，我們希望《尋妖誌》的能結合文獻考據、路線規劃、實地體驗，但我們很快就碰上另一個難題：經費不足。

神怪遍布全台——這是理所當然的。但對平常都在北部活動的我們來說，要負擔這麼多趟住宿費與交通費，會是一筆不小的開銷，至少對我們這樣的小工作室來說太過吃力。最初我們憂慮地商量此事，甚至考慮過只將尋妖範圍縮限在北台灣，但這將不得不放棄許多有趣的主題！考慮再三的結果，我們還是決定（說是忍痛也不為過）將範圍放在全台灣，並訂下十一個主題，十一條路線：

埔里噶哈巫族中的巫師番婆鬼

盤踞在南港、汐止、平溪山間的魔神仔

嘉義大莆林的水鬼

高雄美濃的蛇神傳說

宜蘭頭城的貓將軍

圍繞著日月潭的白鹿、達克拉哈、矮黑人傳說

流傳於花蓮阿美族中的巨人阿里嘎該

台南眾多女鬼的傳說

新竹的石爺信仰

分布在北台灣的鄭成功伏魔傳說

宜蘭龜山島的千年老龜傳說

這些主題，其實未必吻合普羅大眾想像的「妖怪」。像噶哈巫的番婆鬼就不是妖怪，只是學了「散毛法」的巫師，能行使不可思議的巫術；女鬼是人死所化，在某些人的想像裡或許不屬於妖物；頭城貓將軍雖是山貓精，但被民眾建廟奉為將軍後，也已成神。但這些我們姑且都先列進來了。

原因很簡單。《尋妖誌》的目的並不是進行學術上的分類，而是透過神怪傳說召喚過去的記憶，若侷限在分類，反是本末倒置。

這麼多主題由不同作者撰寫，最初只是單純的人力分配，但現在看來，最後的成果頗值得玩味；正因作者有自己的性格、經驗、視野，關注的議題也不同，同樣是追尋神怪的旅行，便呈現截然不同的樣貌！同樣的主題若是換一位作者安排，在不同時間點遇到不同的人事物，說不定連結論都完全不同。

如果翻閱這本書的讀者，也就是您，願意隨著遊記踏上旅程，大概也會興起跟作者不同的感慨。若您願意深入調查，說不定也會有迥異於作者的見解。在台灣妖怪學尚未穩固、百家爭鳴的當代，您或許也能發展出自己的論述。

這就是當今台灣妖怪學的有趣之處。

不過尋妖之旅的資金，當時還是沒著落，所以我們決定上 SOS Reader 募資。感謝諸多朋友捧場，募得的錢雖無法支付稿費，但勉強能夠支付交通、住宿的費用。後來得到國藝會補助，稿費的事才有著落。

撰寫過程中，還有件事始料未及：我們確實感到了溫暖的人情。當我們向北投巷口金紙店的老闆提及需要毛筆字的題寫，他馬上就答應了！過去《尋妖誌》在網路上連載時，就是用他的毛筆字作為標準字。此外還有許多不吝伸出援手的人——噶哈巫年祭上的返鄉青年、博學多聞的美濃在地老師、大莆林住在阿彌陀廟旁邊的阿伯、台南傳承後代醉仙閣的老闆、伊達邵部落的耆老阿嬤、在新竹追尋石爺石娘過程中侃侃而談的前村長、阿美族海祭上熱情的大姐們……

這趟旅程有太多需要感謝的人。這個寫作計畫讓我們以不同眼光看待台灣，還親身體會了台灣人的人情味。

而今，《尋妖誌》總算走到出版這一步。

如開頭所說，《尋妖誌》是個不尋常的嘗試。從民俗學的角度看，我們所做的事稱不上田野調查，不過就是遊記罷了。但這樣的遊記，確實呈現了正在發展的台灣妖怪學不一樣的面向。或許我們查到的資料並非最完善，或許我們還有很多地方沒走到，或許我們意識到的議題面向尚且不足，但《尋妖誌》是一個示範，也是理念的實踐；如果讀者看過這本書後，對神怪的瞭解不再是抽象的想像，而認識到神怪是屬於民間、屬於地方的，那我們也可說是心滿意足了。

MEMORIES OF THE ISLAND

妖誌

島嶼妖怪文化之旅

魔神仔

「魔神仔」——若說台灣精怪有個名氣排行榜，魔神仔大概穩坐榜首，還遠遠把第二名甩在後面吧！即使在日本，魔神仔也算為人所知。魔神仔常被視為台灣原生精怪，傳聞此精怪若現形，常常是矮小、全身黑毛、形似猴子的模樣，人若被魔神仔「牽走」，會被魔神仔幻化的人請吃大餐，被牽走的人恍恍惚惚，很難獨力回歸人境，若有幸被發現，往往口中塞著泥土、牛糞等穢物，原來所謂大餐只是幻覺！不幸的話，發現時已是屍骨。儘管如此，若從許多的文獻資料及文學作品中可發現，此精怪的複雜多元，將會帶出神祕的謎團——在密林間、樹蔭底、風聲裡，停佇在那裡等待，在活生生的萬籟中靜默，伺機而蠢蠢欲動……

出沒地點：台北市、新北市山區

臺北

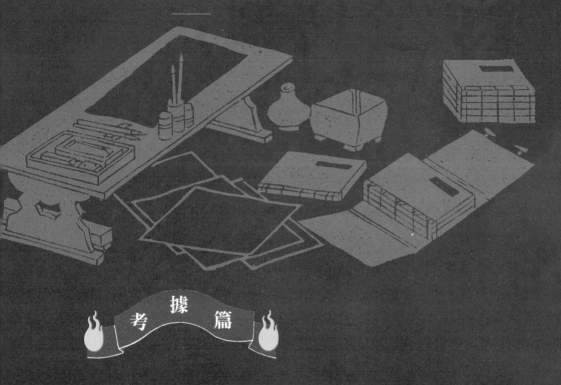

魔神仔也有出沒熱點嗎？

　　「魔神仔」——若說台灣精怪有個名氣排行榜，魔神仔大概穩坐榜首，還遠遠把第二名甩在後面吧！即使在日本，魔神仔也算為人所知。只要查詢「モシナ」，便能見到不少介紹，其中將魔神仔比擬為「台灣的河童」的觀點還不罕見；雖然依我之見，那只是日本人為求方便理解的說詞，無須認真。幾年前，中西良太曾以「魔神仔」為題導演了一部恐怖短片，以半紀實的方式記錄兩位台灣登山客在五指山遇上魔神仔一事。這樣的作品在台灣竟沒引起注目？還真讓我有些意外，便想方設法找來看了，看過後，大概也明白是怎麼回事。或許是在日本未引起注意，便沒再傳回台灣了吧。且不論濃厚的學生製片氣息，裡頭台灣人講話的方式，該說是符合台灣人口語還是不符合呢……勉強要說，那是一種近似恐怖谷理論的尷尬。

● 魔神仔洞

　　其實魔神仔這種精怪，日治時期便有記載。片岡巖於大正年間出版的《臺灣風俗誌》裡有「毛生仔」一條──能化身為平頭小孩、捕捉小孩子的怪物（小兒の姿にして毬栗頭をなし能く小兒を捕ふる怪物なり）──毛生仔發音同魔神仔，卻跟我們知道的魔神仔似乎有些落差；說到魔神仔，雖然各地傳說紛紜，版本不一，但大致有個共通的想像──人若被魔神仔「牽走」，會被魔神仔幻化的人請吃大餐，被牽走的人恍恍惚惚，很難獨力回歸人境，若有幸被發現，往往口中塞著泥土、牛糞等穢物，原來所謂大餐只是幻覺！不幸的話，發現時已是屍骨。魔神仔若現形，常常是矮小、全身黑毛、形似猴子的怪物。這些都不同於《臺灣風俗誌》的毛生仔。但據我的經驗，《臺灣風俗誌》的內容參考就好，片岡巖未盡詳考之處，其實並不罕見，反正魔神仔傳說不乏變體，將這種「毛生仔」視為某種異文，亦無不可。同時期的《臺灣

日日新報》也有魔神仔作祟紀錄，或稱「魔神」、「山魔」、「亡神」，被作祟者恍恍惚惚、神智不清，就與現今傳聞類似了。

　　魔神仔常被視為台灣原生精怪，其實有些爭議。據李家愷考察，約十九世紀末，福建廈門流傳著「無神阿鬼」傳說——發音與魔神仔相同；但考慮到台灣與廈門頻繁往來，也不能說鐵定是福建流傳到台灣，可能是相反。林美容與福建學者交流時，得知福建竟也流傳著魔神仔傳說（他們也稱「魔神仔」），只是細節與台灣不同，這些學者多半將魔神仔視為過去文獻中的山魈，這樣的看法，可說其來有自；大正十四年七月四日的漢文《臺灣日日新報》中曾有一則山魈紀錄，其作祟方式，與魔神仔極似。以下請容我按自己的喜好粗略轉述：浙江泰順地方，可謂窮山惡水，山上有猛獸害人就算了，還有山魈作祟，這可比猛獸更令當地人惶恐，因為被迷惑者，往往得呆症致死。民國五年，與泰順相鄰的瑞安縣有位佐事，他聽說兩地之間有人私種煙苗，

便與縣令前往追蹤查緝，在縣署過夜。當時，署裡的官員告知他，當地有小魈作祟，大家都不敢晚上外出，太陽還沒下山，市場便收攤了，而且晚上要叫喚他人，都不敢叫名字，而以按鈴取代。佐事大感意外，作祟就作祟，跟叫名字有何關係？官員這才解釋，有時山魈會假冒為人，喚人姓名，要是應答了，便會為祂所惑。原來如此，佐事聽了便將此事放在心上，並下令自己帶來的官役也牢記在心，誰知隔天，有位隨他同來的陳姓官役，或許是還來不及入境隨俗，夜裡聽人叫他名字，竟無心地應答一聲──這可糟了！轉眼間，陳姓官役翻牆而出，縣署裡找不到他，大家心裡有數，知道是被山魈迷惑，於是警察便帶領衛隊人馬，舉著火把，身上帶著武器，浩浩蕩蕩地四處尋找，最後在城外西邊的田地裡頭發現了陳姓官役，嘴巴裡塞滿泥巴，就算叫他，也沒有回應。警察見這情況，連忙打了他好幾巴掌，才稍微回過神，帶回縣署後，還是目瞪口呆、失魂落魄，直到兩個月後才慢慢恢復。

且不說嘴裡塞泥這樣的核心主題，「喚名」這點，也常見於魔神仔傳說。有時是被迷惑後需喚名來回復神智，有時是被魔神仔喚名，因此被牽走。被牽走的人找回後未恢復神智，也多有所聞，李家愷與林美容著作中的田野紀錄皆不乏這類事蹟，故事中陳姓官役不過兩個月便恢復，算是運氣好的；被魔神仔作祟者，一生未見復原也不奇怪。

這則地方傳聞裡的作祟者並非我們熟悉的魔神仔，而是「山魈」。如果同樣的作祟方式，有些地方稱為魔神仔，有些地方稱為山魈，那福建學者們將兩者視為一物便毫不奇怪。事實上，甘耀明的短篇小說〈魈神之夜〉開頭便這麼說──魈神不是神，是山魈，是惡魔黨。魈神是客家人對魔神仔的稱呼，這裡將魔神仔歸為山魈的一類；李喬的〈我沒搖頭〉中，主角遇上魔神仔時，

心裡也想：「是山魈──魈神！」。有趣的是，〈我沒搖頭〉提到一種說法，說魈神與水鬼都搶著作祟人，因此結怨很深，要是魈神欲作祟，水鬼就偏要救人，反過來也是。至於魔神仔與水鬼的複雜關係，林美容與李家愷合著的《魔神仔的人類學想像》一書裡也有提及，這種精怪的複雜多元，從文學作品裡便略見端倪。

　　甚至不只是山魈、水鬼，連矮黑人也要湊一下熱鬧；王家祥在《魔神仔》的序言提及，他出版《小矮人之謎》後，母親看到插畫家畫的封面，脫口便說是「魔神仔」，王家祥連忙問她知道這種怪物嗎？他母親便說了魔神仔是怎樣的精怪──「魔神仔，躲在草埔中，專門在「摸」囝仔，把愛玩不知回家的囝仔「摸」得昏昏懋懋，隨仍走去墓仔埔，將人丟在那裡，半眠才讓囝仔醒來，驚得半死，做囝仔攏嘛知，魔神仔矮矮黑黑，歸身軀全全毛。」這段話提到只針對小孩，倒跟片岡巖的記載有些重疊。王家祥聽了，便認為矮黑人傳說在閩南語系台灣人文化中被轉化成魔神仔。事實上，《魔神仔》這部作品與其說描寫將人摸走的魔神仔，不如說就是講矮黑人，只是被賦予了魔神仔般的魔力。

　　魔神仔是矮黑人，聽來有些難以置信，但林美容認為這未必是無中生有，有些流傳在原住民間的矮人傳說，確實跟魔神仔傳說有些重疊──對於這樣的觀點，林和君持健康的懷疑態度；他認為，魔神仔與原住民的矮人傳說是否重疊，只要實際詢問原住民就知道了，在〈臺灣原、漢山林傳說關係研究〉這篇論文中，他向不熟悉漢人魔神仔故事的太巴塱族人描述魔神仔故事，看他們會不會聯想到矮人傳說，結果族人想到的不是矮人，而是一種叫 Caraw 的惡靈，其故事與魔神仔之相似，讓人印象深刻！看到這篇論文，我不禁想到撒奇萊雅族有種

叫 Lalimenah 的精怪，會幻化成過世者引誘病人外出，最後將人困在刺
竹之類難以前進的地方，同樣帶著與魔神仔相近的色彩──事實上，
日治時期的紀錄更像魔神仔，只是 Lalimenah 引誘的不是病人，而是睡
夢中的人，祂或是把人拐到遠方、或使人迷路、或讓人爬到高處、或
使人吃牛糞、草木、蟲類等物……難道這些怪現象，竟不過是夢遊症
的常態嗎？無論如何，魔神仔或許不只是漢人所獨有，其事蹟也流傳
於原住民部落，且並非以矮人的形象出現。但對魔神仔未明的身世與
族譜探究，我們先在此打住，以上所列，留待有興趣的讀者參考。

　　擱下魔神仔撲朔迷離的形象，這篇文章其實背負了某項義務，不
得不說明一個問題：將「魔神仔」此一主題設在台北，但魔神仔不是
全台出沒嗎？為何獨厚台北？難道是撰文者住在台北，為節省經費才
不得不如此？雖不能說完全沒有這個因素，但並非最主要的原因。之
所以將重心放在台北，是因為在調查魔神仔的過程中，我注意到某件
神祕之事。

　　李家愷的論文〈臺灣魔神仔傳說的考察〉，是魔神仔研究的重要
文獻，更是後來與林美容合著《魔神仔的人類學想像》之前身；這篇

論文裡提及一事，在此直接引用原文：「直至今日我們也還可以找到含有『魔神仔』的地名：台北市士林有『魔神仔溝』、台北縣平溪鄉菁桐古道上有『魔神仔洞』、台北市南港的山區有『魔神仔碹』、台北縣汐止市有『毛神仔山』、台北市竹仔湖附近有『魔神仔古道』、台南市東區東智里有『魔神窟』（或『魔神仔堀』）。雖然都是些小地方，卻也是在當地盛傳有魔神仔出沒之後，居民冠上的名號。」

讀到這段文字，我野心勃勃地想：既然要調查魔神仔，當然要將這些地方實際走一遍！事實上，撰寫本文時，除了士林的「魔神仔溝」與北投的「魔神仔古道」，我都已探勘過，南港的「魔神仔碹」位置雖還不大確定，但也已掌握大概範圍。

相信有些讀者已注意到，李家愷列出的地點，除了東智里的「魔神仔堀」外，全分散在台北、新北一帶。雖說如此，雙北也是很大的範圍，雖稱不上具體，但若展開地圖，一件令人震驚的事實便會浮現。就從魔神仔洞所在的菁桐古道開始說吧！這條古道連接了平溪到汐止——說到汐止，不也有座毛神仔山嗎？從李家愷引用的報導看，毛神仔山應位於柯子林山區，與平溪有段不小的距離，但汐止可不只柯子林山有魔神仔，曾任汐止鎮長的前立委廖學廣便說過四分尾山早年也有不少魔神仔。這座四分尾山，從菁桐出發，只要沿著106縣道轉光明路即可抵達，不過十公里路程；往西邊去，經過鹿窟事件紀念碑，便轉入南港舊莊路。被稱為「魔神仔碹」的地方，就在舊莊路所在的南港大坑，沿著舊莊路下去是中央研究院，讓我想起林美容在《魔神仔的人類學想像》〈序言〉裡提到的研究動機；她最初聽說魔神仔故事，便是本來住在中央研究院一帶的李姓朋友所言，說是小時候長輩都警告不要靠近山，會被魔神仔抓走。

● 二坑登山道

● 這些與魔神仔有關的地點，居然意外接近

從地圖上發現這件事，讓我大吃一驚。若只看魔神仔地名的清單，或許無法意識到這事，但汐止、南港、平溪等看似單獨的地點，其實是連在一起的；這些傳聞中魔神仔出沒的地方，放大到整個雙北區域看，是夠密集了。若我們飛過台北市，看看士林的「魔神仔溝」與北投「魔神仔古道」，兩者間也不過十幾公里的距離。所謂分散在雙北，不過是對地理位置不熟悉所產生的錯覺。

　　這些山林間帶狀的妖異之路，像珍珠般被連綴起來，難道是偶然嗎？即便是偶然，未免也太密集了。在我心中，這是一個令人著迷的謎團。衛星照片中，這片山林瀰漫著深邃、野蠻的綠，彷彿要將人吸進去，在密林間、樹蔭底、風聲裡，謎團停佇在那裡等待，在活生生的萬籟中靜默，伺機而蠢蠢欲動。這就是我將「魔神仔」這個主題選在平溪、汐止、南港這片山林的原因。知道了這些，要是還沒有躍躍欲試之心，未免太過辜負孕育出這些玄祕的風土了，因此，這趟被我戲稱「追尋魔神仔」的旅程，已然勢在必行。

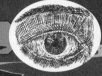

說妖小歷史

說說鹿窟事件

　　1952 年，政府認為鹿窟有共產黨的武裝基地，派兵從各路包圍進來，共包圍四十幾天，抓了好幾百多人，其中確定遭槍決者三十五人，判刑者逾有百人，把後續的牽連也算進來，事件至少延燒了四個月之久，是五零年代最大的政治事件。據傳，台灣文學家呂赫若當時也在鹿窟，有人說在事件前就死了，也有說死於事件，也有人說他逃過了這場事件，因為沒找到屍體，眾說紛紜。整件事到底是不是冤案，似乎未有定論，不過，當時軍隊將指揮部設在光明禪寺，被逮捕的人會被帶到寺內刑求，據《汐止鎮志》所載，被刑求者發出的慘叫，甚至能傳到汐止的社后下——那可差不多傳了十公里！就算山間再怎麼寂靜，也未免太遠了，會不會是當時風聲鶴唳，一丁點風吹草動即被當成慘叫？我不禁這麼想。但真是如此又更加令人惶恐。到底是怎樣的壓力，才會讓人聽到不存在的慘叫聲？若非如此，就是光明禪寺刑求之慘烈，已到常人難以想像的程度。

妖怪行走的舞台
——平溪、南港產業史

對魔神仔這種精怪，我曾有個小小猜想——祂們該不會跟礦業有關吧？

這聽來有些莫名，但我覺得不算完全無中生有；畢竟講到平溪，任誰腦中都會浮現揮之不去的礦業印象。平溪線這條從瑞芳貫穿而來的鐵路，本就是台陽礦業株式會社為運礦而建，直到礦業時代結束，載客都只是附帶而已。沿著鐵路，礦業遺跡林立，巨大而殘破——難以抹滅的記憶。當然不只平溪，我曾調查過金瓜石歷史，那時有位朋友告訴我，金瓜石也流傳魔神仔故事。在這趟魔神仔調查之旅中的南港大坑，光舊莊路上便有三個廢棄的礦坑遺址，再下去的中央研究院一帶，過去稱為四分子，也是不少礦坑之所在。南港真實地經歷礦業時代。

不過李家愷在其論文〈臺灣魔神仔傳說的考察〉中指出，礦業生活與魔神仔沒有正相關，當礦工在礦坑裡遇到怪事，他們很少聯想到魔神仔。這段考察銳利地將我志得意滿的推測給劈成兩半，我不禁想，或許我不是唯一這麼想的人，這刀才砍得如此之準；既然田野考察結果如此，我只能放棄自己小小的妄想。但在這次調查之旅中，我有個意外的感觸——

穿越中埔的狹窄巷子，沿著杜鵑花正要綻放的曲折小徑，走上石階，我來到台陽公司設立的山神宮。山神宮旁有個說明牌，上頭滿布著晒乾的斑駁青苔，底下文字寫：「山神宮為台陽礦業公司表達對山神尊敬之意，以及安撫地方上礦工人心而建立……」

看到這裡，我忽然感到某種巨大、與求生有關的矛盾。

山神宮不正是這種矛盾的化身嗎？礦工需要被安撫，為什麼？恐怕正是充滿變數的不安命運。在調查金瓜石、九份歷史時，我聽過這樣的俗諺：「日時全乞食，晚時攏紳士」，這是說礦工早上在礦坑裡工作，穿著破爛，甚至裸著上身進去，但晚上就花天酒地，穿漂亮衣服吃喝嫖賭。這不是充場面，而是今朝有酒今朝醉，誰知道會不會明天就死了？採礦人面對著種種風險，就算僥倖沒死，晚年退休的職業病也絕不好過。我聽過幾個故事，都是不忍卒聽，難以在這裡複述的。像這種花錢如流水，正是生命不安穩帶來的及時享樂主義。在那漆黑的礦坑裡，正如他們自己說的：未死就先埋一半。

即使如此，礦工們仍繼續這份工作，那就是矛盾。若要安穩的生命，便離開這座山吧！但這份工作同時是求生，一種與死相鄰、激烈而可怕，然而也更強烈的生。林美容說過，漢人是害怕山林的，山上總有「歹物仔」，但為了這種激烈的生，人們違反自己的求生本能，鑽進山的身體，以工業文明之名，扯出內臟般地將黑金從山裡掠奪而出……簡直像被刀抵著，不得不往前，這種瀕死掙扎著的生活方式，大概便是山神宮存在的理由。

從這個角度看，魔神仔或許還是與礦業有關，只是不限於礦業。妖鬼精怪本就在山上，而礦業強迫人們走進這些歹物仔的領域。在這種與危險相鄰的生活中，若因此有了種種奇妙遭遇，也稱不上奇怪。

因此，產業史不得不在本文留下適當的足跡，若非如此，山林便只是山林，未免離我們太遠了。

平溪線礦業物語

　　平溪線——至今尚未電氣化的鐵道。光是這點，就滿是復古懷舊之情。平溪線的觀光價值不只是礦業遺跡，更精彩的是那種鐵路穿過生活，或被生活穿過的獨特美學。雖然鐵路邊立著「禁止穿越」的牌子，但幾乎沒有觀光客理會，他們恣意跨越鐵路，在上面拍照、聊天，甚至放任蹣跚學步的幼童徘徊，彷彿沒有任何危險。這可能會嚇壞初來乍見的客人，然而鐵路月台邊人人祕而不宣的禁忌，幾乎不存在於這裡。當然，並不是真的毫無危險，但生活感毫無疑問在鐵軌間霸道地橫行無阻，無人能擋。

● 尚未電氣化的平溪線

　　菁桐的開發，最早可以追溯到乾隆年間，但其猛烈發展，跟礦業可脫不了關係。本來，這裡主要種植薯榔、大菁等染料作物這些產業痕跡仍留在地名裡（如菁桐，或不遠處的薯榔山），到了日治初期，平溪庄第一任庄長潘炳燭（現在還能在汐止的茄苳路找到潘家古厝）發現煤田露頭，並申請採礦權。這當然是一大事業，可惜的是，就算採到煤礦，若不能運出去，也無利可圖；當時平溪的對外通路，都橫

互在山間，要運礦出去，費時費力，因此潘炳燭四處勸說，設法聯合日本的藤田組跟基隆顏家合作，這才有了浩浩蕩蕩的鐵路工程，藤田組與顏家當時成立的「台北炭礦株式會社」，也是「台陽礦業株式會社」的前身。

鐵路於 1921 年完工，稱為「石底鐵道」。這條鐵路最初便是為了礦業而生，也是台陽公司的私營鐵路。直到 1929 年，因為台陽的經營

● 日治時期石底煤礦場

問題，還有鐵路國有化政策，才被總督府鐵道部收購，改名平溪線，兼有客運功能，當然，這也是之後的事了。

　　鐵路開通後，石底煤田得到充分開採，一坑、二坑、三坑……陸陸續續開到六坑，產量堪稱全台之冠！1931年，台陽公司申請電力，從汐止牽入高壓電線，從那年開始，菁桐有了電。1937年，石底大斜坑完工，原有各坑的出炭路徑都改成大斜坑的風坑，不再出炭，過去所有的偉業，都只成全了石底大斜坑；這也是台灣開採時間最久、面積最廣、深度最深、產量最大的煤礦礦坑。

● 南港錦興煤礦遺址

1975 年，因種種複雜的因素，石底大斜坑停止開採，漫長的使命終於告一段落。過去不再出炭的諸坑，有些不得不恢復部分功能，但無論如何，盛況是不會再來了。台陽公司開始從石底一帶的煤礦事業脫身，1988 年讓出礦區權利，礦坑轉由私人開採，直至 1996 年徹底封坑。

礦業時代一去不回，歷史親手為此畫上了句點。

來自地底的歷史

石底大斜坑廢坑不只是一個象徵，也是一種宿命。菁桐因礦業而起，礦業沒落，也意味著難以抵抗的蕭條；到 90 年代，已沒多少商店生存。我們現在熟悉的菁桐——那個主打天燈（旁邊還有造型美感讓人不敢恭維的天燈派出所），每到元宵節就水洩不通的菁桐，是二十一世紀後才走向觀光化的結果。

菁桐車站月台的斜對角，選洗煤場下，有個儲煤櫃。那是五層樓高、充滿工業時代秩序化與恢宏風格的廢墟。旅程中，我看到儲煤櫃底下兩層樓高的開放空間裡，出現琳瑯滿目、滿是風鈴般的景色。在嵌進水泥的生鏽ㄇ形鐵條（或許是過去的梯子）上，繫滿了五顏六色的繩子，每條繩子都掛著竹筒，寫著文字。在這邊，將願望寫在竹筒上，是種不知從何而來的風俗或商業模式。這些願望幾乎滿布任何能掛著的地方，風吹來便發出悅耳的敲擊聲，換個角度看，倒也頗有美感——這個殘留下來的時代遺物，守護了這些宿願免於風吹雨淋。但掛上願望的人們真的瞭解這個建築的過去，或只是單純將願望覆蓋上去呢？

或許，這個小小的廢墟就是當代菁桐的象徵，無需額外的文學技巧。

戰爭後，石油時代來臨，煤礦重要性大幅下降，南港礦坑也紛紛

廢棄在荒煙蔓草間。南港大坑的主要道路舊莊路，過去是產業道路，曾鋪有運礦之用的輕便鐵道，直達南港火車站。那時的南港與現今相比，當真是物換星移。

　　有一篇日治時期的登山筆記，文中闡述他們從石碇往土庫庄作為登山路線，這個路線，恐怕是現今我們說的更寮古道吧！據他所說，一路上茶園很多，採茶女手上挽著籃子，站成一排——這樣的景象雖是霧中迴響，卻不見得毫無痕跡；只是走在南港山區，若不費點心思，恐怕此番美景是會被視而不見的。

● 菁桐儲煤櫃底下掛滿了人們的願望

最好有自己的交通工具！

　　要遊走在平溪、石碇、汐止、南港間的這片層巒疊嶂，稱不上交通方便，尋訪與魔神仔有關之地，有自己的交通工具將會是首選，尤其平溪一帶沒有能租借機車的店家。倘若沒有代步工具，在我們規劃的兩天一夜行程，也提供了轉乘之道。

　　既然要過夜，第一天行程自然在菁桐。在我們的行程表上，就有白石村裡的「北海道民宿」跟菁桐煤礦坑口的「菁桐山居」，考慮菁桐之旅與煤礦史密不可分，這兩間民宿可說有著過夜以外的重大意義。當然，除了這兩處外，菁桐還有不少民宿，在此我們就不特別建議了。

　　到了菁桐後，此趟礦業之旅的建議如下：首先是菁桐車站周邊的礦業遺跡，如石底大斜坑，此處在失去功能後，工業的殘跡被自然併吞，末日廢土下又有生機蓬勃發展。另外，走入中埔的長小徑，可一訪礦工們的宗教支柱「山神廟」。接著再前往菁桐煤礦坑口，就位於白石庭園餐廳與「菁桐山居」間，會在「菁桐山居」過夜的旅客，正是放下背包的好時機。

　　離開礦坑口，開始往回，進入有著礦工宿舍群，臨著基隆河的白石村，「北海道民宿」便位於此。旅客們不妨放下行囊，好好享受這個美麗的小村鎮。村裡有過去的石底俱樂部（台陽礦業平溪招待所），

現在開放承租後稱為「真樸齋」，僅開放星期一免費參觀，其餘時間為預約參觀。這是基隆顏家當年以大手筆砸下的豪華宅子，若有興趣，請以星期一列為旅程日子的首選。

以上行程，不會超過三小時，但寧靜美麗的白石村，要享受多久，則是旅客的自由。有著「魔神仔洞」之稱的菁桐古道可由二坑口前往，前往魔神仔洞再回來，最長不會超過兩小時。差不多就是以魔神仔洞為界，菁桐古道其後半段崎嶇難行，但密林的深遠氣氛，讓人難以抗拒！倘若有充裕的時間，可以在有著充分準備的情況下挑戰菁桐古道後半段（汐止段），請儲備足夠的糧食、體力及裝備。

還有一處值得前往，請依照行程斟酌安插，那便是基隆河源頭；這條最後在關渡與淡水河合流的大河，或者沒多少人知道其源頭正在平溪。搭 795 或 F823 公車到「分水崙」站，步行約二、三十分鐘，經觀音禪寺旁的小徑，即可抵達。源頭旁有個觀音洞，充分展現出大自然的鬼斧神工，值得現場親臨。

次日前往南港，若有交通工具，只要走 106 縣道轉光明路，經鹿窟到舊莊路，不過是三十分鐘的路程而已；若沒交通工具，我們建議搭火車回南港車站，搭乘 212 公車抵達舊莊二站。

從舊莊二站沿著舊莊路步行二、三十分鐘，即可抵達腦寮古道入口，一路上，可經過茶園、南港茶葉史遺跡，還有謠傳闖過魔神仔的小廟。離開腦寮古道，走到北 32 線，左行，這時有兩個選擇：一是尋找所謂的「魔神仔碇」——目前只知在灰窯附近——以步行來說，這趟旅程或許稱不上有趣，路旁人家極少，墳墓的數量反而還比較多。另一較為輕鬆的選擇則是走上更寮古道，循山路繞一圈回到舊莊二站，全程大約三小時，這或許無法讓人徹底瞭解南港山區產業史的旅程，

漫長的山路也算養生之旅了。

　　舊莊二站還有另一個可能行程，便是搭小 5 公車前往光明禪寺，這是鹿窟事件中，村人遭到嚴刑拷打之處，鹿窟事件紀念碑就在可步行抵達之處。據廖學廣在採訪中的說法，鹿窟事件累積了許多陰氣，正是魔神仔在附近出沒的原因。不過小 5 公車間隔時間甚長，行程如何安排，怕是要多費一番思量了。

● 跟著古道石階拾級而上，就能走向傳說中的出沒地點

行程篇

Day 1

07:00　乘坐客運或火車 ● 　　07:49 ● 　　09:05 ●

從台北出發 　　抵達八堵轉乘火車 　抵達菁桐
　　　　　　　　　　　（搭乘平溪線）

菁桐車站周邊礦業遺跡
菁桐老街

中埔山神廟
菁桐煤礦坑口
石底俱樂部
台陽礦業平溪招待所
日式宿舍區

尋妖之旅

基隆河源頭的階梯

基隆河最有趣的地方，是它本來一路流向東北，照這勢頭，該在基隆出海，誰知卻在瑞芳戲劇性地大折返，待流過暖暖、七堵時，已與隔著山頭的平溪河段平行；這特殊的情況，是地球科學課本也教過的「河川襲奪」所致，大約發生在兩萬年前──那時台北盆地還不見得有人呢！

滴水觀音洞

觀音洞是大約四、五層樓高的巨大凹槽，與一般洞穴不同，就像拿著鏟子朝四十五度角下方鑿入山壁，再狠狠把山挖出，斜坡極為陡峭，其深處有個天然平台，上面擺著大小剛好的白色觀音像，看來並非鐘乳石。這難以企及的觀音像，無疑有著某種不可思議的神祕魅力。大自然未經思量的造物，竟意外吻合人類的審美。我想在遠古時代，若有先民知道此地，就算沒有宗教信仰，也一定會形成自然崇拜。

南港路一段
南港車站
忠孝東路七段

南港街一段

舊庄二站

魏靜時故居　　大坑溪　　　鹿窟事件紀念公園　　　　汐碇路　石碇光明禪寺

腦寮古道　　　　　　　桂花吊橋　南港茶葉製造示範

舊庄街二段

Day 2

16:00　河川景觀 ● 　　16:30 ● 　　07:30 ●

基隆河源頭　　　　　　原路返回菁桐　　　從菁桐出發
觀音洞

自行騎車、開車，或
搭火車回南港車站

山神廟（招魂碑）

菁桐尖登山步道

平溪火車站

基隆河

遴洗煤場　石底大斜坑

菁桐老街　菁桐車站

觀音禪寺　一口坑　周氏紀念碑

靜安路二段

菁桐
日式住宅
建築群

12:00　　　13:00　　菁桐段　　14:00　　菁桐段　　15:00　　　15:30

12:00	13:00	14:00	15:00	15:30
午餐、尋找 或落腳民宿 （先預約較為保險）	菁桐古道入口 （二號坑口）	魔神仔洞 （三坑山）	菁桐古道入口 （二號坑口）	搭 795 或 F823 公車 到「分水崙」站 （步行觀音禪寺小徑， 約三十分鐘）

順路考察

石碇光明禪寺

據《汐止鎮志》記載，鹿窟事件當時被槍決者，有半數
是汐止人，當時軍隊將指揮部設在光明禪寺，被逮捕的
人會被帶到寺內刑求。現在的光明禪寺當然不存在過去
的殺伐之氣，事實上，寺前視野好極了。站在寺前空地，
正好能飽覽群山，藏匿在腳下，天地間毫無阻礙，其悠
遠開闊，在春天的微寒中，可用「太空」二字形容。

鎮住眾多牌位的佛像

經過寺廟湖畔旁的石橋，我們來到一座周圍瀰漫著肅殺
寂寥氛圍的偏殿。裡頭供奉好幾尊大小不一的佛像，竟
與平時所見不同，像光明禪寺這樣，一個偏殿就放了這
麼多姓氏的祖先牌位，似乎很不尋常，我忍不住想是否
與鹿窟事件有關？當然僅不過是毫無根據的臆測。

鹿窟事件紀念碑

從寺廟處朝南港方向前進，就在轉入舊莊路前，有個「鹿
窟事件紀念碑」，上面記載了鹿窟事件的始末。地方足
夠冷僻，還蓋了小型廣場，要走上樓梯才會看到石碑。

09:30　　　10:00　　　　11:00　　　　13:00

09:30	10:00	11:00	13:00
舊莊二站 （舊莊路步行）	腦寮古道入口 （舊庄路 232 巷） （有應公廟、古厝、 魏靜時故居）	返回腦寮古道入口 （順遊南港茶葉製造示 範場、桂花吊橋、鹿窟 事件紀念碑）	午餐、賦歸

南港大坑：魔神仔出沒的產業道路

　　從石碇到南港，有條北 32 鄉道，是條產業道路，除了少數較寬的路段，多半是剛好能讓兩輛車錯身的寬度。路上鬱鬱蒼蒼，不時有載貨車經過。這條路，我先前走過幾次，但出發調查魔神仔那天，雖還有著薄寒，但無數蝴蝶進出花叢，簡直不像同一條路。途中，有間信奉玄天上帝的廟宇，牌樓下綻開著紫紅色棉紙碎花，那是誕辰祭典時爆竹留下的外襖，其上，無數異色蝶群成對起舞，像小型的龍捲風——這還不是我當天見到最驚人的景色。

　　232 巷進去，是腦寮古道的起點。我將腦寮古道列為魔神仔調查的重要地點，據高燈立先生所寫的〈冬陽的腦寮古道〉一文中提及，腦寮古道有間石板廟，曾有風水師將附近的孤魂野鬼與魔神仔收於廟中——竟有關於魔神仔的廟，未免太令人驚奇！這樣祭拜廟裡的有應公時，難道會連魔神仔一起拜嗎？文中指出，此說源自當地魏姓耆老。魏這個姓氏，不禁令我想到前文提及的安溪茶農魏靜時，難道說這些話的人，是魏靜時後代？

　　因為事前沒約好詳細地點，所以阿成（同行的攝影師）花了點時間才跟我會合，之後，我們直接走進巷子。說是巷子，其實不同於城市的巷弄印象，水泥路斜斜上行，直接銜合山壁，兩旁沒有數層樓高的

公寓，而是菜園與住家。腦寮古道就在菜園後方，前面停了幾輛車，擋住古道入口，像在宣示古道的所有權，但我們無視這點，直接繞過去。

眼前，綠色步道蜿蜒而上。

腦寮古道是由石頭砌成，雜草、青苔從隙縫中奮力長出，在樹蔭下有著可愛的顏色，頗發人思古之幽情。但〈冬〉文裡說，這些石階是市政府新鋪而成，與傳統工法已然不同，也沒留下過去殘跡。這份懷古之感，竟是被迎合當代想像的贗品所煽動。

沿台階而上，發現這段路意外的陡峭，才沒走幾步，我便氣喘吁吁、呼吸粗重了。我不禁自嘲：「天啊，我是沒運動習慣，但才走幾步，體力也太差了吧？」

「我也是出社會才意識到體力的重要啊！」阿成笑著說。

不久，左側伸展出一條岔路，路標上寫著往錦興煤礦通風口。在岔路前，更引人注目的是右方的墓地。那不是隨便立的墓碑，構造相當完整，看來是鄭家夫妻合葬之墓，碑上寫著堂號「滎陽」。

轉進岔路，沒多遠便到盡頭，右邊山壁底

● 腦寮古道

下有個堙埋在雜草間，以鐵格子區隔的通風口。旁邊牌子說明了通風口的歷史，收錄如下：

民國四十五年初，南港聞人王列盟君，承租業於本區成立「錦興煤礦股份有限公司」，始其煤產大業。

本礦區幅員五十公頃，礦脈深約三百公尺，東西走向各約兩百五十公尺，日產礦煤三十噸，供焦炭窯提煉焦炭，以應民生所需，迄五十九年中停產，十數年間為本地三十餘戶家庭生計之所繫，朔往追昔徒留餘風，物換星移煤業凋零，今餘通風口一處，但留後人休憩追思。

民國九十一年七月

● 腦寮古道上的墓地

● 錦興煤礦風坑口處設置說明牌，詳述其來歷

五十公頃以煤坑來說算不算大，我毫無概念，但看到這個通風口，我不禁想，煤坑入口想必不遠，說不定能找到遺跡──現在想想，那時起的探險之心，是有些太傲慢。後來，我跟阿成在舊莊路

上真的找到錦興煤坑的舊事務所，只剩斷壁殘垣，樹木幾乎取代原先的屋頂，沉沉壓在上面，就像山伸出碩大的手掌，安慰小孩般地放上事務所的背脊。沿著荒廢的樓梯上行，很快就到了極限，路都被膝蓋高度的雜草堙沒，若要前進，恐怕還得拿把開山刀。我畢竟是城市人，這份探險之心，事到臨頭就退縮了，因此我們終究沒找到廢棄的坑口，既不知是否依舊存在，也不知保留到什麼程度。或許，能用以紀念錦興煤礦的，真的僅存那不到三十公分的通風口。

有應公廟收伏魔神仔

　　回古道繼續上行，不久視野便開闊起來，隔著大坑溪，對面山色一覽無遺。左手邊有座鄭家的墓地（這是另一座），看這地勢，我猜是風水寶地，雖然我對風水一竅不通，但古道走到此，景色忽開，墓碑還倚著一塊難以無視的高大磐石。但墓地不是重點，先擱下不談，墓地對面有間小小石板廟，那應該就是此行目標：〈冬〉文中提到收伏魔神仔的有應公廟。老實說，就算是抵受著春暖花開時節的和煦陽光，我還是起了些雞皮疙瘩。

　　石板廟外型並不陰森，小巧精緻，有著純樸之美。廟簷長滿了毛茸茸的青苔，像綠色的動物毛皮。落葉與藤蔓布滿基座，從旁邊看，陽光難以照進的陰影處，有個小小圓盒，不知是香爐還是骨灰罈。這將裡頭狹小的空間與難以名狀的神異世界連繫起來。一想到魔神仔曾被封在裡頭，那陰影便頓時有了生命，化為混沌的神祕攀爬而出。

　　其實根據〈冬〉文，有應公早已被居民遷至「下媽」處。這位「下媽」在哪，我並不清楚，不過，這座小廟應已無人祭祀，只餘空居。因此，我感到的恐懼並非什麼靈異體驗，只是自己嚇自己罷了。

撇開背後晦暗的傳奇，這實在是很適合出現在日本動畫電影裡的風景，我甚至能想像那個構圖：杳無人蹤的山林裡，靜靜佇立著的石頭小廟，斑駁石板象徵著古老的痕跡，沒有寫著某某宮的匾額、沒有刻字、沒有任何可供辨

● 相傳曾關過魔神仔的石板廟

識的紀錄，什麼都沒有，誰也不知祭祀著什麼，除了口傳的記憶……

　　當然，這只是無聊過客自以為是的幻想。對當地人來說，這座廟是更加真實，甚至堪稱現實的；據說當年大家樂盛行時，這間小廟可謂香火不斷、靈驗非凡，求明牌者，絡繹不絕。真難想像這狹窄古道上也能人滿為患，也辛苦隔壁鄭家墓地裡的列祖列宗了，要是因此遭到打擾，還真是無妄之災。

茶園飄香話古道

　　再上去幾步是整片茶園。茶園內，數以百計的蝴蝶猛然躍入眼中！要是我年輕個十幾歲，還是傷春悲秋的中文系學生，或許會對著此情此景吟詩作對一番，但現在已沒有迎合這份異樣光景的雅致──是的，異樣。對此我很難興起歌詠之情。

　　茶園兩側又有墳墓，當真是與墓塚相臨的古道。其中一座仍是鄭家墓地，另一座則是魏家的，應該便是〈冬〉文中的「魏靜時墓舊址」。

高處農地裡，一名老婦頭戴斗笠，手拿鐮刀，砍著竹子，這片春意過濃的茶園，總算有了些生活感。她問我們是不是來爬山，那時我與阿成正在尋找〈冬〉文中的石頭公，苦尋不得，便向她請教，但說到石頭公，她也不清楚，還以為我們是在問前面的有應公廟，就說那是古早時前人來這裡開墾撿到屍骨，為了祭祀無主孤魂所建。她也提到下媽，證明剛才的有應公廟確實是〈冬〉文中提到的那座。這些話，由於我台語不輪轉，是聽得一知半解，再向阿成求證後的結果。

「老鷹！」穿過茶園上行，阿成忽然驚喜地指著某處，按下快門。

我一看，樹上果然盤踞著巨鷹，因為太過壯碩，片刻間沒認出來，定睛細看後，不禁為其掠食禽類的氣魄所折服，也興起意想不到的感動；這趟旅行，最初是為了追尋魔神仔的線索，但看看這巨鷹、看看環繞我們的山勢，回過神來，野生的力量有如鐘聲迴響在曲折的山谷間，這股生命力與春天如出一轍，卻更加深沉，無所不在，而我光顧著追逐魔神仔，竟差點錯過這些風景！

● 茶園旁邊也有不少墓地

● 暫歇樹上的巨鷹

巨鷹張開翅膀而起，只餘樹枝顫動，溫和的風穿過重重遠山而來，彷彿也帶著遠方的氣息與聲音。我們停佇片刻，繼續前進。

來到茶園上方，有棟紅磚砌成的連棟宅邸，磚上斑駁變色的痕跡，本身便是歲月的化身。不過，屋頂瓦片已全部換掉，成了僅具功能、缺乏美觀的鐵皮。側面牆邊滿滿的生活用品，瓦斯筒、洗手檯、外接的電線與水錶，甚至有晾著的內衣褲，顯然有人生活其中。事實上，這正是數十年前舉行包種茶講習會的講習所！日治時期，為了學包種茶，全台灣的茶農都會來此研討，是真正具有歷史意義的資產。所幸，還是存活下來的時代遺物。

腦寮古道的石階部分，到此告一段落。再上去便是水泥地面。但這趟旅程還沒結束，前方還有「台茶之父」魏靜時的故居。我們經過指向「土庫丘」的路標，繼續上行，忽然間，兇狠的吠叫聲鋪天漫地湧來，只見一頭黑犬被鍊子拴住，鐵鍊發出硞啷硞啷的聲音，要不是被拉住，它恐怕已直接撲來！即使如此，它也不斷掙扎，齜牙咧嘴，氣勢驚人。

● 今日的民居，曾是日治時期的茶葉講習所

雖不知是不是虛張聲勢，至少我們是猶豫了，最後保持著距離繞開它。通過這隻看門犬的典範，不遠處有座木製亭子，對面，**魏靜時**故居沉睡於此──不得不說，是有些讓人失望的。

　　故居完全荒廢了。別說紀念性質，甚至看不出與**魏靜時**有何關係，雖然亭前立了個小牌介紹**魏靜時**，卻也沒提到這小屋是其故居。土牆外，「南港包種茶示範戶」的牌子立在那邊，卻連它也被雜草、藤蔓覆蓋。比起半山腰的茶葉講習所，這裡根本談不上「保存」。

　　諷刺的是，這簡直就是當今南港包種茶的名譽寫照。雖然台灣包種茶源於南港，現在卻被大眾遺忘，**魏靜時**、**王水錦**的名字，也堙滅在歷史洪流中。從網路上得知，南港區政府頗有主打桂花、茶葉等產業的打算，但在這個主題性計畫中，難道不該將「台茶之父」**魏靜時**列入脈絡嗎？任由如此重要的地景荒廢，令人匪夷所思！

　　當然，事情變成如此，或許有什麼環節是我這個外人未能理解的，但要說只是單純被政府遺漏，我也不會感到意外。

● 魏靜時故居

魔神仔硿探祕

　　腦寮古道的終點是**魏靜時**故居。這段只有兩公里多的古道，大抵風光如前所記。但南港大坑還有另一個與魔神仔有關之處，根據高燈立先生的另一篇文章〈南港大坑人文、景觀兼具〉。在灰窯產業道路上，有個叫「魔神仔硿」之處。

　　這個「灰窯產業道路」，我猜便是連接南港與石碇的北 32 鄉道，魔神仔硿在哪個區段，雖有大概猜測，卻無法肯定，而最後我們也沒有找到魔神仔硿。

　　我跟阿成尋訪的過程中，沿著北 32 鄉道往石碇方向。一路上，各姓祖墳林立，從衛星照片看，深山裡還有個亂葬崗。且不論有沒有魔神仔，至少看到這麼多墳墓，我已有些不安。後來，我跟作家朋友提到此事，她意味深長地說，生活經驗不同，真的會培養出迥異的態度。對她而言，墳場墓地根本不算什麼！掃墓時早看慣了，他們還會在墓碑上切西瓜，借用旁邊的墓碑，絕不弄髒自己家的──真是文化衝擊。不過這段活靈活現的經驗分享，對當時的我來說，是有些遲了。總之，因推測魔神仔硿是從山間小路上去，一直找不到適當入口的我們，最後在灰窯觀景亭邊找到深入山林的小路，決定前往探索。

　　這條路似是經過整理。走沒多久，我們發現一棟廢屋，上面還掛著倒懸的門牌：282 巷 22 號。奇怪的是，屋子是荒廢的，前面的菜園卻顯然有人耕作。

　　這條山路走到最後，真相大白，原來又是通往祖墳！也難怪有人在維護了。走到墓旁一看，是滎陽堂鄭家，到底鄭家在這一帶有多少墳墓？看著碑上碩大的「滎陽」，我不禁想，這麼多墓，全都是「滎

陽堂」，全都有著單一的源頭，我已在不知不覺中將他們歸類同一家的人了。對這些長眠於此的人，我忽然興起一個不知是否妥當的問題。

你們是誰？你們的故事是什麼？

當然，我沒有資格與立場問這種問題。說到底，這不過是無聊過客的自以為是罷了。

南港大坑之行，差不多告一段落。各位讀者諸君，若想要追尋我們的腳步，請您也懷著尋找自己版本的目標吧！如此一來，那才會是屬於您的旅程，這篇微不足道的記錄不過是花間風景，可不是旅程的終點，但作為本文的結尾，或許還是有些意義的吧。

● 山間小路，每每帶給人無盡的想像

菁桐：隱身蒼茫樹海中的魔神仔洞

調查完南港大坑當天，離太陽下山還有不少時間，既然南港離平溪不遠，騎車不超過二十分鐘，我就向阿成提議：「要不要直接衝魔神仔洞？」

阿成答應了。

魔神仔洞位於菁桐古道。這條古道從菁桐攀坡而上，直達汐止的汐平公路，那裡被稱為盤石嶺。據說，以前該處有塊巨石，現在看不到了。要前往菁桐古道下端，可從菁桐坑登山口切入，但我們走的是二坑登山口。從菁桐車站出來，經天燈派出所，沿 106 縣道轉幾個彎，就會抵達二坑口。從外面看，彷彿是被兩棟平房夾起的小巷，但轉進去，上行一段平坦小路，便會看見二坑古道以有著科學性格的驚人筆直駛入深山。這樣的筆直，讓我想到忠孝復興捷運站，或是美麗華直通大直影城的漫長電扶梯，但那是純粹的人工造物，自是冰冰冷冷、毫無野趣，這條古道明明在山間，卻無絲毫與地形妥協的意志，真不可思議！

順石階而上，左邊是倚山闢成的田園，未經過有系統的開發，有種蠻荒的疏懶。來到階梯盡頭，既得是短暫的平地，兩邊各自展開一排房子，彼此相連，顯然經過規劃，阿成猜或許是礦工宿舍改建而成。轉進旁邊的階梯，繼續深入，綠色的隧道一飛而上，簡直能看到透視

法的消失點；古道彼端是神祕滲骨的通透幽林。即使是這樣帶著禁忌色彩的遙遠之地，也不得不被人類開鑿的道路馴化。

其實這段路是很驚人的。不是因為比剛剛筆直，單以直而論，兩段階梯恐怕不相上下。但看看吧，眼前「一線天」般的風景，可不是天然奇景，而是這條古道直接劈山而過，像摩西分開紅海，將堅石硬生生掰為兩截。摩西借用上帝的神力，那有什麼稀罕？但這段路，可是前人以肉身鑿開，可是要費多少精神與毅力啊！阿成說，這裡的先人未免太狂了。

為何非得如此，而不稍微繞點遠路？即使會花點時間，應該也差不了多久。這條古道對筆直彷彿有種病態的執著，令人百思不得其解。說著話的同時，我們已看到「魔神仔洞」的路標。從岔路右邊的小路上行，不久便來到一個洞窟，前面立著木條，直排書寫著「魔神仔洞」。

● 筆直的二坑古道

● 僅容一人通過的魔神仔洞

這便是我們此行的目標。從登山口出發，還不到一個小時。

魔神仔洞大冒險

其實這不是唯一的魔神仔洞。木條對面，還有另一個洞窟，雖沒標示，但應該也是魔神仔洞。不過背面的山洞，一眼看不到盡頭，裡頭鬱積著黑暗，我也沒勇氣深入。另一個則清新可愛許多，能看到彼端隨風搖擺的樹。

我跟阿成說以前來過魔神仔洞，那時是跟朋友一起來，但我們沒進去，因為當時下著雨，地面溼滑危險云云，坦白說都是藉口。這個

需要彎身進去的窄小洞窟，彷彿帶著某種禁忌感，就算沒有「魔神仔洞」之名，我的本能也隱隱抗拒要委身其中。真缺乏冒險精神！與之相對，阿成俏皮地笑著：「不過去嗎？」在洞前探索一番，便低頭鑽進去了。

魔神仔洞前飄著某種白色小蟲，像是匍匐於空氣中的乳白色水母，數量多到彷彿隨時會將它們呼吸進去，在林蔭間有些迷幻。阿成摸著洞內石壁，因為洞裡積水，他尋找著積水較淺的地方，緩緩前行。我不禁也走了進去，才剛走幾步就後悔，有些地方泥濘極軟，一踩下去，就像踩到某種柔軟的生物。阿成在前方提醒，地上有些浮在積水表層的岩石區塊，要我踩在那些地方，我乖乖照辦。

穿越魔神仔洞是很快的事。鑽出洞前，我還真怕一頭闖進另一個世界，或另一個時空，從此回不去了。不過若是以為魔神仔洞彼端能發現什麼新天地，讀者諸君可能要失望了。對面什麼都沒有，連繼續往前的小路都沒有，洞前小小的平地可供立足，其他地方都被蕨類與雜樹覆蓋，雖然阿成說隱約有條小徑，但在我看來與獸徑相差無幾。

但這下我們就不懂了，這個洞穴毫無疑問是人工鑿成，如果對面什麼都沒有，那它究竟為何存在？而且雖是山洞，其實上方的山勢也不是不能翻越，實在看不出有鑿洞的必要。

後來透過朋友打聽，據說這個洞是二坑用來倒廢土的，若是如此，至少能說明為何洞窟對面一無所有。

魔神仔洞起風降霧

回到路標所在的岔路，我帶阿成走向左側，那裡有另一個山洞，我懷疑是另一個魔神仔洞的出口。但這條路可沒這麼好走，樹根如巨蛇般

高聳橫生，擋在路上，兩段樹根間積滿泥水，沒有可踩踏的石階，樹根本身勉強能當成階梯，但高低起伏極大，若要前進，便要拉著綁在樹間的繩索，我對這段路深有體驗。

再度回到二坑古道，總算有回歸人世之感。那時正好有位婦人上來，她笑著問：「來爬薯榔尖？」住在山間的人，似乎都喜歡以此為開頭，問陌生人是不是來登山，南港大坑那邊也是如此。阿成客氣地說：「隨便走走。」對談便結束了。但我不太確定薯榔尖在哪裡，就跟阿成討論，這番話被旁邊田裡一位阿伯聽到，他說：「薯榔尖跟魔神仔洞是不同地方啦。」

阿成趁機問：「請問魔神仔洞很久了嗎？」

魔神仔洞不住魔神仔？

阿伯笑得有些靦腆。他說，魔神仔洞都是亂傳的，因為過去有人把骨灰（或是骨骸，現在忘了）放在洞裡，才會有這些流言。不過那個洞總不會是專門為了放骨灰而挖成，我便問了魔神仔洞的由來。

「因為礦業！」阿伯馬上說，他轉身指著古道盡頭：「這條古道也是，以前這裡是運煤的輕便車道。」我順著他指的方向看去，透視法的消失點再度躍進視野——我恍然大悟，這就是這條路這麼筆直的原因！為了將煤礦從山中運出，把煤礦放上台車上，順軌道而下；這條路以前是軌道，那當然不能急

● 下山的路

彎，而且不得不開山通過，也是極合理的原因。不可思議的是，意識到二坑古道曾是輕便鐵道後，眼前景色忽然都有了不同意義，現在供人走的道路，以前台車或許是魚貫而下，運下來的煤礦，再送到菁桐車站去，恐怕下面也曾有直達車站的輕便軌道吧。

　　不過在地人否定了魔神仔一說，確實令人有些失望，但也只是一種說法，或是，面向外地人的說法。但我不禁想到，在南港大坑，魔神仔碇所在的灰窯一帶，也是墳場林立，這是否有什麼關聯？當然，魔神仔不是鬼，但是不是死亡帶來的印象或感受，促生魔神仔傳說的成因之一？念及於此，我不禁想到 2003 年，在汐止柯子林山疑似被魔神仔牽走的老婦，最初也是為了掃墓上山⋯⋯

　　有趣的是，我找到《民俗臺灣》於 1941 年出版的材料，標題是〈平

●二坑登山口附近的階梯

溪地方の俗信：鬼に關するもの〉，可說是平溪鬼故事。其實嚴格說來，這些是從石底採訪而來，正是菁桐車站一帶，而非整個平溪。其中有一條說「トンネル（洞穴）の中には鬼が居る」，這邊的「トンネル」是英文的 Tunnel，也就是人工的隧道，雖然漢字寫洞穴，但恐怕不是礦坑或天然洞穴，而是有出口與入口的人工通道，就像魔神仔洞。

而且這篇考察中的鬼，也不盡然是人死後之鬼。譬如說，裡面提到如果在竹竿上看到鬼，百步內必死，或說紅蜻蜓也是鬼云云，似乎把所有「不好的東西」都包含到抽象的「鬼」之概念裡了。

那麼，石底一帶的人工隧道，裡面住著某種「歹物仔」，這會不會是魔神仔洞傳說的原型之一呢？當然，這是非常不穩固的揣測，畢竟菁桐一帶還有哪些隧道，我可沒統計過。不一定是魔神仔洞，但若有關聯，就表示這個傳說是足以追溯至 1941 年的。

與阿成初次的菁桐之行，大抵如此，菁桐煤礦的事，請容我先賣個關子吧！下一次，我們會從小小的礦業村開始，敬請期待。

菁桐：走向礦業的歷史

　　第二次來到菁桐，是個滿天黯雲的日子，彷彿帶著滾滾哀愁。本來我跟阿成說，要是下雨就不去了，誰知出門時還算晴朗的天氣，等到了車站邊，山風已滿是落雨的徵兆，肌膚裏著說不出是暖是寒的潮氣，有種發汗前的窒悶。這種捉摸不定、變化無方，或許可說是一種春之興味吧。

　　跟阿成會合後，我們從車站對面的斜坡小路下行。左手邊的河川對面，井然有序的梯形茶園，精美到彷彿出自匠人之手。經過現在稱為「真樸齋」的台陽公司平溪招待所，穿越石製小橋，便是白石腳庄的日式宿舍建築群。

　　從小路下來，馬上就是真樸齋築起的高大木牆。當天真樸齋未對外開放，木門雖非密不透風，也散發著「不歡迎窺探」的氛圍，旁邊水泥圍牆也是如此，比頭頂還高就算了，紅磚窗格還經過特殊設計，斜斜的角度讓人只能以管窺天，看不見全貌。子貢說：「不得其門而入，不見宗廟之美，百官之富」，大抵是這麼回事。站在牆外，恐怕很難想像這個平溪招待所有多豪華，但看網路資料，裡頭竟有六百多坪！其中建築部分占地兩百多坪，各式房間共十九間，光客間就有十間，此外還有主間、大廣間、會議室、康樂室等，幾乎都用台灣最高級的檜木建成，

● 曾經繁華的平溪招待所，現已不開放參觀

和洋折衷的建築風格，也有十足的時代魅力。平溪招待所是 1939 年，當時台陽公司的社長顏欽賢所興建——不愧是人稱「炭王金霸」的基隆顏家，如此大手筆，誰也想不到深山裡竟有這等豪宅。

有趣的是，真樸齋前貼了張護貝過的公告，大字寫著「真樸齋不是太子賓館」，全文引用如下：

本建築是當年台陽礦業株式會社顏董事長欽賢先生（基隆顏家）建於昭和十四年（西元 1939 年），做為公司招待貴賓、職員訓練、住宿及娛樂之所。取名「石底俱樂部」。

過去數年因建築宏大精緻，大眾誤為接待日本裕仁太子。然而裕仁太子訪台為西元 1922 年，本建築物造於 1939 年，相差有 17 年之久，兩者實毫無相關。望各界大德協助更誤，切勿再以太子賓館稱之，以還原正確歷史。

民國75年，台陽礦業公司將地上物售於王華飛先生（法號慧宗），做為弘法修行之所。命名為「渠蓮精舍」。

民國103年更為「真樸齋」。

下面並備註一行字：「全台唯一以太子賓館命名的古蹟在瑞芳金瓜石。建於大正時期，起造者為『田中礦山株式會社』。」這段突如其來的歷史課，可說頗富興味，到底屋主是被「太子賓館」此一虛名困擾到何等程度，才會特別貼一張公告，以正視聽？此前，我確實聽過「菁桐有太子賓館」一說，當時便頗為不解，有人說，菁桐的太子賓館是為了裕仁太子準備，但太子臨時改變行程，最後沒去菁桐；現在公告指出裕仁來台時間的歷史事實，這說法不攻自破。金瓜石的太子賓館，我也去過，坦白說，規模還比這個石底俱樂部來得小。除卻巫山不是雲。看過這裡，進而對太子賓館失望，進一步以為這裡才是太子賓館，這種可能性也不是沒有，而且兩處都在礦區，難免令人聯想，加上顏家與裕仁太子的關係——聽說顏欽賢曾在日本學習院讀書，是裕仁太子的同學呢！這層關係，或許也是惹人聯想的原因。

說九份都是顏家的地，並不誇張，至少他們絕對有這樣的實力。石底產煤、九份產金，其中石底煤質量之優良，有台灣煤之稱，而全台三大金山，九份便名列其一，而這棟有著豪邁氣魄的平溪招待所又出自顏家，可說讓人心服口服。但隨著煤礦失去競爭力、黃金價格下跌、礦源枯竭，現在顏家已走向平淡。

日式住宅風情

經過小橋，迎面地勢較高之處，有間「北海道民宿」，過去曾是台陽公司日籍幹部的宿舍。入口處掛了盞燈，沉沉的金屬燈罩恰似承

載了時間的重
量，不知還有無
作用，或僅是裝
飾。木頭門被歲
月刷白，只有深
黑色瓦片還映著
圓潤的光。阿成
說，他在花蓮服

● 北海道民宿

役時，看到的日式宿舍也長這樣。

　　從民宿對面的樓梯下去，有個公園般的平台，步道旁有著白流蘇，
平台邊緣被模仿竹枝的圍欄隔起，仿得不是很細緻，但多少有些情調。
從圍欄往外看，是條被野草包覆著的清澈小溪。台北人或許很難想像，
這條淺到石頭都要浮出水面的河川，居然是基隆河。

　　經過小橋後，石底村後半段並不大，十幾分鐘就能走完。房子不
多，有人居住的更少，但很適合散步。路旁雖有廢屋，但這裡並非無
人居住，走上石階，向前蜿蜒的步道旁有座廟，裡頭擺著供品，廟旁
屋子也有生活痕跡。那間「福德宮」是廟中廟，我猜本來只有裡面的

● 小而美的基隆河

小廟，為了保護小
廟，才蓋了外面那
層。即使如此，外
層也頗有年代。門
上「福德宮」三字
斑駁難辨，「福」
字還裂成兩半，廟

匾上，嶄新紅旗上繡著「十分寮成安宮」等字，為何此處有成安宮的旗子，我不得而知。裡頭小廟古樸到令人吃驚，完全由厚重石板疊成，

當然，遠比南港腦寮古道的有應公廟大多了，不但有「福德宮」三字，還有刻在石上的對聯，只是對聯文字已有些模糊。

● 土地公像

我跟阿成在廟裡環顧，想找更多線索，可惜這間小到一覽無遺的廟宇，沒見到廟史一類的紀錄，究竟多古老也無從得知。

從日式宿舍群往西走，來到馬路上，有幾棟平房，它們多半用水泥砌成，甚至沒有粉刷。有些二樓加蓋了鐵皮屋，少數房子在外層鋪上磁磚。機車、腳踏車隨意擺放，對面菜園與雜草堆相間，還有鐵皮搭起的車庫。這就比較接近印象中的鄉下地方了。

開採煤礦紀事

沿馬路走一段距離，大概五分鐘吧，左手邊出現一個「青桐煤礦」的解說牌，文字收錄如下：

青桐煤礦為臺陽礦業公司於 1955 年向經濟部申請美國經濟援助開鑿之礦坑，1957 年開始生產，1975 年石底大斜坑廢坑後成為石底煤礦的主要生產礦場，直至 1987 年底結束營運。開工之初命名為「白石腳煤礦」，後改稱「石底新礦」，1957 年始稱為「青桐煤礦」，坑口前有事務所、機電設備室、倉庫、更衣室、浴廁等建築。如今坑口已塵封二十多年，但周邊礦業設施仍十分完整，訴說著過去採煤的盛況。

其實乍見這牌子，我有些不解，因為根本沒見到所謂坑口啊！解說牌不遠處有個出入口，以石柱象徵性地標出，有如舞台裝置，寬度可容卡車通過，旁邊寫著「白石庭園」、「菁桐山居」，似乎是有花園的餐廳，後來我才知道後者是民宿。這種看似進去就要消費的地方，難道菁桐煤礦坑口竟在裡面嗎——結果還當真如此。

我跟阿成厚著臉皮進去，山腳下有個二層樓高的建築，上層整個打通，對外開放，另有樓梯可攀登，似乎便是餐廳，但只是我的猜測，不太確定，畢竟我不是來用餐的。通往建築的步道上有位老者，他漫無目地徘徊，見到我們，雖沒說話，卻一臉「你們是來幹什麼」的表情。他不悅的神色嚇到我，該不會進來就非得吃飯，或這邊根本不歡迎外人吧？我連忙說：「我們是來找菁桐礦坑的。」

老人指著某個方向。這時一對男女從樹叢後面探出頭，他們像是母子，我不太確定，我不怎麼會看人的年紀，但那位女性有種見過世面的氣質，我才這麼想。他們戴著工作用的粗布手套，似乎正在搬運地上盆栽，或許是剛剛彎腰工作，我完全沒注意到他們。不遠處，紅磚被堆成了兩個小磚牆，大概有我胸口這麼高，可能有什麼工程正在進行吧？

兩人見到我們，立刻迎上，客氣地解說。他們說眼前這棟建築是辦公室，而菁桐煤礦有著怎樣怎樣的歷史云云，態度像導覽員那樣親切，誰知旁邊的老者忽然開口：「什麼辦公室，胡說八道，哪有什麼辦公室？他們不懂，你別聽他們亂說！」

男女面露尷尬，也沒反駁，只是頓了一下，又以開朗輕快的語調繼續說明。不一會兒老者又說：「這裡哪有什麼煤礦？沒有煤礦！不要亂說！」

這下我可好奇了，要是沒有煤礦，怎會有這個礦坑？看他們的樣

子，應該是不同意老先生的說法，但敬重對方是長輩，就當成沒聽見。正想著，不一會兒我就說：「我想先看看坑口，可以嗎？」

他們連聲說著當然，我和阿成便鑽到廢棄的坑口前。

簡直像科幻電影中，位於蠻荒叢林裡的人造遺跡，通往坑內的通道已被磚頭封死，薜荔一類的植物攀纏在坑口，長出某種西洋裝飾畫般的紋理。磚牆前約一個房間大的空間擺滿雜物，要說是被當成倉庫，東西也擺放得太井然有序，有種生活的規律；但真要生活在裡面，又讓人感到不可思議，太過蠻荒，讓我想到在叢林裡住了數十年，不知二戰早已結束的士兵。

離開前，因為實在太好奇老先生說「沒有煤礦」的事，便去向他請教。一問之下，才知他就是這塊地的地主，之前台陽擁有這礦坑，是向王家承租的，但台陽逃到了日本，土地就回到王家手上。對於台陽逃到日本之說，我是有些存疑的，但這是他老人家的生命經驗，我不否認。

「這裡面沒有煤礦，挖出來的都這麼小。」老先生比著手勢，大約只有大拇指大小，他繼續說：「其他大部分都是石塊，

● 菁桐煤礦坑口現已封起

跟中和的什麼煤礦一樣，那個在哪裡，捷運的最後一站？總之這裡沒什麼煤礦。」

● 菁桐煤礦地主

既然如此，為何這裡還開採了這麼久？雖然他滔滔不絕地解釋，但坦白說，我不是很懂，自行拼湊後的理解，大概是這樣——這裡最初是為了爭取美援補助才申請開採的，也就是說，是為了資金，而不是採煤的收入。這是否實情，還有待保留，畢竟美援早就結束了，礦坑卻採到 1987 年，但或許是我對美援的情況不夠瞭解吧，如果有其他瞭解當年情況的人，想必能說出一番道理。

礦工的守護神

礦業之旅的最後一站，我們尋找的是礦工們的守護神——山神。依解說牌所示，山神廟是台陽公司為了安撫人心而建，本位於薯榔村一坑口，於 1955 年遷到中埔現址。雖不知舊址在一坑口何處，但位於中埔的現址，還真吻合詩人常建所說的「曲徑通幽處」；從菁桐車站過橋，經「中埔阿嬤的店」，不久後便會在道路右側看到山神廟指標。

沿著指標，走進由破敗頹牆圍成的小路，直到穿越後院，便會看

到旁邊的周氏追遠紀念碑。

　　這是個難以無視的紀念碑。寫著「武功周氏追遠紀念碑」，旁邊雕有雙龍搶珠之相的碑體，或許比兩人疊起來還高！真難想像這樣宏偉的紀念碑會在荒野小道中。碑前兩座石燈籠，高度也算是罕見了，後面刻著建立日期，昭和十八年，那已是日治末期了，難怪即使碑體是中式的，也有石燈籠作為擺設。

　　紀念碑關係到周家的傳奇故事。這是一名叫周再思男子的故事，他自幼家貧，後來進入礦坑工作，因發現金礦層，被日本人賞了二十六

● 周氏追遠紀念碑，旁邊有極大的周氏墓地

萬日元——這在當時可是一大筆錢！後來周再思以這筆錢建造了「斯園」，竟有一千兩百坪，除住宅外，庭園種滿了奇特花卉，吸引全台文人雅士前來，被稱為「周家花園」。這個紀念碑，據我猜測，大概是周再思為了緬懷周家發跡之處，而建在祖墳旁的吧。

再往前走，便是一條蜿蜒曲折的石板小徑，小徑幾經轉折，跨石階而上，經過被竹條擋住入口的竹林，便是山神廟了。廟旁有座「石底礦場殉職者招魂碑」，我猜是緬懷礦災的受難者，當天碑前放了三杯貌似水或透明的酒。在南港時，阿成跟我說過礦災故事，其中最駭人聽聞的，便是海山礦災。他認識以這個主題創作的藝術家，因此得知此事；這場礦災造成許多人死亡，只有一人倖存，據說他被救出時，說的第一句話，或許已有讀者猜到——「我吃了人」。先前說過，對礦工而言，未死先埋一半，解說牌上輕描淡寫的「安撫人心」，背後

● 石底礦場殉職者招魂碑，前有水杯及香爐供奉

的人心卻是相當沉重的。

　　至於周家花園的下落，在二二八事件中，與顏家的腳步交錯重合了，那麼，其他的台灣望族，又有多少被二二八事件所牽連呢？

　　如果或多或少都有，似乎不太令人意外。

尋　妖　人

瀟湘神

　　本名羅傳樵，一九八二年生，臺北地方異聞工作室成員，主食為推理與奇幻。

　　既是小說創作者，也是實境遊戲設計師。著有《臺北城裡妖魔跋扈》、《帝國大學赤雨騷亂》，參與《唯妖論》的部分考察，也是實境遊戲《城市邊陲的遁逃者》的原案。目前熱衷於尋找在地創地的各種跨領域可能。

尋妖誌

鄭成功
之斬妖除魔

綜觀鄭成功一生，其充滿戲劇色彩的降妖事件如數家珍。包括砲擊鶯歌石、劍斬劍潭魚怪、大砲擊怪手，遂成拇指山；軍隊將草鞋上的泥土刮下，形成土墩，就是台中草屯的由來；在大甲鐵砧山將劍插入土中，湧出甘泉；輾斷蟾蜍精的腳，並掘出許多活蜆；士兵吃完的螺殼化為無尾田螺等，諸般奇聞異事，或許比鄭成功的歷史功業更深植人心。降妖事件全台走透透，使得鄭成功與他斬除的精怪，至今仍形象鮮明地刻在民眾心中。

出沒地點：北台灣三峽、鶯歌地區

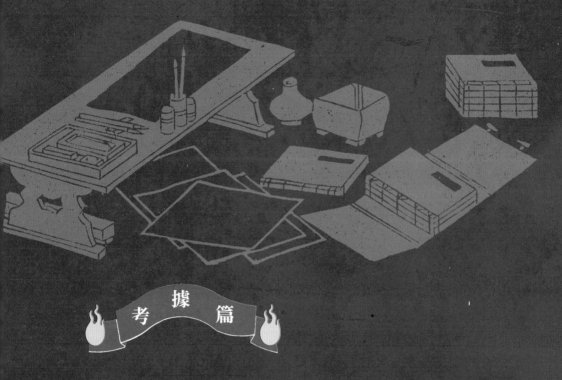

鄭成功斬妖除魔的起點

　　鄭成功、國姓爺、開台聖王——說起這位台灣史上赫赫有名、甚至被民間信仰的豪傑，無需贅言，各位讀者也已經很熟悉。學者唐納德·基恩曾說：「歷史上沒有幾個人物的人生比國姓爺更富有戲劇色彩。」綜觀其一生，且不論性格帶來的是是非非，戲劇色彩這點絕對毋庸置疑，但基恩說的「人生」，應該不包括死後，就連國姓爺本人，大概也想不到自己死後也這麼具有戲劇性——居然成為巡迴全台、四處斬妖除魔的大英雄。

　　雖說無需贅言，其實也僅是就知名度來說。鄭成功砲擊鶯歌石、劍斬劍潭魚怪、軍隊將草鞋上的泥土刮下，形成土墩，就是台中草屯的由來、在大甲鐵砧山將劍插入土中，湧出甘泉、士兵吃完的螺殼化為無尾田螺……，這般奇蹟、異事，或許比鄭成功的歷史事實更深植人心，但從歷史角度看，他真能在台灣留下這麼多奇異故事嗎？

西元 1661 年 4 月 30 日，鄭成功率領其軍隊登陸鹿耳門，隔年 6 月 23 日，他以淒慘的姿態病逝，死因眾說紛紜，有人說是憂憤致死，有人說病死，就連得了什麼病也有各種推測；這麼看來，他踏上台灣土地的時間甚短，更別說這段期間有多少事要整治、要面對這麼多內憂外患，若說他還有閒情征戰全台、四處除妖，未免難以想像。事實上，鄭氏王朝真正有效統治的區域，不過台南周邊，與之相對，鄭成功傳說卻無視當事人事蹟，全台走透透，尤其是他斬除的精怪，更讓他斬妖除魔的形象鮮明地刻在民眾心中。

　　鄭成功究竟降伏了哪些精怪？以下就我能力所及，一一列舉：

鶯歌，鶯歌石、鳶山

　　文獻上最早的鄭成功除妖紀錄，《淡水廳志》有云：「鶯哥山，在三角湧，與鳶山對峙。相傳吐霧成瘴，偽鄭進軍迷路，斷其頸」、「鳶山，即飛鳶山，在三角湧，偽鄭亦擊其尖，斷痕宛然」。

　　其實文中所謂「偽鄭」，僅是指鄭軍，未必為鄭成功本人，但後世傳說紛紛以鄭成功代之，可謂傳說演變的趨向之一。有趣的是，「吐霧成瘴」這要素，普遍見於鄭成功所降伏精怪，鶯歌石堪稱這些變體之原型。至於鳶山，從原文來看，什麼都沒做就被打了，實在無辜，因此後世遂有飛鳶將鄭軍士兵叼走之傳說，以解釋鄭軍砲擊之因。

● 日治時期的鶯歌石側影

新北市平溪，白鶯石

《平溪鄉志》記載：「據說早期常有人在此地莫名失蹤，謠傳是鶯哥精吐霧的緣故。直到明鄭時代，鄭成功大軍率隊開砲打落鶯哥精的下巴後，鶯哥精便成了白鶯石不再害人。」這故事顯然是鶯歌石傳說的變體，平溪一帶多霧，加上白鶯石的外貌特徵，或許就是鄭成功傳說能在此出現的原因。

台北公館，蟾蜍山

1958 年，王一剛先生在〈臺北的傳說九則〉提到蟾蜍山的故事，說公館有蟾蜍精吐出毒霧作亂，鄭成功以神奇的龍煩大砲「缺嘴將軍」擊之，打中牠的嘴，從此就不再吐霧了。但這時蟾蜍精還沒有死，直到日本人開路，輾斷蟾蜍精的腳，牠才失血而死。文中還說從蟾蜍精斷掉的腳中掘出許多活蜆──這也太天外飛來一筆！但萬里國聖埔的鄭成功傳說，也提到鄭成功帶了許多蛤蜊到該地繁殖，或許蛤蜊也是鄭成功傳說的元素之一。

又，我推測此一傳說晚出的可能性很高。日治時代的報紙確實提到蟾蜍山乃是蟾蜍精的傳說，卻未與鄭成功連結，而是與八仙之一的劉海蟾有關（在不同版本的八仙名單中取代了藍采和）；這顯然與「劉海戲金蟾」的中國傳說互作結合。依報紙紀錄，此蟾蜍精少了一條腿，正吻合金蟾特徵。時至今日，景美仙跡岩也還流傳著劉海蟾釣上蟾蜍精，因而留下仙人腳印的傳說，我以為此乃較原始的版本。

台北六張犁，拇指山

從文獻的角度，這則故事最早見於漢聲出版的《漢

聲中國童話》。據說鄭軍行軍到台北時，有怪手將士兵給抓走，於是鄭成功就用大砲攻擊怪手，將其手指一根根打掉，最後只剩大拇指的怪手掉下來，成為拇指山。

台北信義區，豹山

以下出自台北市信義區公所的官方網站：「傳說，鄭成功退據台灣準備反清復明，自台南安平抵台北，登四獸山來到虎林街口，望見整座山突然出現一片霧茫茫，無法前進，鄭氏認為是妖邪作怪，盛怒的在豹山身上踩下很深的足印，而這個草鞋印子就變成鄭成功的治妖腳印了。」

各位讀者，熟悉的濃霧元素又出現了。不只如此，這裡也出現了「草鞋」這個主題。台中的草屯，就有鄭軍將鞋底泥土刮下，或是草鞋堆成山的版本；中和的尖山別名草鞋山，也是鄭軍刮掉草鞋上的泥土堆成；而鄭成功砲打鳶山的傳說中，也有用草鞋堆成大砲基座之說。這裡出現草鞋的要素，顯然也是沿著鄭成功既有傳說而來。但踩下足印，就十分有意思了。通常足印是依附在仙人腳印這個主題下，鄭成功在豹山踩下腳印，是否表示已神格化，或原來有別的仙人腳印傳說，只是被鄭成功取代了呢？

值得一提的是，蟾蜍山、拇指山、四獸山相去不遠。在日治時代的資料中，我曾看到這些地方的縱走路線，這些登山步道現在都還留著。這些鄭成功傳說之地竟如此密集，或許並非巧合。

新北市五股，龜山

早在 1944 年，台灣藝術社出版的《臺灣地方傳說集》便提到這個故事。標題雖然叫「龜崙嶺」，但故事地點在士林對面，而龜崙嶺位

● 對台北來說，這三處鄭成功降妖傳說未免太過密集（1921年，日治二萬分之一台灣堡圖）

於桃園（離鶯歌不遠），想來是作者誤會了。故事中的龜，與其說龜精，不如說是龜形的山精，有次喝水造成淡水河逆流，鄭成功心想哪來的妖孽，就發砲攻擊，結果把山精打死了。當地人覺得山精也沒禍害鄉里，十分無辜，就蓋了座「外巖」以之紀念。

　　這個外巖，就是五股西雲寺；1941年，駱水源在《臺灣文學》發表散文〈龜山巖〉，便是圍繞著西雲寺的遊記，文中提到寺裡有靈泉，稱為「龜尿」──龜山島也有同名的泉水。

台北士林，劍潭魚怪

　　劍潭之名，據《諸羅縣誌》：「相傳荷蘭開鑿時，插劍於樹，樹忽生皮，包劍於內，不可復見。」清國的其他地方誌，大概也是這種說法，但後來漸有鄭成功沉劍之版本。1921年，淡水生於《學友》雜誌敘述劍潭由來，說是鄭成功帶兵對抗荷蘭人，船行在基隆河時，腰間寶劍不小心墜入河中，此後風雨之夜，潭中都會發出異光。這時還

沒有魚怪的故事，但到了 1936 年，李獻璋主編的《臺灣民間文學集》
裡，就有了劍潭斬殺魚怪的故事，不過這則故事的重點是魚怪，荷蘭
人反而從故事中退場了。

新北市萬里，野柳龜

1931 年，簡萬火已在《基隆誌》裡提到野柳龜精的故事，內容詳
述：「相傳為昔時此龜之鼻，常現煙霧濛濛，船舶過之，必被吞沒，
聞遭其災者，不可勝數。後因鄭成功渡台，聞其怪異，即以大砲擊之，
故現在該龜之嘴下，尚崩陷為據。」其後，簡萬火還引述實際事例，
指出前年該處發生船難，死傷近百人，並說容易發生船難，應有科學
解釋云云。

濃霧、被砲擊的痕跡，如各位讀者所見，這主題簡直是陰魂不散！
而且鄭成功甚至不是要征討誰，純粹只是聽說有怪物，就來了。史實
上的鄭成功一定不敢相信自己有這等閒情逸致。

宜蘭頭城，龜山島

同樣在 1936 年的《臺灣民間文學集》有〈坐馬上鎮靜龜山島〉一
文——鄭成功降伏魚怪後，一路打到噶瑪蘭去，眼見海上有個吐著霧
的龐然大物，仔細一看，竟是隻龜精，雖然士兵慌張不已，但鄭成功
絲毫不亂，開槍將之打死，其冷靜殘酷，頗有史實中本人風格。而砲
擊所成的洞，後來變成一個水池；但我參考網路上的資料，也有島上
硫氣孔才是砲擊所致的說法。

花蓮瑞穗，虎頭山

《臺灣地名辭書》記載，鄭成功曾駐軍舞鶴，每日點兵時會少掉

兩名，後來發現虎頭山的虎頭朝著舞鶴，可能是老虎精吃了士兵，於是士兵就朝虎頭山開槍，將老虎打死，鄭成功還到虎頭山巡視，在山頂打下一支鐵椿，用鐵鍊將虎頭綑緊。

這故事乍看之下是砲擊的類型，但既沒有濃霧，也沒強調砲擊痕跡。每天少士兵，又類似飛鳶山叼走士兵的型態；最後打下鐵椿，真讓我想親自跑一趟虎頭山，檢查是否真有鐵椿。這種收尾，在鄭成功的除妖故事中稱得上特殊。

新竹，鳥嘴山

據說鄭成功駐軍新竹時，天上有怪鳥抓走鄭軍，鄭成功乃以寶劍斬下怪鳥首級，成為鳥嘴山。鳥嘴山究竟指哪一座？新竹與桃園交界有關西鳥嘴山、尖石鳥嘴山，與苗栗交界也有鳥嘴山，具體是哪座不得而之，唯一能知道的是皆地處偏遠，而這故事的原型，應與飛鳶山為同一系列。

有趣的是，上述傳說多半發生在台灣北部，甚至東部，有些地方，鄭成功可能聽都沒聽過，而其實際抵達之處，反而無此種傳說。

為何有這種事？如果這些傳說是鄭軍刻意散布的，沒道理不在實際統治處散布吧！更別說鄭軍可能根本沒到過宜蘭、花蓮。如果這類傳說的出現沒有政治意圖，那為何主角是鄭成功？為何是以這種型態？又是誰在傳誦這些故事？

對此，我有個小小的假說。

精怪出沒的地理假說

從結論來說，這些精怪傳說會出現，不是基於單一原因，因此用任何單一框架解釋，必然會遇上例外。而鄭成功最讓人錯亂的，莫過於同時有「歷史人物」與「神明」的身分。這兩個身分，無論忽略何者，都會陷入難解的謎團之中。

最初我有個狂想——鶯歌石的傳說，該不會是反映漢人與原住民的衝突吧！傳說以精怪的形象將原住民汙名化，並舉薦鄭成功為漢人的代表人物，有這種可能嗎？

說到鶯歌開拓史，官方文書中最早的漢人開墾者是康熙 23 年（1684）的粵人呂阿南、呂阿四兄弟，隔年，泉州人陳瑜在現今南靖里一帶開墾，與當地原住民——擺接、武勝灣、龜崙、霄里等社衝突頻繁，因此建立防禦工事。日本時代的《鶯歌鄉土誌》指出，到了乾隆 26 年（1761），移民漸多，逐漸侵蝕原住民的土地，將原住民趕走。也就是說，在漢人開墾初期，原漢衝突是存在的。而乾隆年間到紀錄鄭軍砲擊鶯歌石的《淡水廳志》出版，還有一百年以上的時間。這段期間，漢人會不會將與原住民的衝突轉化為降伏精怪的傳說？

但這假說有幾個問題。假使鶯歌的情況如此，那其他地方也是這樣嗎？既然原住民是台灣土地的原擁有者，原漢衝突想必遍及全台，那不管鄭成功降伏精怪的傳說出現在哪裡，都必然符合這個框架。既然這是萬能框架，那有效性就值得質疑了。

進一步懷疑，既然原漢衝突遍及全台，為何只有一部分轉化為鄭成功降伏精怪的傳說？這說不過去。更何況，鄭成功傳說也有原住民登場，既然這些傳說中的原住民未轉化成精怪，那轉化的必要性就值得商榷。因此，我沒有被這假說給說服。

問題是，為何在這些地方？既然鄭成功本人沒來，這些地方理應與鄭成功無關──但意外的是，或許並不是完全無關。像《淡水廳志》裡的「偽鄭」，在民間傳說逐漸演變為鄭成功本人，那些假託於鄭成功的故事，或許只跟鄭軍與相關人士有關。雖然鄭氏的有效統治範圍只限台南周邊，但根據伊能嘉矩的《臺灣文化志》，鄭氏三代的拓殖區域意外的廣，南有鳳山、恆春，北有嘉義、雲林、彰化、埔里、苗栗、新竹、淡水、基隆等地。乍看這份資料，我本能地存疑，但伊能嘉矩隨後在附錄逐條列出開墾地點與相關推論，真讓我心往神馳。楊雲萍曾說：「『臺灣研究的都市』的任一曲巷小路，沒有一處沒有伊能嘉矩的『日影』的映照」，確有其道理。

這些資料中，最讓人注意的拓殖地是桃澗堡──墾民自南崁港上岸，現在的南崁五福宮，相傳便是起源於鄭氏時期，其足跡南至桃園，而鶯歌就在桃園東南方。此外還有芝蘭堡的唭哩岸，劍潭就在唭哩岸庄東南，五股龜山則在唭哩岸西南。另外又有金包里堡，野柳便在此地，這也解釋了金包里一帶鄭成功傳說為何如此豐富。野柳旁有國聖埔，國聖音同國姓，石坂莊作在〈金包里二三事〉裡說此地有鄭女墓，簡萬火則紀錄了鄭成功妹妹的版本；此地還有國姓爺帶來蛤蜊繁殖的

傳說；也有人說國聖埔是鄭成功攻打荷蘭人的上岸處——這當然不是史實，不然鹿耳門情何以堪？不過，《決戰熱蘭遮》裡提到 1666 年荷蘭人在雞籠建了堡壘，遭鄭經帶兵攻打，雖然不確定是否曾在國聖埔登陸，但鄭軍與荷蘭人在基隆一帶起衝突，並非無稽之談。

鶯歌石、龜山、劍潭魚怪、野柳龜，這些鄭成功傳說都鄰近鄭氏拓殖地，兩者應有某種關聯。但這留下兩個問題：第一，鄭氏的拓殖地這麼多，卻未必都有伏妖傳說；第二，無法解釋與鄭氏徹底無關的地方為何也有這類傳說。但與鄭氏有某種聯結——這充滿魅力的想法仍吸引著我。

未解之謎的線索

這時，我在《臺灣文化志》裡發現另一條線索——信仰！

「舊慣上臺灣所有之神明會中，有以國姓會之名義，祭祀鄭成功英靈之特例。往時，尤其盛行於以芝蘭二堡和尚洲庄、芝蘭三堡滬尾街、金包里堡金包里街及桃澗堡桃仔園街為中心之附近各地方云云。」

如果只把鄭成功視為史實人物，恐怕永遠無法解開這個謎團。但若鄭成功是信

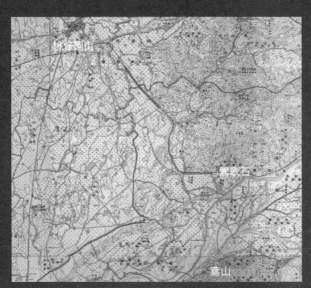

● 作為鄭氏拓殖地的桃澗堡，離最早的鄭成功降妖傳說地鶯歌不遠
（1921 年，日治二萬分之一台灣堡圖）

八一

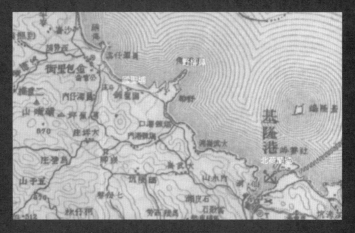

● 萬里的國聖埔有許多鄭成功傳説（1899年，日治四十萬分之一的台灣全圖）

仰對象，本來民間就會不斷傳誦信仰對象，並為之編造故事，台灣眾多廟宇，都有將信仰對象傳說在地化的現象，因此信眾作為鄭成功傳說的傳誦者，再合理不過！正巧伊能嘉矩所列的這些紀錄，除了滬尾街外，全都有鄭成功伏妖傳說！尤其值得注目的是和尚洲庄，也就是今日之蘆洲。蘆洲隔著洲子尾溝，對面正是五股，隔著淡水河，不遠處即是劍潭，這可比唭哩岸近多了！直到今日，蘆洲的九芎公廟仍然三年舉辦一次國姓醮，廟裡甚至有埋藏著鄭軍火砲的傳說——那不正是用來砲轟對面龜山的嗎？

　　透過信仰，鄭成功傳說進入蘭陽、花蓮的理由便十分明顯了。早在清代，宜蘭便已有鄭成功廟，到了日治時代，宜蘭的鄭成功廟密度甚至是全台最高。且不論鄭成功信仰在宜蘭如此風行的原因，作為培養鄭成功伏妖傳說的溫床，可是綽綽有餘；至於花蓮，本就是各路移民匯聚之地，隨著移民遷入，將其信仰引進，理所當然。據我所知，花蓮最早的鄭成功廟位於豐村，是淡水人（還記得剛剛提到的滬尾街

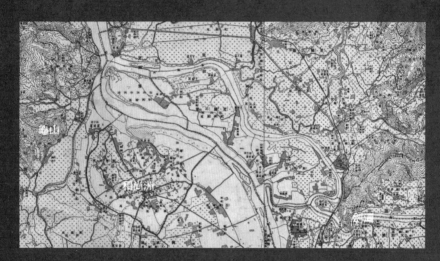

● 劍潭魚怪跟五股龜山的鄭成功傳說，或許就是圍繞著鄭成功信仰而出現的

嗎）黃阿鳳出資率人來花蓮開墾時，為了安定人心，特地到府城迎國
姓爺神像，將香火帶到花蓮。那是清咸豐年間的事。

　　雖然豐村離瑞穗的虎頭山還有不小的距離，我在瑞穗境內也未發
現鄭成功信仰的蹤跡。但《加禮宛戰役》的〈「招郎」與「結盟」〉
這篇文章提到，虎頭山附近馬立雲部落的人曾聽長輩講鄭成功打敗原
住民國王的傳說，鄭成功傳說一定以某種形式進入了這塊土地。至少，
目前我只能想到信仰這個原因。

　　這還未解釋所有案例。

　　如平溪的白鶯石，至少我沒在附近找到什麼鄭成功信仰。不過，
鄭成功除妖傳說，或許還有另一條散布路徑：類似特徵造成的複製。

　　首要的問題是：精怪化成的山，究竟是先有精怪，還是先有鄭成
功降伏精怪呢？在傳說中，是鄭成功消滅了精怪，精怪才化為山石，
但真是如此嗎？台灣以動物為名的地景如此之多，難道不是先有動物

之名，才將鄭成功傳說附會上去嗎？

　　我曾在網路上看過一則有趣的傳說：據說台灣北部有眾多精怪，鄭成功打算全部除掉，卻因為某些原因，最後放過了新店的獅仔頭山，從此台北天氣晴朗，只有新店時常起霧。

　　且不論「台北天氣晴朗」這種判斷實在缺乏根據，這則異說顯然建立在「起霧」跟「以動物為名的地景」上。要不是新店恰巧有個以獅仔為名的山，這則傳說無法被移植過來。依我猜測，正因同型態的傳說已達到一定的數量，所以在條件吻合的情況下，人們自然會套用同型態的傳說，在資訊流通如此高速的現代，要不是精怪傳說已然沒落，或許還會有更多的同型傳說出現。

　　而這一切的源頭，正是《淡水廳志》的鶯歌石與鳶山。

　　五股龜山、萬里野柳龜、頭城龜山島、平溪白鶯石、公館蟾蜍山，這些姑且稱為「鶯歌石系統」吧！至於六張犁拇指山、新竹鳥嘴山、花蓮虎頭山，這些就稱為「鳶山系統」。本次《尋妖誌》以鶯歌、三峽為考察目標，就是要追本溯源，一探鄭成功降妖伏魔傳說的故鄉。

行程篇

鶯歌、三峽兩處的行程都不長，可分成兩天，也可擠在同一天內；若要登鳶山，最好有交通工具，因為從鳶山步道登頂，只需要十分鐘，但若無交通工具，走鳶峰路到鳶山步道前，可能就要走三、四十分鐘了。

無論是鶯歌石或鶯歌老街，只要搭車到鶯歌車站，步行即可抵達。要到三峽老街，在無交通工具的條件下，可從鶯歌火車站轉桃園客運 5005，至三峽國小步行即達。

Day 1

13:40	13:50	14:20
鶯歌車站	合興窯	鶯歌石

順路考察

合興窯

創立於 1938 年，本來是蛇窯，後來改為四角窯，現在窯體已被拆除，只保留煙囪部分。前往時需注意「內有惡犬」。

鶯歌石

若是沒有高樓大廈，從火車站出來理應就能看到聳立於山上的白色巨石。據說鄭成功曾砲擊妖怪鶯哥，將其擊落，化為鶯歌石。

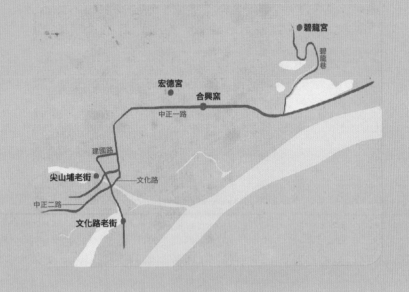

碧龍宮

碧龍巷

宏德宮　●

合興窯

中正一路

建國路

尖山埔老街　●　――　文化路

中正二路

文化路老街

15:10	15:35	16:50
文化路老街	尖山埔老街	尖山

尖山

相傳是鄭軍草鞋底部的泥土堆積而成。事實上是火山體，其成分「尖山黑土」是鶯歌陶業發展的重要原料之一。

碧龍宮

成立於 1948 年，主祀八卦祖師伏羲，起因是發現形似烏龜的石頭，龜殼為八卦形，後來祭拜此石而病癒的人們建了此廟，故此廟也稱為龜公廟。位居山腰，風景甚佳。

宏德宮

全台灣唯一祭拜孫臏的大型廟宇，前有財神爺。

Day 2

14:30	14:40	15:10	15:45
鳶山步道前	鳶山頂	鳶山公園	國立台北大學附中 （隆恩埔古戰場）

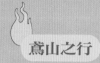 **鳶山之行**

鳶山

位於三峽大漢溪旁，沿著鳶山的步道，可以一路到大溪。據說鄭成功曾砲擊妖怪飛鳶，將其擊落，現在仍有頭部被砲轟的痕跡。

台北大學附中

據說是知名的「隆恩埔戰役」古戰場。

中山公園

位於鳶山山腳下，過去公園裡曾有「表忠碑」，紀念與抗日義軍作戰死去的日軍士兵，但「表忠碑」後來被當成地基，公園則立孫中山像，改稱中山公園。

三峽老街

十八世紀時已有聚落，不過現在的老街樣貌，是日本政府在市區改正計畫時大力推動的結果。曾被列三級古蹟，現已取消古蹟指定。

 **順路考察**

成發居

鶯歌望族陳發的故居，立面五開間，四進不對稱，是相當大的建築。但保存狀況甚差，現在已被拆除，由建商重建拱廊式騎樓部分作為門面，並在原地蓋起十二層大樓。

16:10　　　16:40

三峽老街　清水祖師廟

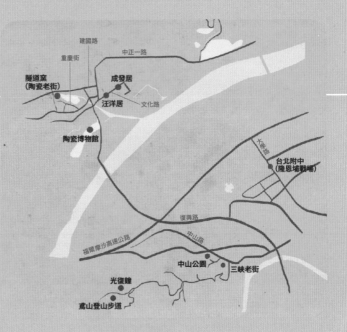

建國路
重慶街
中正一路
隧道窯
（陶瓷老街）
成發居
汪洋居
文化路
陶瓷博物館
大智路
台北附中
（隆恩埔戰場）
復興路
中山路
福爾摩沙高速公路
中山公園
三峽老街
光復鐘
鳶山登山步道

汪洋居

二層樓建築，一樓為店鋪，二樓為居住空間，格局共三開間。在文化路上算是樣式較為完整的古蹟，但保存狀況不佳。

隧道窯

位於重慶路上，現僅有展示功能，旁邊與陶藝教室、陶瓷店面結合，提供製陶體驗。

陶瓷博物館

2000 年開幕，是簡學義設計師所設計的知名建築，展品豐富。

光復鐘

位於鳶山步道起點，用以紀念光復四十週年，為一巨大銅鐘，耗資三百多萬。旁邊立碑說明建鐘始末，並列出捐贈者。

清水祖師廟

建於 1767 年，主祀清水祖師。建廟後曾三度重建，近期一次為 1947 年開始，由藝術家李梅樹主持，1996 年正式停止重建。現在的祖師廟風格華美，廟裡石雕十分驚人。

遊記篇 I

追尋被擊墜的鶯哥

　　我跟Ｗ都不擅長早起。

　　本來打算在鶯歌吃午餐，計畫卻趕不上變化，或說拚不過睡意，結果一點多才抵達鶯歌車站。雖然鶯歌鎮距桃園市不遠，行政區劃上卻屬於新北市，是台鐵訂票系統中，台北進入桃園的最後一站。從台北車站出發只要三十一元，花四十分鐘左右即可抵達，對習慣用捷運通勤的讀者來說，或許比想像中方便。

　　不同於捷運的是，光踏上月台，迴異於繁忙花都的輕鬆感襲來，有如春風，完全想像不到是新北市。我這麼說，或許有些城鄉差距的偏見吧，卻是實際的感受。車站裡狹窄的商店街正在整修，裸露著空無一物的水泥牆面，頗為蕭條，營業中的商店也浸著歲月感。我跟Ｗ沒有停留。

　　「先去鶯歌石吧？」

前往鶯歌石

　　根據車站裡的指示，鶯歌石在建國路出口那一側，但走出車站，放眼望去都是公寓，沒半點山的影子，令人頓失距離感──這下該走多遠呢？走一小段路，我們才在公寓交錯的空隙間看到遠山，不久甚至能

看到白色的影子佇立山間，異常醒目。我沒見過鶯歌石，甚至沒找照片來看，一時還有些懷疑。

● 巨大的鳥形怪石聳立山間

「那就是鶯歌石嗎？看來不像老鷹啊！」我說。

「不，很像啊！」W不認同。

「是嗎？我覺得好像有點太寬了⋯⋯」

「你看看站在電線上的麻雀，不覺得很像嗎？」

「老鷹跟麻雀完全不同吧！」

我忍不住說。但W的話有種魔力，我看著那塊白石，頓覺愈來愈像老鷹了。山上有著如此醒目的巨石，難怪成為知名地景。走著走著，本來很遠的鶯歌石，不覺間近了許多。我們來到平交道邊，那是中正一路跟文化路交會處。

「啊，對了，這是文化路？」

我想起某件事。

「是啊，怎麼了？」

「這裡應該有個『合興窯』才對⋯⋯是四角窯，看《鶯歌鎮誌》說保存還算完整，不知道在哪裡？」

沒錯，陶瓷與古窯也是此次旅行的主題之一。畢竟鶯歌被稱為「台灣的景德鎮」，在眾多老街中，鶯歌老街算是有強烈主題，往三峽的方向有陶瓷博物館，即使不到老街，路上也充斥著賣陶藝品、瓷器的店家。比起被鄭成功轟下來的怪鳥，陶瓷才是提到鶯歌馬上會浮起的印象吧！

我穿過平交道，看了半天沒找到合興窯，W倒是馬上發現，指給我看，對面鐵皮屋邊有座高高的紅磚煙囪，上面寫著「合興」二字。不會錯，這就是「合興窯」了。鐵皮屋前的水泥廣場停著幾輛車，看來實在不像有開放參觀，但取材所需，我們還是從門口進去。

　　「小心，這裡有養狗。」

　　W知道我對中型犬有恐懼症。

　　「我慢慢接近拍照，應該沒關係。」

　　但我也不敢太近。離煙囪還有一段距離，就隱約看見關著狗的籠子。我快速拍了幾張照片，疑惑著為何只有煙囪，窯本身怎麼了？回來調查後才知道，原來窯廠在 2013 年就被拆除，《鶯歌鎮誌》並未跟上時代。

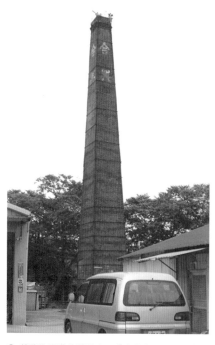

　　古窯被拆是一回事，翻閱了一些網路資料，才發現鶯歌古窯的保存並不樂觀。其中最讓我感到荒謬的，是明明被建議指定古蹟的「協興瓦窯」，遭建商推倒，還在陶瓷博物館後面建了結構完全不同的磚造建築，聲稱是遷移重建的「協興瓦窯」。這種古蹟保存，實在是充分體現新北市政府的風格。

　　「走吧，有沒拴著的狗出來了。」

● 鶯歌陶瓷業的遺跡之一「合興窯」，需注意內有惡犬

九二

W提醒我。真要命，怎麼會沒拴著？要是出人命怎麼辦？太宰治的〈家犬談〉猛然浮現在腦海，這篇文章是這麼開頭的：「對於狗，我有把握。我有把握總有一天會被狗咬。我肯定會被狗咬。」

我想落荒而逃，但W拉住我，控制我的速度慢慢往外走。狗的低吼聲在身後響起，我能想像它們齜牙咧嘴的樣子。

「要是跑的話會被狗追的。」W小聲說。

「唉，要是沒有你，我還真不知該如何是好！」

我們驚險地離開那裡。現在想想，還是心有餘悸。不過「合興窯」已偏離原本去鶯歌石的道路，我們回頭鑽入最近的巷道，轉了個彎，便在盡頭看見一座公園，入口石碑寫著「北鶯公園」，旁邊有「鶯歌石步道導覽」——太好了，沒走錯路。根據指示，我們走向左邊的上行階梯。

鶯歌石登山步道探險

鶯歌石登山步道位於孫龍步道上。所謂孫龍，指的是從「孫臏廟」到「碧龍宮」。台灣竟有祭拜孫臏的廟！孤陋寡聞的我還是首次知曉。至於碧龍宮，我倒是事前就有所聽聞，因為此廟由來頗符合《尋妖誌》主題。「碧龍宮」本名「龜公廟」，祭拜的是一塊龜形石，2004年，《中國時報》還記載一則異聞，說國共內戰是龜精蔣中正跟蛇精毛澤東的鬥法，為何有這樣的傳聞產生？倒是值得思考。不過，再怎麼說都跟龜形石無關吧！這間廟的雛形在日治後期才出現，那時蔣中正早已出生。

遺憾的是，那天並未到碧龍宮，畢竟行程已比規劃來得遲，要是走到碧龍宮再去鶯歌老街，太陽都要下山了。

鶯歌石登山步道前有個「鶯歌石記」，我跟W停下來看，其中一

段關於《桃園廳志》提及的鶯歌石文字，節錄於下：「若觸此石，災殃忽臻，六畜斃而瘟疫流行，地方惑其祟，至今人民相戒，無敢近者。」

《桃園廳志》是日治時代的地方誌，正確說是 1906 年出版，距日本統治才過十一年，離先前提到鶯歌石傳說的《淡水廳志》還不到五十年，這段記載出現在鄭成功傳說後，不同的是，這裡提到的鄭成功並非砲擊鶯哥，而是「怒斬其頸」，與新竹鳥嘴山相似。此怪物雖化為石，惡氣卻未消散，接觸就會有災禍，甚至造成瘟疫，以致無人敢近，這倒令我想到日本的殺生石。

日本傳說中，化身為美女玉藻前的九尾妖狐，因真面目被識破而遭到討伐，死後化為石。但妖狐怨氣未消，凡是接近該石的人與動物，皆難逃一死，故稱為「殺生石」。殺生石的祕密，瞞不過現代科學的法眼，現在我們已經知道殺生石四周致死的毒氣是有毒的火山氣體，沒半點神祕感可言。會聯想到殺生石，或許就是「明明已被殺害，卻化為石繼續作祟」這點吧；思及此，讓我有了更天馬行空的想法。

《淡水廳志》說鶯歌石「吐霧成瘴」，我一直以為是濃霧，但有沒有可能是別的自然現象？沒錯，就像「殺生石」，說不定是火山氣體！這當然毫無根據，畢竟鶯歌、三峽一帶，怎麼都看不出有火山。但意外的是，稍微調查後，發現不遠處的「尖山」本身就是一個火山體！跟角板山火山活動為同一時期，而鶯歌、三峽一帶也有許多火山爆發形成的玄武岩。不過，那都是上千萬年前的事了，沉寂這麼久的火山，有可能再度釋放火山氣體嗎？

當然，就算不是火山氣體，應該也有其他能造成「吐霧」的現象，大自然是千變萬化的。我曾不只一次在雨後烏來的柏油路上見過不可思議的霧氣，只徘徊在路面二十公分高，不管風怎麼吹都不會飄到更

高的地方，且並不濃密，有如層層絲綢。因為與平常所見的霧氣迥然有別，若是在過去，也可能被視為某種異象吧！

　　從步道起點出發，很快就會到鶯歌石基座所在，從這角度看，已不像獨立的巨石，而像山的一部分。旁邊有涼亭可供休息。面對涼亭的岩壁上充滿坑洞，看來確實像砲擊痕跡，這大概是某種我不知道的自然現象所致。W觀察山壁。

　　「這是沉積岩吧！」

● 鶯歌石底下坑洞內的神像。不知為何竟無鄭成功神像

　　「咦？你怎麼知道？」我在地球科學知識上有如嬰兒。

　　「你看這邊的紋理，而且質地均勻。」

　　原來如此。根據陶瓷博物館網站：「在地質學上，以往傳言屬玄武岩的鶯歌石，經地質專家探勘後發現應為沉積岩構成。」驗證了W的說法。W當然不是地質學的專家，過去傳言鶯歌石為玄武岩，可能是這一帶有許多火山活動的遺跡，讓人

覺得如此特異醒目的鶯歌石，想必該是火成岩吧！坑洞放著神像，其中一個較高，要踩著岩壁上鑿出的踏足之處才能上去。那坑洞中有塊石碑，由右到左刻著「鸚哥石」三字，下面寫著碑文：

鸚哥鳥名石狀如鳥故稱鸚哥石鸚哥與鶯歌同音今稱鶯歌者誤也民國十六年十月一日鶯歌庄長黃純青記海山郡守李讚生書。

其中「民國十六年」顯然有著塗改痕跡。國民政府來台後，為了抹消日本統治的痕跡，幾乎把明治、大正、昭和等所有年號盡數抹去，我在調查台灣史蹟時見得多了，這顯然也是一實例。即使那是未有文史保存觀念的年代，這種行為仍讓人不敢恭維；民國十六年為西元1927年，換算回日本年代，應是「昭和二年」。

本以為鶯歌石底下的神像會是鄭成功，畢竟遠遠看著像是將軍。但仔細一看，紅臉長鬚，右手內收，彷彿拿著竹簡，似乎是關公神像；為何會在鶯歌石底下祭拜關公？旁邊還有兩尊神像，看來是土地公跟彌勒佛，都已殘破斑駁，帶著古意。

再往上，步道盡頭，總算看到鶯歌石上半部！《淡水廳志》說鄭軍發砲「斷其頸」，因此是無頭鶯哥，還真是愈看愈像，命名者的想像力真令人佩服。在鶯哥斷頸處，雜草與低矮的灌木盤踞，有如揮灑出來的碧血——這倒也是有趣的想像！W另有想法，說那是鶯哥的呆毛，我聽了大笑。

旁邊的觀景台能將整個鶯歌一覽無遺。

大漢溪邊沒什麼高樓，比起台北的溪流，有著罕見的開闊。這才是溪流該有的樣子吧，我浮現這樣的感想。雖然只是一偏之見，但台北的河流常被堤防隔開，讓人時常忘記自己生活在水域中。大漢溪對

面那片遠山，應該就是鳶山了，從這裡看就如此龐大，鶯歌石根本無法與之相比。

想來，會將鶯歌石跟鳶山相提並論的人，基準點一定在大漢溪以北。站在鳶山上的人，是不會覺得鶯歌石能處在對等位置的。

瞭望台後還有上行的路，卻不是休閒式步道，光看樹與樹之間繫著供人攀爬的繩子就覺得吃力。我跟W挑戰了一小段路，見前路漫漫就放棄了，下山時看了步道介紹，才知道再往下走會通往夢幻神木。

● 鶯歌石頂端，狀似被砲轟而失去頭部的巨禽

● 從鶯歌石俯瞰市鎮，對面是鳶山

尖山埔文化行

台灣陶業重鎮——鶯歌

穿過鐵路底下的隧道，沿著重慶街，經過一座橋，不久就會到尖山埔的老街。如前面所說，尖山埔是鶯歌的陶業發跡地，也是歷史最為悠久的老街。前面提到的《民俗臺灣》雜誌，就曾在尖山埔的陶業聚落舉辦民俗採訪會議。

進入老街前，我跟Ｗ看到附近有蒸汽火車頭的指標，大為興奮；雖然還不夠格稱為鐵道迷，但對我來說，蒸氣火車與鐵路可是浪漫至極，聽到有蒸汽火車頭，我怎麼按捺得住？但實際看到後卻大失所望。蒸氣火車頭被放在大樓庭院的角落，彷彿被丟棄在那，這還不是最糟糕的。

在我看來，古物、古蹟的價值，在於其與時代脈絡的聯繫；這也很自然，因為價值是由觀看者決定的，要是

● 舊蒸氣火車頭，也不知是實物還是模型

沒有明白背後意義並賦予其價值，任何事物都只能是原料價格吧。這個火車頭放在這裡，難道不該呈現其歷史脈絡嗎？但其前方連車號都沒有，反而寫著「鶯歌號」——意義不明！象徵火車頭的身分與歷史的車號就這樣消失了，這真是蒸汽火車頭，還是仿造的模型？如果只是仿造，實在應該在旁邊附註說明，若是真的就更糟了，表示與這個火車頭有關的歷史全被抹消了。

　　歷史記憶的世俗化或娛樂化——這並非不可行，但若只是做做樣子，反而會傷害到歷史記憶。從這個角度看，所謂「妖怪」，也是類似的處境吧。

　　老街裡販賣陶瓷的店家林立，有光看就很高價、堪稱藝術品的，也有平價小店。或許是平日之故，老街看來並不熱絡。重慶街有個完整保存的隧道窯，這種窯最早是歐洲採用，大約五、六〇年代傳進台灣。我跟W走進去，發現窯體內的凹槽竟成了展示空間，隔著玻璃，能看見幾個藝術品擺在不同凹槽中，類型不限陶瓷，有種博物館般的氣氛。但既然作為展示之用，表示這個窯沒在使用了吧？窯道盡頭轉個彎，豁然開朗，卻是提供製陶體驗的教室，不知為何有種安親班的氣氛。我跟W先前都有經驗，就沒特別停留。

　　跟其他老街不同，這裡的主題

● 鶯歌保存最完整的隧道窯，有如博物館

異常明確，若只是想感受懷舊氣氛、吃吃喝喝，鶯歌老街恐怕無法滿足這種期待。但若確實懷著想帶某個器皿回去的心情——像花盆、瓶子、茶具等，已經有明確的意識，那鶯歌老街立刻就豐富多彩起來，就像匯聚諸多品牌的大型商場。

因探尋妖怪而來鶯歌老街，太可惜了。下次懷著不同的心態來，或許能看見不一樣的事物。

草鞋堆成的尖山

從尖山埔路走下去，穿越另一個平交道，沿著中正二路，便可抵達尖山。根據日本時代的地方誌，尖山看來有如倒懸的扇子，若真是如此，那確實不愧尖山之名；但在水泥都市裡要看見尖山全貌，實在太過困難，至少並非我等立足於地面的凡人所能辦到。

1920 年的《婦人と家庭》雜誌收錄〈三山譚の怪物を退治した鄭成功〉此篇文章，所謂的三山，就是鶯歌石、鳶山、尖山——三山譚的怪物，難道尖山也有怪物？其實並非如此。文章中說，尖山是鄭成功軍隊鞋子刮下的泥土所堆成，而他砲擊怪物時，特別拉著鐵砲爬到尖山頂，以便瞄準鶯哥、飛鳶兩大怪物。

從地圖上看，尖山距鶯歌石、鳶山有數公里之遙。當時的火砲是否能精準擊中數公里外的怪物，不得而知。但這麼大的範圍都被統轄在同一個傳說下，真是難以想像。不過，古人的視野與我們不同吧！據說以前艋舺可以看到芝山岩，在沒這麼多高樓大廈的年代，山的風景也是日常的一部分。既然看得到，就不會太遠！這種想像可說是其來有自。相較之下，現代都市中的我們以高樓取代天際線，或許反而是種自我封閉。

刮掉草鞋泥土的傳說，除了鶯歌的尖山外，還有南投草屯、中和尖山。但為何認為山是由泥土堆成的，我總覺得不可思議；泥土堆成的山，豈不是軟綿綿的？不過，這種「軟綿綿」的想像或許就是原

● 不遠處突起的小山，即是尖山

因。尖山出產的「尖山黑土」，是早期陶業發展的重要原料，土質呈黑褐色，具有黏性，會不會是因為土質本身給人的印象與鞋底泥土相似，所以才有了「草鞋底下泥土堆成」的傳說呢？進一步想，這種傳說的散布，會不會與土質有關呢？

現在的尖山是鶯歌第二公墓，遠遠就能看到山上墳墓，毫無遮掩。但即使到達山腳，抬起頭也看不出山形。離得太近，便如同管中窺豹，看不見全貌。我跟Ｗ踏上歸程。

忽然間，我想到某種可能。

鶯歌石是否曾經吐霧，直到此時，我也未有科學上的解答，只有空想。如果鶯歌石並不會吐霧，那吐霧傳說的根源是什麼？是不是另有一傳說的根源，而且那個傳說對象確實會吐霧？對，譬如龜山島。至今，龜山島仍被懷疑是活火山，有著汩汩的海底溫泉，冬天時，其高溫還會在海面上蒸出白煙；附會為吐霧，不是再正常不過？

難道龜山島才是靈獸傳說最早的起源？

但這不過是狂想而已；那個時候，我還沒親上龜山島踏查過……

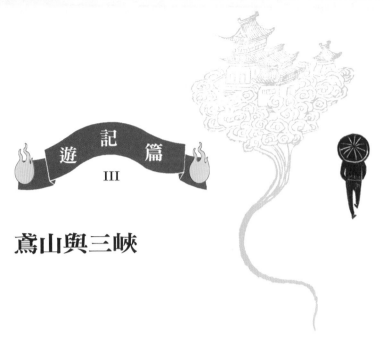

鳶山與三峽

鳶山之行

　　與三峽老街平行的藍染遊客服務中心，不遠處就是鳶峰路入口，我騎機車進去，沿著曲折的緩坡上行，很快遠離喧囂，抵達鳶山步道。其實這已是鳶山的半山腰，林蔭籠罩下，停車格幾乎被停滿，不愧是假日。後方階梯上，有座四角型的中式涼亭，上面寫著「獅子亭」，坦白說，沒什麼值得稱道之處，倒是越過涼亭，在這築起的高台盡頭，有個難以忽略的獨特建築——只用兩根巨大柱子支撐、有著亮橘色瓦片亭子底下，銅製的巨鐘占據視野。那銅鐘有四、五公尺高吧！氣勢驚人。為何這裡有如此巨大的鐘？還用塗成白色的水泥圍欄隔離，顯然只有裝飾功能，這樣突兀、不合理的存在，實在很難忽視。我不禁走過去。

　　高台鋪著紅色地磚，雜草從地磚隙縫間長出，不怎麼有精神。遊客坐在鐘亭底下，旁邊有塊石碑，上面寫著「光復紀念鐘落成誌」。原來，這巨鐘是為了紀念台灣光復四十週年鑄造的啊！

　　不過，為何將鐘放在這裡呢？說到底，這不是居民想來就來的地方，放在平地不是更能供人瞻仰？而且碑文中說「本鎮各界特召開籌備會，共同決議在鳶峰興建全省最大銅鐘乙座，以資永銘」，從「全省最

● 遠看壯觀，近看細節卻有些貧乏的光復紀念鐘

大」來看，應帶著點炫耀性質，那不是該放在能讓更多人看到的地方？

但碑文下面說：「蓋此峰東臨雪山，西潰大漢溪，傲視桃園台地，南與石門相連，北與陽明觀音山遙遙相望，峻山險要，氣象萬千」——走到高台邊，確實能感到不凡的風景，不過要說因此就將巨鐘立在此地……這麼說吧，這終究是與風雅無緣之物，對這風景來說，是有些可惜了。

鳶山步道開頭是石階梯，還算好走，不多久，右手邊立了一座寫著「鳶山勝蹟」的石碑，竟是三峽詩社的人於民國六十五年所立；碑文除了鄭成功傳說外，還說登臨鳶山能「俯瞰淡江綠水縈帶。東顧峽市，閭閻撲地，西望桃園，遠及滄海，南極插天山加久嶺，高聳雲霄，北達基隆雨港，隱約可見，絕頂有清風洞，夏涼冬溫，咸稱勝蹟」，少了些官腔，多了些餘裕，讀來頗為愉快，不過能看到基隆——也太驚人了！

再往前走，石階漸次消失，變成有些崎嶇的地面。這步道竟不像人工鑿出，而是在登山客的步伐下，久而久之成形。愈接近鳶山頂峰，路就愈顛簸難行。抬起頭，樹與樹間掛著各色旗子，據我所知，那似乎是藏傳佛教的五色旗，之前在北投丹鳳山見過，但究竟有什麼功能、為何要掛在山上，我就不清楚了。

意外的是，從步道起點到攀上頂峰，居然只需十分鐘。最後的路有如滑坡般，得踏著盤根錯節的樹根上行。鳶山頂峰是赤裸裸的巨岩，高度及腰，有如累卵般相依，竟有種荒蕪的園林之美！但《淡水廳誌》說「斷痕宛然」，我倒看不出，也可能是斷痕已在這兩百年間被登山客的鞋履磨平了；頂峰巨岩以鐵條與粗繩圍成欄杆，大約只能容納十幾人，而這人數——正是我親眼所見。原來假日的鳶山頂峰如此熱門！危崖邊風景最佳，人們擠在巨石群中，排隊輪流拍照。

日本俗諺形容，只有笨蛋跟煙喜歡高的地方。看著眼前的景色，我覺得做一回愚者也不差。

隆恩埔古戰場

來講段歷史故事吧。

● 鳶山的石碑，背面碑文為三峽詩社所寫

1895 年，日本剛統治台灣，各地都有反抗勢力。其中第一場讓日軍在單獨遭遇戰中損失慘重的，就是三峽的隆恩埔戰役；當時有

● 鳶山頂周圍的五色旗

三十九名日軍運送補給品，在抵達三角湧，要朝大嵙崁前進時，遭當地反抗勢力開槍襲擊。

　　這場戰役僅四人逃脫，其中一人躲進河中，另外三人認為太愚蠢，就沿著山路前進。最後四人分別與日軍會合，這次遭遇戰的事才被知曉。後來山根信成掃蕩板橋到大嵙崁一帶，三峽老街與清水祖師廟均遭焚毀，該是此一事件的報復。

　　從日本官方的紀錄看，這事確實頗有戲劇性，像一邊說著「把你們的性命借給我吧」一邊被砲彈打死的軍官，或剩下九人時，軍官把口袋中的菸草分給部下，下令無傷者逃生，受傷的人則自殺。但這些紀錄，當然都是站在日本的角度。隆恩埔這地名現在仍保留下來，對照地圖，大約位於現在台北大學附近。大

● 從鳶山俯瞰市鎮，鶯歌石在山間顯得十分渺小

正年間，為了紀念隆恩埔戰役的戰死者，在鄉軍人分會決定戰場遺跡設立紀念碑，名為「表忠碑」。

這個「表忠碑」立於鳶山山腰，也就是現在的中山公園，據說戰後被推倒，甚至當成人行道的地基，直到 2017 年才重新挖出來。我到中山公園看，卻不見蹤跡，似乎沒立於原處，也不知最新進度如何。公園最高處廣場立著孫中山銅像，看來被稱為「中山公園」，也不是隨便冠一個名字上去。但我私下推測，那或許就是原來放表忠碑的位置。

鳶山的表忠碑離隆恩埔有段距離，而隆恩埔的古戰場附近似乎也有同樣碑文，之所以不在戰場原處，是因當地常有水患，因而選了較高、較乾燥的位置。直到戰後，戰死軍人的後裔還會來此碑前憑弔，後來因台北大學整地之故，就被前來的日本軍人後裔移回日本去了。我看新聞，說龍埔國中主張位於隆恩埔古戰場上，故希望將中山公園的表忠碑移至校內，現在龍埔國中已改制為台北大學附中，但此事有沒有實現，我也無從得知。

三角湧老街

三峽舊名「三角湧」。

● 中山公園，據說過去放著日治時代的表忠碑

這三字，現在三峽老街亦時時可見；我每次來三峽，都會到一間店鋪買豆腐乳，那間店至今保留紅磚砌成的古老外觀，古意盎然。門上以金色毛筆字寫著「三角湧醬菜茶，徐媽媽」──在我了解三峽老街的歷史前，那是我第一次意識到「三角湧」這個詞彙。

所謂三角湧，是指三峽河、橫溪、大漢溪匯集之地。現在三峽老街旁只有三峽河經過，但看日本時代的台灣堡圖，大漢溪，那時稱為大嵙崁溪──曾恣意肆虐過這片平原，有如密集交錯的樹枝。前文提到隆恩埔水患頻仍，多半與這種地勢脫不了關係。

三峽老街的漢人聚落，最早在乾隆年間形成，而現今最著名的清水祖師廟「長福巖」，也是建於乾隆年間。不意外的是，在此之前，這片土地屬於雷朗族。根據《三峽鎮誌》，劉銘傳時期致力經營蕃界，設有北路隘勇五營，其中右營就設在三角湧。

清廷割台時，三角湧的殷實商人蘇力怒稱「朝廷割地未我聞，是以抗也」，並於乙未戰爭時期號召地方人士反抗，於主祀媽祖的興隆宮成立義勇營，以祖師廟作為軍械庫與糧倉，前面提到的隆恩埔戰役，就是蘇力等人所帶領。在台人抗日的歷史上，三峽可說記下了第一筆；這麼想著，便覺得會花大錢打造「光復紀念鐘」也沒有這麼不可思議。同樣的隆恩埔戰役，在日人、漢人眼中有著不同詮釋，從政治的角度看理所當然，但要怎麼消化這段記憶，實在是需要深思的歷史問題──表忠碑是日人角度的建物，所以就應該摧毀嗎？保留下來，就表示認同其立場嗎？我們該怎麼面對充滿對立的歷史？

現在的三峽老街，建築仍大概維持著日本時代重建後的樣貌。從鳶山腳的中山公園下來，沿著中山路走到底，轉進民權路，就是所謂的三峽老街。中山路十三巷跟民權路交界有間三峽派出所，連派出所都保留

舊時代的氣息！至於旁邊
這條中山路十三巷，我之
前聽過，其實算是祕密的
賞櫻景點！但我抵達時，
櫻花已凋零得差不多，整
排櫻花樹開滿嫩綠色的新
芽，倒也別有一番風味。

　　剛剛提到的興隆宮，
現在依舊存在。但不知是
否在整修，廟埕上方搭著
鐵皮，完全看不見廟簷之
美，反而有種陰鬱的印

● 假日的三峽老街極其熱鬧

象；相較之下，清水祖師廟則華美到讓人心驚動魄！據說從 1947 年起，
就由藝術家李梅樹主導清水祖師廟的第三次重建，走進去一看，絲毫不
倚靠色彩的華麗石雕羅列在廟宇每一處角落，細膩中帶著大膽，明明琳
瑯滿目，卻不讓人視覺疲乏，反而十分平衡。該說不愧是藝術家主導的
嗎？在清水祖師廟的裝潢中，我同時看到狂放與內斂，以正殿的藻井為
例，仔細看，細節處多到驚人，但視野放遠，又覺得細節全都收在巨大
的構圖中，就像粼粼波光，有種妙不可言的秩序。

　　這是何等驚人的協調感啊！

　　二樓祭祀文昌帝君，我雙手合什，祈求靈感。走廊盡頭的鐘樓，香
爐裡焚燒著的煙緩緩升起，溫溫吞吞，有如徘徊在廟簷下的半透明巨
獸。從二樓圍欄看向中庭，正好空無一人，片刻後，才有婦女牽著孩子
穿越中庭。我感到不可思議的寂寥。但這寂寥，是某種美，不帶著寂寞，

也沒半點殘破虛無，反而滿盈著不可言說的祕密。

　　某種關於玄祕之美，使長福巖成為不可分割的現象，連「空間」都不是「空」的。我沉浸在鐘樓的香煙中，許久才想到要離開。

尋妖人

瀟湘神

　　本名羅傳樵，一九八二年生，臺北地方異聞工作室成員，主食為推理與奇幻。

　　既是小說創作者，也是實境遊戲設計師。著有《臺北城裡妖魔跋扈》、《帝國大學赤雨騷亂》，參與《唯妖論》的部分考察，也是實境遊戲《城市邊陲的遁逃者》的原案。目前熱衷於尋找在地創地的各種跨領域可能。

石爺信仰

說起石爺，多數人可能會想到石頭公、樹王公等經常與福
德祠共同祭拜，卻仍然維持著原始自然形象的存在。相傳
在新竹當地的石爺石娘十分靈驗，據說祂們會在雨天上下
滑移，守護鄉民；祂們是維護地方風水的命脈，曾在被迫
斷除龍根之時留下鮮血淋漓的殘痕。一條紅繩、一包平安
符、一塊小石，是在地民眾共同的回憶。石爺石娘在近代
被遷移到陸地上祭祀並舉行結婚大典，而地方傳統與石爺
石娘相關的傳說，也在重新安址的情況下被加以強化其連
結，以形塑石爺石娘威靈顯赫、尊貴莊嚴的形象……

出沒地點：新竹地區

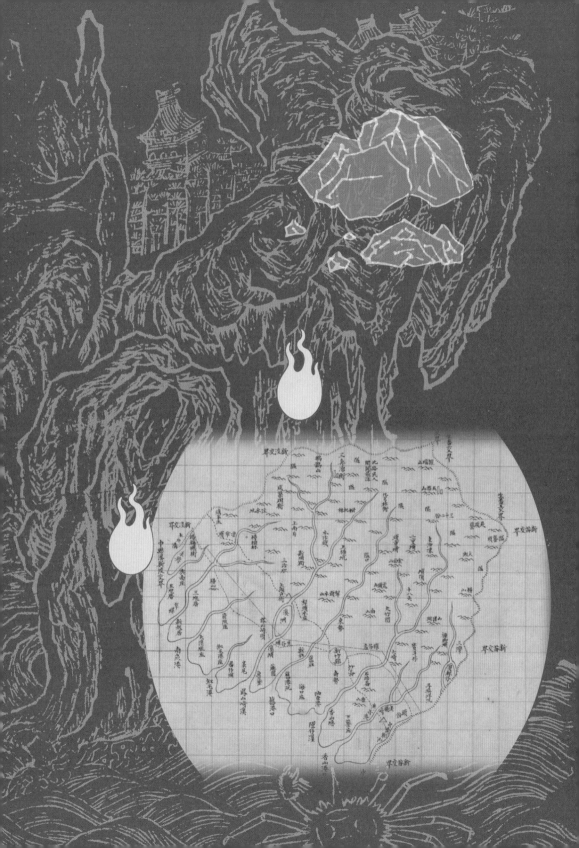

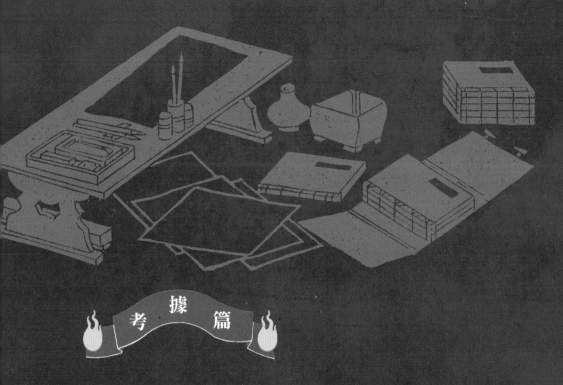

信仰界最堅實的後盾——石爺

石頭信仰小考

　　說起石爺，你的腦海中是否浮現出在鄉里田野間，可能是獨立祭祀，也可能是陪祀於福德祠旁的怪石形象？在台灣的閩客文化中，石頭信仰並不稀奇，不同地區、不同族群對祂的稱呼可能有所不同，「石頭公」、「石佛公」、「石聖公」、「石將軍」等稱呼大多出現在閩南地區，在客家地區，則多稱呼為「石爺」。

　　客家與閩南的石頭祭祀文化究竟有無不同，若非實際前往在地體察，單從文獻上的釋讀恐怕難以區辨。不過戴國焜〈臺灣桃竹苗客家人的石頭崇拜：石爺、石哀〉（2013）指出客家人和閩南人的石頭崇拜雖然在功能上相異性不高，但在稱呼和特質上卻具有特殊性與地域性。筆者以為，從「石爺」、「石哀」等稱呼，其實更展現了和閩南信仰

的不同之處——將客家文化重視「社神」的性質表露無遺。

　　台灣人的石頭崇拜，可以從萬物有靈論中找到說法，鈴木清一郎針對台灣人祭祀的神明，分成「自然崇拜」、「人類崇拜」、「器物崇拜」三種類別。祭拜石頭的民俗慣習，多被學者歸類為自然崇拜一類，其中若是對於樹王公、動物祭祀一類的信仰，即屬於有機物的自然崇拜；反之，則是無機物的自然崇拜。

　　自然崇拜的信仰大多與環境有關，先民在開墾初期，倘若遇到難以克服的阻礙，除了仰仗人定勝天的信念外，便是通過祈求神明讓人順利度過難關，或者與阻擋先民的因子溝通交涉，以祭祀來換取發展的機會。從客家人居住的環境觀察，祭祀土地伯公、石爺等現象特別密集，往往一個村落便有數個祭祀的地點，這個現象導因於多山、貧瘠的環境，事實上，從多數土地伯公、石爺等社神所祭祀的歷史，也可以看出端倪——先民開墾環境時遭受難以抗拒的天然災害、遇到難

● 關西石爺亭

● 南埔石爺

以解釋的神蹟、鄰里流行的怪病不知緣故神奇地治癒，或是開路時遇到奇岩怪石阻擋，交涉之後以香火祭祀作為條件，之後一切便順順利利。

種種奇特的傳說故事反映出早期先民開發環境時的困苦，以客家族群所居住的環境為例，山區、丘陵地往往密布岩石，開發較為困難，當先民遭遇到此類困境，以信仰的手段來排除困難，在此情況下，客家人祭祀圈中經常出現土地伯公、石爺等護佑社區的地方神祇，這樣的情況也就有了解釋。

藉由祭祀石爺、土地伯公等神明，往往使得社區鄰里更加團結，以社神為中心，形成在地居民極為緊密的生活圈，實際調查下來，目前多數祭祀石爺的地方，倘若仍有民眾經營祭祀，大多結合祭拜的活動，帶動社區居民之間的互動，這些祭祀的小廟宇在活動交流間，成為了社區鄰里熱絡情感的場域，可謂形塑社區發展的核心。

考量交通與地利之便，這次針對石爺信仰的考察無法窮盡全台各地進行普查，我們摘選了新竹縣內，較有特色的三尊石爺進行調查，分別是「芎林鄉鹿寮坑石爺石娘」、「關西石爺亭」、「南埔石爺」，祂們分處三個不同區域，雖然不遠，但亦不近，交通上並不方便，必須要將行程分割成兩天進行。

關西石爺亭、南埔石爺兩地和地方社區活動結合，定期舉行盛大的換絭儀式，據傳由於石爺極為靈驗，拜認石爺為契父的子弟有數千人之多，每年的儀式都十分盛大，值得一觀。

鹿寮坑石爺石娘傳說

鹿寮坑石爺石娘的傳說別具一格，與地方的風水、帝王事業結合，由於鹿寮坑在地的風水極好，地方人士相傳是五龍匯聚之所，具有「龍脈之相」，很有可能產生危及帝權的草莽霸王。石爺石娘因是地方上特殊的巨石，因此被形容是巨龍口中的寶珠，為了保障清朝王權的穩固，官方派遣了風水師來到鹿寮坑，並找來一名覡公在石頭上刻下「雙龍吐珠」四字，以破除風水。沒想到才刻了「雙龍」二字，巨石石縫就突然流下鮮血，覡工不願繼續下去，罷手返家，卻不料路途中便吐血身亡。這件事情傳回清朝皇帝的耳中，皇上命人取來硃砂筆，在龍首處橫切一條線，並潑上黑狗血壓制，終於將這樣的風水破壞，之後的一次土石流中，五條山脈被齊齊切斷，龍脈終於告破。這件故事迄今在地方上仍流傳著，甚至被篆刻於石碑上闡明緣由，非常有趣。

除了這則故事之外，鹿寮坑的石爺石娘十分特殊。祂們曾舉行過婚禮——這場特殊的婚禮邀請新竹都城隍爺為主婚人。由於一次颱風洪水來襲，將位於溪谷下的石爺石娘沖散，鄉民不忍心讓祂們分居兩

● 鹿寮坑石爺石娘

地，因此將石爺石娘另移置他處，並在取得石爺石娘的首肯後，為「兩石」舉行婚禮，當年場面之盛大，仍可以從文字資料中想像。

　　三尊石爺（或加上石娘）各有不同的傳說故事，特別摘選出祂們來進行調查的原因，除了名聲較響亮外，還得加上「認石爺為契父，以保佑小孩堅強健康長大」的習俗。相傳若是認石爺石娘為契父母，能夠護佑孩子健康成長，具有像石爺一般堅強的特質，也能讓小孩比較容易養大。這樣的習俗每年都會舉辦，祭祀的日期在地方各有不同，通常的作法是以紅絲繩穿過錢幣或銀鎖，每年「換絭」，則換上新的紅線，將護身符在香爐上繞三圈，象徵將神明的靈力再次添加於護身符上，如此就可以再度保佑孩子一整年的平安健康。若是孩子成年，則要「脫絭」來向神明報告契子女已經長大，此後便不需要再每年攜帶護身符來換絭了。

認契父母、換絭等儀式不分閩客族群，都有類似的作法，甚至一般的神明也提供這樣的「服務」。不過在石頭信仰中，石爺換絭的特殊與其他神祇則突顯出差異性。早年換絭並非是以錢幣或是銀鎖，而是在石爺附近尋找合適的石頭，打磨、打洞之後穿過紅繩給孩子配戴。近年由於寺廟或附近市街的修整，使得石頭變少，才逐漸轉變為以其他形式替代。但有趣的是有些地區仍保有這樣的習俗，只是調整由管理石爺的廟方來準備裝在護身符中的石頭，以及祭祀的相關用具。

　　從文字資料閱讀，石爺的傳說故事有的具有特殊性，有的則與其他石頭公的傳說相差無幾，甚至能夠歸納出類型，乍看之下極難分辨出差異。然而誠如前文所言，客家族群的石爺信仰從稱呼上來說，與「石頭公」、「石聖公」等稱呼相較，其實更具有親切感，宛若親族一般，這樣的性質具有加強社區凝聚的功能，因此在進行石爺相關的考察時，重點其實並不能夠單純放在石爺身上，而必須要連帶與周邊的社區發展一起檢視，如此才更能夠彰顯石爺所代表的信仰與社會意義。

● 日治時期涵蓋關西、芎林等庄的新竹州管內圖

行程篇

需要一台翻山越嶺的機車和雙腳

　　石爺的考察有一部分在山區，在一勘和二勘後深深覺得，這次新竹石爺的行程，需要一台能夠翻山越嶺的機車，即使遇到陡峭而布滿碎石的山路，也要鼓起勇氣繼續往前騎，到顯伯公的路就是這樣的情況。這次石爺考察橫跨了新竹芎林、關西、北埔、南埔與新竹市區等地，因為範圍廣闊，所以建議以兩天一夜的行程走訪，時間較充裕。以下的行程安排，是經歷過一勘和二勘後，融合出適合兩天一夜的石爺行程，前往南埔、北埔時會騎浪漫台三線路線，此次行程到達新竹地區客家庄，能在行程中發現不同地區的客家風情。

Day 1

08:00		09:00		10:00
從台北出發	（搭火車到新竹約一小時）	到新竹火車站後，到國翔租機車	（騎機車前往芎林，大概三、四十分鐘）	早午餐：芎林老街上的美濃樓

午餐食記

美濃樓飲食店

芎林老街上的百年小吃店，客家風味的純米粄條、薑絲大腸和特色鹽酒鴨，是店裡一絕！

石爺信仰

鹿寮坑石爺石娘

原本石爺石娘是在溪旁，納莉颱風時被沖離溪旁，擲筊後同意安放在土地公旁，現址上方掛滿匾額，都是石爺石娘大婚時各方贈送的。

關西石爺亭

石爺本來是在旁邊的牛欄河，因為要開路需要移除擋住的石爺，擲筊同意接受供奉後，居民移到路旁建石爺亭祭祀。

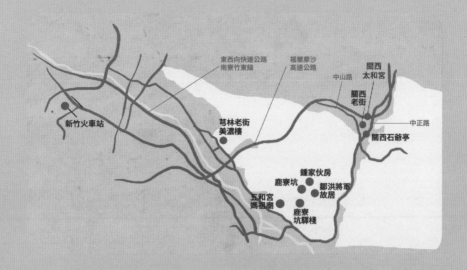

東西向快速公路
南寮竹東線

福爾摩沙
高速公路

中山路

關西
太和宮

關西
老街

新竹火車站

苎林老街
美濃樓

中正路

關西石爺亭

鍾家伙房

鹿寮坑

鄒洪將軍
故居

五和宮
媽祖廟

鹿寮
坑驛棧

11:00 ● 　　　　　　　　　　　　　　　　12:00 ●

前往鹿寮坑，　（從美濃樓騎　五和宮媽祖廟　鹿寮坑石爺　（往前走約一百公
約十分鐘　　　到苎林石爺）　　　　　　　與石娘　　　尺，有石梯能下去）

順路考察

三元宮

三元宮主祀三官大地，處在一個風水好的位置，廟
前看過去是開闊的山水，聽說天氣好的時候，還能
看到霧峰山區呢。

鍾家伙房

鍾家伙房依山而建，鍾家當時長年以種茶為業，為
了解決茶工住宿的問題才興建伙房，現在裡頭廢
棄，但仍是新竹縣縣定古蹟。

鄒洪將軍故居

現在仍是鄒氏家廟，但平時不一定會有人在，能不
能進到廳堂來參觀需要碰運氣，地址不明，但入口
有「鄒家宗祠」的牌子可以辨認。

13:00	鍾家伙房	14:00	15:00
三元宮	（三元宮在	鄒家宗祠	關西石爺廟 （騎車走竹 26 鄉道
（繼續往鄉	往下騎行大	（步行約十五	約二十五分鐘）
道前行左轉	概十分鐘）	分鐘，沿途有	
即可到達）		惡犬）	

五和宮媽祖廟

五和宮媽祖在嘉慶元年興建，因為香火來源廣東汕頭放雞山，在媽祖誕辰時廟方會將雞放生。

關西老街

關西第一戲院

關西第一戲院仍能看到外觀，但已不能進入，外觀上還留著手繪的電影海報，檢票口仍保留完整。

關西分駐所

關西分駐所是民國九年日治時期建造的，現在是三級古蹟，產權是關西鎮公所擁有，而不是警察局。

所長宿舍

所長宿舍在 2018 年搭配「緩緩生活節」一起開館，日式建築的外觀被完好的保留下來，剛好在太和宮對面的小巷中。

太和宮

太和宮主祀三官大帝，在嘉慶 17 年的時候，當時墾主衛阿貴創建，日治時期曾遭日人焚毀，在 1900 年，發起新建遷到現址。

Day 2

08:00		09:00		10:00	
早餐：欣園早點	（小籠包、外包	前往南埔。	（車程約需	抵達南埔	（南昌宮後
	蛋皮的蘿蔔糕）		要四十分鐘）		即能看見南
					埔的石爺廟）

16:00	17:00	18:00	19:00
關西老街上 （第一戲院、菜市場、塗鴉巷弄、關西分駐所、所長宿舍、太和宮）	晚餐：「尤咕麵」	回市區民宿「江山藝改所」 （宵夜：城隍廟口小吃 伴手禮：新復珍餅店）	就寢

晚餐食記

尤咕麵

「尤咕」二字是客家話中逗弄小孩的聲音，從小攤販到樓房，尤咕麵在關西有六十幾年的歷史，簡單的乾麵與豐富的小菜是特色。

城隍廟阿城號炒米粉

城隍廟口的小吃店大多能共用，想吃炒米粉，又想吃隔壁攤的肉圓、蚵仔煎，跟老闆溝通一聲就可以在同個位子一次吃齊！

Day 2

早午餐食記

欣園早點

小籠包幾乎跟包子一樣大，大概吃兩個就有飽足感，很有趣的是，欣園的蘿蔔糕外面裹上一層蛋皮，我只在欣園看過這樣的吃法。

BK 坊窯烤麵包

BK 坊的位置很隱密，營業的時間也是，老闆會請喝當天現做的飲料，是熱情的老闆呢！

11:00	水底伯公	12:00	
午餐　（BK 坊窯烤麵包）	百年水車	前往北埔老街	（約騎行十五分鐘即達）

石爺踏查

南埔石爺

南埔石爺在南昌宮的後方，旁邊田中央是
姜氏的祖墳，南埔鄉每年石爺祭時契子契
女會回來參加，石爺會保佑孩子平安長大。

南昌宮

南昌宮原稱是國王宮，在 1897 年建造，主
祀三山國王，現在南昌宮的廟埕有販售一
些居民自製果醬，成為民眾活動的中心。

水底伯公和百年水車

走了一段下坡路後，會先看到水底伯公，
要繼續往下走到步道盡頭才會看到百年水
車，如果它自己在動是自然現象，可能是
風吹的吧。

順路考察

金廣福公館

金廣福公館是金廣福墾隘的大本營，現在
大門深鎖不對外開放，但仍能從地上的石
碑察看過去的簡介。

天水堂

天水堂在北埔慣稱「姜屋」，據說姜氏後
人仍居住在此，因為過去曾遭小偷，所以
目前並不對外開放。

北埔老街　　　　　　　　　　　　　　　　13:00　　　姜阿新洋樓　　　14:00　　　姜氏家廟

（金廣福公館、天水堂、水井巷）　　　慈天宮　　　龍瑛宗故居　　　忠恕堂　　　鄧南光影像紀念館

慈天宮

護隘廟宇，北埔的信仰中心，是金廣福來北埔開墾後，最先定下的廟宇興建位置，位於睡虎穴，所以長年不大肆興建。

姜氏家廟

從柵欄外面往裡面看，只能看到緊閉的門神，也是因為遭竊原因不再對外開放，可惜現已看不到當時廟宇建築工藝家的裝飾與雕刻。

鄧南光影像紀念館

民國五十年代，相機很珍貴，更不用說長年學習攝影的費用，姜滿堂之孫鄧南光當時留學日本時接觸攝影，為台灣和北埔留下珍貴的影像資產。

晚餐食記

老頭擺

老頭擺除了客家菜以外，旁邊的茶坊也提供北埔有名的東方美人茶，每日兩點半過後會休息兩小時，要記得以免錯過營業時間。

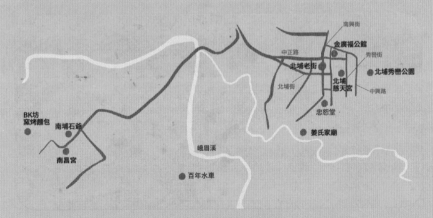

南興街
中正路　金廣福公館
秀巒街
北埔老街
北埔街　北埔秀巒公園
北埔慈天宮　中興路
忠恕堂
姜氏家廟
峨眉溪
BK坊窯烤麵包
南埔石爺
南昌宮
百年水車

15:00	16:00	17:00	18:00
秀巒公園 （五子碑、北埔事件紀念碑、烈士姜紹祖成仁紀念碑）	晚餐：「老頭擺」 （北埔老街往山上騎行約二十分鐘即達）	返回新竹市區	結束新竹石爺行 （搭火車回台北）

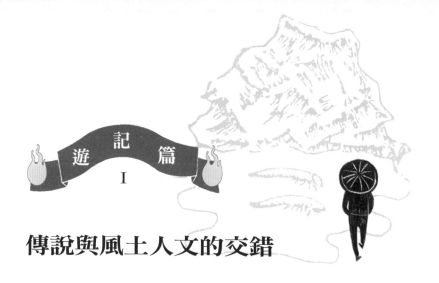

傳說與風土人文的交錯

　　說起石爺，多數人可能會想到石頭公、樹王公等經常與福德祠共同祭拜，卻仍然維持著原始自然形象的存在。但在客家庄中，石爺的祭祀與小孩的出生、成長脫不了關係，為了讓孩子能夠健康的成長茁壯，由父母帶著年幼的孩童認石爺為契父，每年回到石爺亭「換絭」，成為客家庄中年度的盛事之一。本次探訪的三個石爺，迄今仍有「認義父母」的儀式進行，是安定地方的信仰力量核心。

　　為了前往三個地點進行考察，臨行前，我和祉均先到附近的國翔機車行租借機車，由於此行目的地不是位於山區，就是在偏鄉農村，因此必須要特地向老闆說明，請他推薦適合前往山區的機車才行。新竹縣市的大眾交通運輸工具並不發達，即便要乘坐公車，也僅在市內才較為方便，倘若要前往山區或跨度較大的地區，幾乎可說是沒有路線抵達，權衡之下，還是要有自己的交通工具比較實在。

追尋石爺石娘的蹤跡——鹿寮坑

　　進入鹿寮坑之前會先抵達五龍河壩，Y字型分岔的兩條路中，一座小而雅致的公園橫跨其間。站在公園往左看，飽經風霜的五龍橋頭就映入眼簾，若往山壁上看，便能看到鹿寮坑地方的信仰中心——五和宮。

鹿寮坑石爺石娘的傳說十分強調鹿寮坑地形的特殊——「五條龍脈氣勢壯麗非凡，狀似五虎下山擒羊之兆，四虎相爭一虎隱身虎視眈眈」，這裡說的五條龍脈，站在五龍河壩前就可以一窺其貌。五條龍脈意味著五座山脈，至於是哪五條？這些山脈並沒有名字，但是詢問地方鄉親，大多能告訴你五條龍分別是從哪裡到哪裡，附近有些什麼地標。據馮堯浪前村長的形容，最左邊的一條龍靠近橫山鄉的位置，第二條、第三條則在鹿寮坑附近，五和宮就坐落在第三條龍脈上，俯瞰五龍河壩，有種傲視群雄的霸氣在。第四條則在燒炭窩上，第五條在王爺坑。

彷彿要印證鄉下地方給人的悠閒印象，我們抵達五龍河壩前的公園，恰好有兩名老人正坐在樹底下乘涼聊天。

「阿伯，請問要去看石爺石娘是不是往這邊走？」我刻意使用台語，高聲吶喊，生怕老人家聽不清楚，還輔以手勢指著 Y 型岔路右手邊延伸進去的道路。

殊不知，即便已經放大聲量了，阿伯仍顯得困惑，笑得憨厚，黝黑的面容微揚，以一種不知所措的口氣道：「我聽不懂台語。」

此時此刻，我終於意識到新竹之旅恐怕不是我想像中的輕鬆。台灣雖是閩客混居，但生活中使用閩南語的比例遠遠高出客語，閩南語成為日常生活中的強勢語言，這也就造成一旦遠離了閩南族群的生活圈，比方進入客家人群聚之處，就會感受到自己在語言上的不足與缺憾。

所幸，即使我們無法使用客家話與老人家溝通，但使用國語，雖然還是有些困難，仍然可以彼此交流。兩位老人家提供了我們石爺石娘的方位，就像 RPG 遊戲中的主線劇情 NPC 般，還告訴我們主導石爺石娘婚禮的前村長馮堯浪就在鹿寮坑經營著一間「鹿寮坑驛棧」，提供往來的客人飯食。平時人都在，前往驛棧應當能夠找到馮前村長。

鹿寮坑石爺石娘距離鹿寮坑驛棧不遠，我們遂決定先前往石爺石娘所在地探訪，再返回驛棧。

　　鹿寮坑這邊景點說多不多，說少也不少。在社區鄰里努力發展下，鹿寮坑也綻放出在地特色的活力與風采。特別是以石爺石娘為中心，發散出鹿寮坑的觀光特色，周邊的景點包括鄒洪將軍故居、鍾家伙房、三元宮等地方景點必去之外，若有閒情，也有在地特色的生態香菇農場、姨婆吉圃園，以及種植柑橘的果園，若在產季來到此處，還能看到滿山遍野結實纍纍的橘子，十分豐碩。

　　石爺石娘安座的位置就在圓石伯公的旁邊，兩顆約高一百公分的大石頭並排放置，一顆渾圓肥壯，另一個則顯得較低矮平實，鮮紅的綢帶分別綁在石爺石娘身上，上頭累積的灰塵看得出歷經風霜的痕跡，但仍舊讓石爺石娘彰顯出一種喜氣洋洋，與山野奇岩不同的氣質。

　　一旁的圓石伯公安置在以磚瓦砌成的小型建物中，廟前偌大的廣場能夠容納至少上百人，以鐵皮棚架擋住風風雨雨。若是站在廣場中央抬頭看，沒有心理準備的人，可能會被這十幾面的牌匾所震驚，儘管是圓石伯公的地盤，卻滿滿都是地方政治人物祝福石爺石娘婚姻的

● 鹿寮坑石爺石娘廟全景

言詞，比較「應景」的，如：「天長地久」、「恩愛萬世」、「百年好合」；特別彰顯石爺石娘神力的，如：「聖靈顯赫」、「護國佑民」、「慈雲普蔭」、「鄉梓之寶」等，十分喧賓奪主。

石爺石娘前方特別設置的神明桌，註明「鹿寮坑石爺石娘」。我們抵達的時間並非祭祀石爺石娘的興盛時期，因此並未擺放祭品，放置在右前方的令旗則引人注意，灰撲撲的旗子已經看不出上頭的文字，但幾面令旗安插的檯座被三塊石磚層疊以穩固，這樣的設計顯然少見，卻不知有沒有什麼特殊意義。

另一個十分吸睛的部分則是神明桌上擺放的石爺石娘結婚證書，兩張婚書並排放置，證明石爺石娘的婚姻已經公眾見證，是公認的一對佳偶。這樣的設計不禁讓人覺得即便是神明的婚姻，也深受人類文明社會所影響──必須有長輩公證，也必須要經過「認證」確定夫妻的名分。進一步深思，在現代社會來說，婚姻的組成很大一部分在於法律有所保障，石爺石娘若是有靈，這一紙婚書於二老而言，不知存在著什麼意義？

探訪完石爺石娘，我們返回鹿寮坑驛棧，正值午後，馮前村長果然在。

村長十分好客，一聽我們是為了石爺石娘而來，便滔滔不絕地說起故事。只是從文獻考察上與實際同村人訪談，故事內容多少有些差異。若只參考石碑上的文字，會告訴你傳說石爺石娘能夠產出草莽霸王的故事發生在「清朝」，但是在馮前村長的口中，故事年代卻變成了「日據」。而鹿寮坑風水產出草莽霸王的故事，也有了依循的對象──鄒洪將軍。

鹿寮坑產草莽霸王——鄒洪將軍的身世之謎

「因為這是近代的故事，所以老一輩都可以敘述很清楚。那個石匠被嚇到，就跑到我們前面轉彎那邊，吐血身亡。」馮前村長指著路口不遠的彎道，信誓旦旦地說。從他的神情，彷彿能見到當時石匠因被石爺石娘吐血的場面嚇到，倉皇奔走而去，卻不支倒地的畫面。

我們實在沒有想到，原先撰寫在石碑上的傳奇故事，竟有機會從村人的口中聽聞「現場情況」，在馮前村長的解說中，不

● 馮前村長與鹿寮坑驛棧

時發出驚嘆聲。傳說中由於石爺石娘位於溪谷的所在地，在五龍匯聚的鹿寮坑地形中，猶如龍手中的寶珠，若是不加以防範，極有可能造就草莽霸王。因此才驚動清朝皇帝與風水師來破龍脈，但是所謂破除龍脈刻下「雙龍吐珠」四字的法術卻未能完成，石匠因被鮮血淋漓的石爺所驚嚇，於逃離途中吐血身亡——這樣的情形到底有沒有成功破除龍脈呢？

後世所出的鄒洪將軍承接了這則傳說故事的果。

鄒洪將軍為國民政府時期的抗日將軍，為芎林鄉鹿寮坑人，由於抗日戰績彪炳，被封為「常勝將軍」，於死後追封為陸軍上將，在鹿

寮坑亦有一座藏於深山中的鄒洪將軍故居，是鄒氏宗祠所在地，紀念鄒洪將軍與鄒家先祖。若是詢問鹿寮坑鄉親，到底所謂的草莽霸王傳說應驗在何處，十之八九會告訴你是鄒洪將軍。然而這樣的傳說在我們詢問故居留守的鄒氏子孫鄒運金先生之後，卻又不是如此確定了。

在這次探訪客家庄石爺傳說的過程中，我們留意到風水對鄉里百姓選址的重要性。從鄒洪故居看出去，是坐於山中、左右環抱之姿，在漫步山野的過程，能感受到空氣的清新，若是在這樣地靈人傑的環境中成長，家中子孫或許真能更輕易的成龍成鳳？鄒家近代的豪傑號稱有「一門三傑」，除了鄒洪外，還有鄒滌之、鄒清之二人。其中，鄒滌之曾任廣東省政府參議，回台後當選新竹縣縣長、增額國民大會代表等職。鄒清之曾任少將參議、台灣省政府委員、民政廳長等。

在同一世代中陸續有三位高官、將軍出世，莫怪乎村民會將鄒洪與石爺石娘的傳說放在一起論述，縱使石碑上記述的內容是清朝也無礙，畢竟對老一輩來說，「日據」或許比「清朝」更加可憎。即便鹿寮坑的風水受到摧毀，龍脈的龍頭被齊齊切斷，但畢竟最終破除的術法失敗，在這種情況下，抗日戰爭中戰功輝煌的將軍，豈不是就像傳說將產出的「草莽霸王」？這些人物與傳說的連結賦予地方風土更多實質的底韻，在推動地方社區發展時，更有利於凝聚社區向心力。

從鹿寮坑石爺石娘的例子裡，我們能看到傳說與風雲人物之間的連結，而記述與口述中，時代的差異在這樣的連結中顯得並不重要，可以被忽視。石爺石娘原先位於鹿寮坑的溪谷之下，地理位置合於帝王風水傳說中的龍爪寶珠之說，由此而衍伸出種種特異的傳說，除了霸主之說外，溪谷下的石爺石娘在雨天會上下滑移，守護村里，地方上也有傳說流傳，在本行探訪中，甚至得到了村人的證實。

「我本來以為只是傳說，沒想到把石爺抬起的那一天，發現石爺底部完全是平滑的。這代表什麼？它真的有可能在雨天的時候來回移動。」村人如是說。

● 鄒氏子孫鄒運金先生

　　石爺石娘在近代被遷移到陸地上祭祀並舉行結婚大典，這件事情本身極具有故事性，而地方傳統與石爺石娘相關的傳說，也在石爺石娘重新安址的情況下被更加強化其連結，以形塑石爺石娘威靈顯赫、十分靈驗的印象，並強化祭祀的正當性。若將這件事情與地區發展的歷史相互印證，彼時正是社區營造的想法與實作流行之際，以石爺石娘的祭祀為中心，鞏固在地特色的文化脈絡，使得鹿寮坑和其他鄉里相較之下，社區發展更加完善，特殊活動、在地小吃，與生態活動等結合，讓鹿寮坑在新竹縣山區爆發出不一樣的生命力，這樣的發展可謂是近代神異傳說突顯其社會性意義的典型範式。

● 鄒氏家族一門三傑

遊 記 篇 II

「舊」與「新」的追尋與對話

鄒洪故居尋跡

鄒家宗祠（鄒洪故居）必須從竹 26 鄉道進入，然而若僅憑標示或是導航，只會讓人在竹 26 鄉道上繞來繞去，完全找不到傳說中的鄒洪故居。在前往探訪鄒洪故居的路途上，我們正是落入了這樣的窘境。

所幸詢問路邊聊天的鄉人，他們告知鄒洪故居必須要繼續往竹 26 鄉道前進，看到一塊白底紅字的「鄒家宗祠」才是正途。抵達路口之後，仍要順著山路蜿蜒向上，若是徒步，約莫需要十五分鐘左右的路程，幾乎是深入山中了。

也因此，當看到傳統四合院的鄒家宗祠展露眼前，居然令我們都覺得有些感動——畢竟為了尋找鄒洪故居，我們已在當地繞了將近一個小時了。

鄒洪故居基本上是開放一般民眾參觀的歷史景點，建築物保存得十分良好，若是正好有子孫在，可以向他們請教鄒家一門三傑的故事，由於是對日抗戰時期的英雄人物，很多軼聞都還留存於子孫的記憶之中，非常值得來一探究竟。

鹿寮坑探源

● 鹿寮坑石爺石娘原溪谷祭祀地

　　離開鄒洪故居，我們必須要繞回竹25鄉道，繼續往鹿寮坑深處前進。（以行程來說，探訪完鄒洪故居後，直接沿著竹26鄉道前往關西是最順路的）順道一提，在竹26鄉道及竹25鄉道的岔路口前，沿著鹿寮坑石爺石娘廟往前約數十公尺，右側河岸有個石階能夠通往河床，若是實際走上河床，就可以看得更加清楚——依著石壁搭建起的圓頂鐵棚、鑲嵌於石壁上的鐵製金爐——此處是石爺石娘的祭祀原址。

　　在石爺石娘遷移之後，原先祭祀的地方已經荒廢，僅剩下這些無法遷移的人造建物留下，看來也沒有養護的必要，任由荒廢，或許再過幾年，這塊地就再也看不出原先的祭祀痕跡了。

　　鹿寮坑雖小，但是先人開墾的痕跡，早期的歷史建物倒是保存得蠻好。

　　深入竹25鄉道，有兩個景點可以一探，一個是鹿寮坑早期祭祀的中心點「三元宮」，另一個則是目前仍待整修中的「鍾家伙房」。

　　加入《尋妖誌》的計畫後養成的「壞習慣」，就是每到一座廟宇，必定到處翻找廟史沿革，三元宮雖小，卻是鹿寮坑早期的信仰中心，

按理說應該會有廟史記錄才對，結果卻遍尋不著廟史記錄，幾乎要翻箱倒櫃了，這才終於在記錄善男信女捐贈的紅紙條背後發現廟史！

三元宮香火

三元宮主祀三官大帝，早期僅以土造廟宇的形式祀奉神祇。日治時期，日本政府興起打壓台灣宗教的行動，三元宮也遭受波及，地方鄉紳將三官大帝神像轉移至飛鳳宮存放，直到戰後國民政府時期，才重新於舊址興建三元宮廟，並將三官大帝迎回原址祭祀。

三元宮是一座小廟，從外觀看來非常難以想像這裡會是鹿寮坑早期的祭祀中心，但其實存在於地方已有百年，也是一座底蘊深厚的廟宇。站在三元宮往外看，視野十分良好，得以俯瞰鹿寮坑的山景，具「左有青龍環抱，右有白虎側臥」之勢。

我們抵達的時間已晚，接近關廟，恰好偶遇負責管理三元宮的鍾

● 捐贈紅條背後寫著三元宮廟史

寬明先生，他同時也經營附近的一座柑橘生態果園，由於到訪的時間不是柑橘產季，並沒有什麼可以參觀。但若是選在柑橘盛產的季節來，也可以預約參觀果園。

事實上，我們第二次造訪鹿寮坑就是冬季，正好是果種盛產期，光是走在鄉道上都能聞到柑橘的果香，滿坑滿谷的橙黃果實遍布山林，多汁成熟的果實掉在地上，轉化成土壤的養分，這些果實看似無人摘採，實則孕育了地方的生命活力，是鹿寮坑重要的經濟命脈。

歷史古蹟鍾家伙房

「鍾家伙房」所在的山坡下，就是一整片的柑橘果園。

鍾家為早期鹿寮坑當地的一戶富有人家，以經營茶園聞名。鹿寮坑地形屬於丘陵地，沿著道路深入山腹，更能夠看到高高低低的地勢起伏，其中，鍾家伙房之所以有名，正是因為建築物是少見的依著山勢興建的類型，三合院中的右側橫屋是兩層樓的建物，左側橫屋僅有一層樓，由於三合院本身位於山坡上，使得左右側橫屋的屋頂高度一致，維持正堂屋頂最高的傳統。

若站在山坡上往下看，就能看出鍾家伙房「潁川堂」居中的三合院建築。屋舍的結構十分完整，橫屋延伸往下的建物屋頂依序排列，都沒有超過前一層的屋頂高度，順著山勢延伸，最終構成一座兩層樓高的龐然大物——從山坡下往上看，只覺得是兩三幢紅磚砌成的屋舍依山興建，看不出原來這座建物是一座三合院，只有站在比鍾家伙房更高的山坡上，才能一窺這種建築形式的奧祕。

鍾家伙房由於其特殊性，目前已被新竹縣政府列為縣定古蹟，幾年前仍有和地方社區結合舉辦活動，目前因屋舍老舊，除了正堂的潁

● 配合地形逐節往下的鍾家伙房三合院建築　　●潁川堂

川堂仍看起來有所維護與整理外，其他的屋舍都顯得古舊破敗，亟待修護。

最高點顯伯公

踩完鹿寮坑能夠輕而易舉抵達的景點後，在鍾先生的指點下，我和祉均決定挑戰鹿寮坑最高的景點——顯伯公。顯伯公位於燥坑、鹿寮坑、上橫坑、王爺坑的交界處，視野極優，是本行探訪的廟宇地處最高的一座。但欲往顯伯公，必先經過一番淬煉。

通往顯伯公的道路標示不多，途中又有岔路，目測坡度近乎六十度的陡坡，一路逐漸升級，愈來愈陡，蜿蜒深入的山路維護不良，僅以粗糙水泥鋪過，岩礫泥石裸露，路面自中央開裂，偏又是僅容一人通行的小徑，左側山壁，右側斷崖，還要驅車向上。所幸歷經千辛萬苦，我和祉均終於成功抵達山頂，看到顯伯公的那一剎那，不禁熱淚盈眶，深覺受到神靈保佑，才能平安無事抵達廟址。

在此告誡，往顯伯公的道路車輛無法通行，唯有機車與雙腳可行，然而機車登山對技術的考驗實在非常大，若是將探訪顯伯公定調為登山之旅，此行或許安全些。所幸登上顯伯公後，另有一條修整平順的

路通往關西，不用循原路返回鹿寮坑，否則我們能否在這裡對你們侃侃而談，恐怕都不能確定。

顯伯公廟分舊址及新址，都位於山頂，座址相鄰。

舊址僅以簡陋的棚子搭設，目前仍供奉數座神像，其中一座神像披掛書寫顯伯公字樣的黃色綢帶，與一旁的顯伯婆並列，旁祀的神像則有月老、關聖帝君、觀世音菩薩等神祇，神像前的兩座香爐插滿已經燃燒完畢的線香，仍見香火鼎盛。

另一側則有低矮的棚子祭祀石頭，根據文獻記載，最初是隘勇兵為了祈求伯公保佑，因此在大樹下用石頭設置簡單的香案祭拜，十分靈驗，又陸續有顯靈保護行人的傳說，因此聲名大噪。這座矮棚下受到祭祀的扁石，很有可能就是原初受到祭拜的顯伯公。

● 顯伯公

新址是一座完整的廟舍，由紅磚水泥砌成，上書大大的「公顯伯」三字，僅祭祀顯伯公與顯伯婆兩尊神像。牆上的廟誌書寫顯伯公顯靈的事跡：「附近住家阿元伯要去王爺坑賣茶，痛風發作，疼痛不

● 顯伯公新址

已，於顯伯公處跪求伯公大顯威靈，要把他的病痛治好，若有靈驗幫伯公揚名四海，果然不再痛了。」、「日據時代日本警察要去廢除土地公，路途中到鹿寮坑處腹痛如絞，無法前往。」……。儘管在顯伯公廟並沒有遇見鄉人，但即便地理位置不變，卻依舊鼎盛的香火，已足以說明其靈驗飽受民眾信賴了。

逗留至午後，我和祉均真心虔誠地拜過顯伯公，並順著能夠通往關西的鄉道下山，不過這條路在 google 導航上並沒有顯示，必須一路往下，接上竹 26 鄉道之後，路途才終於順暢。

此行第一個景點鹿寮坑石爺石娘在此結束，下一站關西石爺亭就位在中豐路一段的道路旁，鄰近關西老街，是本行三個石爺探訪的景點中，最為熱鬧的一區。

不過相較於鹿寮坑石爺石娘的目標明顯，關西石爺亭彷彿是在地區開發之下，被世俗所遺忘的一個過去，孤立於大馬路旁，占據一塊小邊角，若非我們是特地來找尋祂，或許都會被路人所忽視。

關西石爺顯靈

關西石爺亭位於一塊三角畸零地，空間極小，僅能夠容許三、四人站立。兩塊石頭鑲嵌於磨石板上，應是有人整修過石爺亭後的結果。關西石爺的形狀不一，其中一塊有著明顯的白漬，看上去倒像是液體噴濺灑上的痕跡。四周遍尋不著廟誌，故也無從得知關西石爺的歷史。不過根據學者研究，關西石爺亭祭祀的是石爺石婆，並搭配社區營造的活動。石爺石婆生辰為農曆四月八日，每年都會舉辦祭祀活動，也會吸引外地民眾到場祭祀，迄今仍有人認當石爺石娘的契子女。

石爺亭的對聯頗為有趣：「身行正道逢爺未祈爺當賜福　心存惻隱

見石不拜石感其德」。

　　只要身行正道、心存惻隱，即便經過石爺而不祭祀，石爺也會保佑你。頗有鼓勵民眾砥礪自身，只要行的正、做的直，不走偏路，不心懷投機，那麼終究能夠得到福報。另一方面，這副對聯的意涵卻又讓我想到，在民眾認石爺做契父的風俗之下，這種「即使不祭拜我，我也保佑你」的情況，與父母對待子女的態度何其相似，其中感觸，難以用言語說明，

● 關西石爺亭外觀

● 嵌於石板上的關西石爺，其中一塊有著明顯的白漬斑痕

隱隱然感受到關西石爺提倡孝道的重要。

　　關於關西石爺的歷史，我們在地方上隨機尋訪探問的結果──地方居住數十年的一對老夫婦告訴我們，關西石爺之所以受到祭拜，乃是最初的時候有個父親帶著自己罹患急病的兒子，行經此處，由於烈日當頭，體力難以負荷，便坐在一塊石頭上休息，祈禱兒子的病能好。殊不知，休息之後兒子的病果然好了，因此便祭祀這塊石頭，成為當地的風俗。

不過若是搜尋網路，則能夠找到另外一則傳說：「相傳關西鎮開闢對外的道路時，工人於牛欄河畔挖到兩塊阻擋的大石，十多名工人都無法成功搬動大石。於是工頭提議祭拜石頭，祈求大石能夠讓工程順利，並提出從此讓鎮民祭祀、供奉石頭的交換條件，果然獲得聖筊，最後工程得以順利進行。」

這兩則傳說的結構在石頭公、石爺祭祀的傳說中並不少見，一則是開墾中的阻礙，另一則是治療怪病，反映出先人開墾初期，遭遇困難的幾種情境，人力難以勝天，因此藉由和神佛交易，通過祭祀的方式來解決難題，這樣的手段十分常見。客家庄大多位於地形貧瘠、多石的環境，石爺的祭祀往往多點開花，與地方的土地公婆同樣，具有社神的特性。

關西石爺亭的位置就位在關西老街的尾端，從地理位置的角度觀之，我們推測石爺和地方社區的發展應該有十分密切的關連。順著石爺亭所在的位置一路往下，再走上一條岔路，便可以通到關西老街所在的中正路上，可以說中正路的南端與石爺亭比鄰，北端關西太和宮坐鎮，將一條小小的老街包夾其中。儘管老街目前已經不如以往繁榮，卻仍然可以從建物的位置遙想當年榮景。

鹹菜甕老街

不同於其他不受重視的老街，關西老街目前保存的情況良好，由於跟目前關西鎮上的鬧區相隔一段距離，因此道路交通並不繁忙，可以悠閒地享受老街的氛圍。

關西老街位於牛欄河與鳳山溪的交接匯流處，因水運便利而形成商業聚落，後雖因交通形式轉為陸運而逐漸沒落，但目前許多老屋的

保存仍十分完整，走在中正路上，一排排的紅磚拱廊街屋與木造老屋舍，和現代文創產業結合利用，街上多見轉型成文創產業的商店與工作室。老屋活化創生，讓關西老街煥發出不一樣的風采。

這條老街，除了與老屋結合的文創商店之外，自然是幾個日治時期保留下來的建物：舊關西分駐所、關西第一戲院、關西警察局長日式宿舍等。其中，舊關西分駐所完工於 1920 年，目前已經被列入新竹縣定古蹟，白色的牆面輔以深藍色的屋頂，是洋式的興亞風格，三角形的山牆與日本瓦屋頂，營造出濃厚的日式氣息。

關西老街有許多景點能夠細細品味，可惜天色已晚，我們並未在這一帶停留太久。此外，關西分駐所右前方的惠愛路通往傳統市場，是整段路都被遮蓋住的暗街，一走進暗巷，彷彿進入了時光隧道，回到數十年前的台灣──拐過一個轉角，關西第一戲院就映入眼簾。

關西第一戲院早在 1940 年就已是登錄的戲院，主要放映日本殖民政策的宣導片與無聲電影，放映電影時會有辯士在旁解說。戲院本身是製碗窯所改建，椅子則用麻竹綑在一起，並採用活動式的銀幕，條件雖簡陋，但仍陪伴關西鎮民走過風風雨雨。

最後一個景點──關西警察局長日式宿舍，在中正路上是找不到入口的，必須走到關西太和宮對面，切入兩間小吃店中間的巷道，才得以發現這間歷史建物。不同於其他的建築仍有著濃厚的古舊氣息，警察局長日式宿舍是近期才整修過，包括建築物、庭院都散發出一種新修的氛圍，整理得十分乾淨。

局長宿舍對面矗立的大廟是關西鎮居民的信仰中心──太和宮，主祀三官大帝。創建於嘉慶年間，原所在地位於關西分駐所的位置，但1895 年發生火災之後，原址便由日本政府改建成分駐所，現址大廟太

●保留濃厚日式氣息的關西分駐所

和宮則遲至西元 1931 年才興建好。也就是說,清朝末年關西老街的中心應是太和宮,市街本身亦有便利的河道運輸,關西老街便由此逐漸發展,形成一個密集的商業中心,這之中,自然少不了位於老街邊緣的石爺角色,如此,關西老街早期的樣貌便拼湊完成了。

　　我和祉均短暫的領略老街風華,囿於時間並未久留,便循 118 縣道返回市區,結束了第一天的行程。

● 關西重要物產——紅茶與烏龍茶／胡文青提供

● 陪伴鎮民走過風雨歲月的關西第一戲院

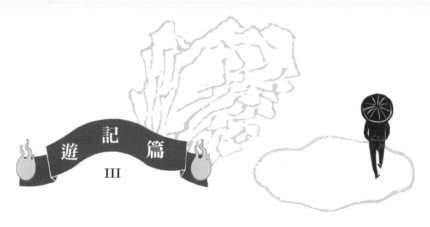

受到活水哺育的南埔——石爺與農村再生

南埔首站——南埔石爺深根踏查

經過一番休息，養足精神，第二天我們前往南埔拜訪南昌宮石爺。

說起南埔，聽過的人不多。但提到北埔，相信許多人立刻就想到了名聞遐邇的北埔老街與北埔慈天宮。其實南埔就位於北埔的旁邊，只是相較於北埔的經濟繁榮、交通便利，南埔顯得幽靜許多，呈現出截然不同的風情。

從新竹市前往南埔，可以循寶山路二段抵達，行車距離約三、四十分鐘，車流量不多，若是行程不趕，亦可以放慢腳步，享受沿途的風景。這一趟的行程也可以沿著新竹頗具盛名的浪漫台三線遊玩，繞道北埔老街與周邊景點。

前往南埔，必須在未進入北埔街區前的台三線岔路右轉埔心街（竹45鄉道），再往前行一小段路，便能看見一覽無遺的農村景致。第一個地標是橫跨在峨眉溪上的「南埔橋」，紅色的橋體上以新藝術花式筆法繪製100的字樣，是時任省長的宋楚瑜為慶祝北埔國小創校一百週年所撥付的款項，因此以「100」作為橋體的裝飾。這座民國八十八年興建的橋樑，過去也有許多故事，最早的時候，南埔橋只是簡單的木板橋搭建，經常被雨後暴漲的河水沖垮，家長必須要到橋頭去拉流

● 南昌宮一景

籠接回小孩。西元 1925 年，南埔橋改建為一座吊橋，稱為「鉛線橋」，但 1966 年這座橋卻被颱風所損毀，遂又改建為水泥橋，命名為「雍伯橋」，以紀念日治時期北埔事件中的蔡阿雍先生的貢獻。

　　沿著竹 45 鄉道一路往前，抵達南昌宮，這座小廟同時也是南埔社區的活動中心，但凡社區舉辦任何活動，地點大多選定於南昌宮，由於社區多為老年人口，南昌宮的存在舉足輕重，此處也是南埔社區發展協會坐落之處。

　　此行探訪的南埔石爺，就位於南昌宮後方的涼亭中。

　　不同於鹿寮坑或關西石爺亭的石爺，南埔石爺由十餘顆石頭排列組成，

● 於南埔石爺前亭中央擺放的白色石台，應是居民平日供奉鮮花祭品之處

從覆蓋在石頭上的青苔能看出石爺歷經風霜的痕跡，南埔石爺的頂端放著一個紅色的「粢」，前頭安放石製的香爐，製作並不精良，卻令人感到與石爺十分契合。在涼亭正中間則放置一塊巨大的石台，應是平日擺放祭品的所在。

據鄉里傳說，南埔石爺已經有百餘年的歷史，從前小孩生急病，來祭祀石爺祈求平安，都能得到應驗。由於十分靈驗，漸漸就吸引南來北往的人們過來祭拜。早期醫藥不發達，嬰兒早夭，先人為求順利撫養小孩平安長大，會將小孩送給關聖帝君或石爺當契子，由於南昌宮不祭拜關聖帝君，因此祭祀石爺成為風俗。不過在地方耆老的口中，石爺故事也有另外一說，南埔的石爺並非祭祀石頭，而是祭祀石敢當將軍，但實情為何，目前收集到的文獻都未有來歷記載。

南埔石爺祭是地方頗具盛名的文化祭典，每年自農曆正月十六日之後陸續會有信眾前來，到了農曆四月八日石爺誕辰當天，達到祭祀人潮的高峰。祭祀石爺，最重要的也包括小孩換粢、求粢及脫粢。南埔石爺迄今仍保留十分完整的儀式過程，向石爺求粢，通常要使用雄雞祭拜，信眾上香祭告石爺之後，將綁上紅線的通寶錢或是在石爺附近撿拾小石子放入紅色香

● 南埔石爺的粢

包中，之後在香爐過火就算完成儀式。

　　到訪的日子並不是南埔石爺祭祀的鼎盛時期，理應是看不到粢的，拗不過我的請求，南昌宮的管理人才到倉庫中找出了石爺公專用的粢，以及目前取代小石子的通寶錢。

　　管理人告訴我們，之前廟方會在石爺前面擺放一個小碗，裡面放置許多小石子，提供信眾可以直接取用碗中的石子來求粢，放置石子的這個碗也非俗物，是有百年歷史的古董。可惜這個極具意義的瓷碗卻被偷走，因此目前在石爺亭已經看不到這樣的安排了。

　　南昌宮原本稱為國王宮，創建於 1897 年，主神為三山國王，副祀三官大帝、媽祖婆、伯公。地方耆老傳說，原先是南埔一位名叫彭禮相的人，家中祭祀王爺神像，有一天王爺托夢告知原住民會在某日某時到南埔出草，大家知道之後紛紛找地方躲起來，因而躲過一劫。南埔村民認為王爺顯靈救助鄉里，紛紛前往祭祀，後來有人提議將王爺遷到金廣福南埔公館去，一時之間祭拜者甚眾，直到後來公館塌陷，才將王爺遷移到現址。

　　對於南埔這個地方來說，許多活動會配合石爺祭的日子來舉辦。我們抵達南埔的時間恰好不是石爺誕辰，因此只能看到悠閒的田園景致，若是在祭典期間來訪，將會是另一番景象。

南埔人文遺跡與歷史的結合

　　在南埔，與鹿寮坑、關西所體會到的地方風情十分不同。可能是南埔的農莊居多的緣故，地形並非人口分布較稀疏的丘陵地，也不是發展繁榮的經濟地帶，人口的數量雖不多，但是卻有著濃厚的人情味。

　　每週二跟四的早上固定會有南埔老人家的集會，就在南昌宮舉行。

第一次前往南埔時，是禮拜三，聽說隔天有老人家的聚會，便決定隔天再來一趟。事實證明這個決定並沒有錯，平時老人家忙於農作，唯有定期聚會中彼此相聚，分享近況。這個定期聚會的活動內容很多，除了地方老人家組成的「鍋碗瓢盆」樂團練習之外，也有中餐的共食活動。參與活動的地方鄉親攜帶自己種植的農作物來到南昌宮，由負責當週煮食的人員來烹煮，只要是居住於南埔的人，都可以過來享用美食。

就連來採訪老人家的我，也被熱情的大家拉著飽食了一頓。

這麼多耆老聚集在一起的場所，是個非常棒的採訪地點，只要提問，大家便爭相補充，彙集許多傳說故事的說法。但也因為都是老一輩，在這種場合裡，不會客家話的硬傷也就顯現出來。明明有許多故事等待挖掘，南埔在地的老村長蕃薯伯參與了整個南埔發展的歷史，甚至親身推動，但當我詢問故事的細節，卻因為無法用中文講得更詳

● 地方上由老人家組成的樂團表演

細，只能作罷。至今想起，仍覺得十分扼腕。

南埔歷史人文遺跡的保留，在地方社區發展協會的大力推動下，保存十分完善。最令人激賞的，除了古蹟建築的保留外，地方社區對於古蹟與過去的人文故事連結、社區歷史脈絡，以及整個地區的發展，

● 「在那廟裡」行動攤車

都做了非常詳細的調查與敘述，因此意外成為本行探查之旅中，取得文史資料最多的地區。

廟方與社區發展協會的結合，帶動南埔社區的活力。我在此處遇到一位進行在地小農耕作的黃淑惠女士，除了日常農務之外，她另外在南昌宮擺了一個「在那廟裡」行動攤車，專門販售自製的果醬、蜜餞、自己耕種收成的南埔米。這些東西並不像市面上大多添加許多化學材料的產品，而有自己的堅持，真材實料，以誠待人。這樣的精神正如同南埔社區給人的感受，真誠，而且毫無保留的對待來訪的人們。

在南埔看到的是農村再生的活力，當我們提到農村、老人等字句，許多人的腦海中，可能已經浮現垂垂老矣、破敗殘垣的農村景致。然而南埔鄉里即便以老人居多，地方社區仍然極有活力，販售健康養生的食品、發展農村觀光產業，在發展之餘，也不忘追本溯源，推動在地文史的教育，在這裡，看見的是一種新生煥發的活力，一種與土地

共生的精神，生生不息，對於農村的發展，南埔帶給我更多的想像。

南埔的農村迄今依舊是活的——何以有此見解？地方社區迄今仍有共同清理水圳的定期活動，一條條水圳是帶動南埔發展的大小動脈，流經整塊南埔，若溯及水圳的源頭，即可找到「水頭河底伯公」與稍遠處的「百年水車」兩個景點。

● 南埔水圳

南埔水圳自 1845 年就已經興建，由金廣福與姜家共同出資，全長三公里，灌溉南埔約有六十甲的水田。這條水圳在 2011 年時進行過全面整修，近期為了整理水圳，地方社區也發起活動，號召鄉里共同維護水道環境。

在南埔水圳的源頭，是一座迄今仍在運轉中的百年水車。

百年水車最初是由陳開伯為灌溉自己耕種的兩分地農田而製造，設計上是十分少見的竹筒式水車，利用水圳的水流，帶動葉片，讓水車得以轉動。竹筒在水車轉動的過程中盛裝汲水，隨著水車而移動到頂點時，竹筒中的水自然流入高位水田的集水槽中，設計極具巧思。

更難得的是水車系統在後人的維護下，運轉仍舊十分精良，在徐徐微風中，喀啦喀啦地轉動，帶動水圳清澈的水流高低起伏。

站在水車的旁邊，彷彿也見到孕育南埔的生命源頭，將活水帶入大圳中，讓這條貫通南埔的生命動脈搏動至今。

林祉均

　　從小生長在新竹靠海的四代同堂家庭，因此對於傳統習俗與鄉野奇談很感興趣，畢業於指南山下的中文系。關於尋妖，抱著敬畏而恐懼卻興奮的心情，慢慢靠近。

尋妖人

謝蓓宜（小拉）

　　臺北地方異聞工作室專案企劃。目前任職於非營利組織「環境法律人協會」中，關心政治事務與環保、文化等議題，期望通過自己微小的努力改變社會。工作室的毒舌吐槽役擔當。積極反省，絕不悔改。

噶哈巫族的番婆鬼

相傳在南投埔里各族群間，流傳著令人聞之喪膽的傳說——番婆鬼。成為番婆鬼必須立下毒誓，並付出極大的代價。此番婆鬼會透過巫術變著法來捉弄族人，不僅能吃人心肝、夜間視物、飛行、使人脫盡毛髮、生病；更能變成三腳母豬偷食莊稼農作，不論是外族人，還是噶哈巫族人，都十分畏懼番婆鬼。另一方面，此番婆鬼的存在卻能同時抵禦泰雅族與賽德克族的出草，並保護著族人，人們對於他們的敬畏恐懼，同樣奠基於番婆鬼與那些害人的巫術上頭，如此情感想必是又愛又怕、又敬畏又驕傲……

出沒地點：南投埔里

埔里

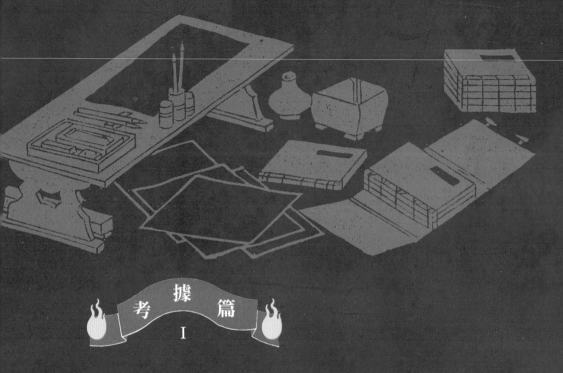

盆地內的爭奪戰：埔里族群發展史

　　番婆鬼的傳說廣泛流傳於埔里地區，要了解番婆鬼傳說背後的意義，就不得不先了解埔里的族群歷史。就算是現在的埔里，居住在這附近的族群也多元的超出原有想像——閩、客、噶哈巫、巴宰、泰雅、賽德克、布農、邵族等，而回頭去看歷史，那更是精彩且複雜。

　　打開埔里的地圖，在城鎮中可以找到被標註為東、西、南、北門的地方，在這四個門所圍起來的範圍內，大致就是清領時期的埔里社廳城，俗稱大埔城，是當時漢人聚集之處；往大埔城的西北方看去，愛蘭台地（烏牛欄台地）是巴宰族的居住處；而往大埔城的東北看去，分布在眉溪兩側的則是噶哈巫族的四個部落：牛眠山（Baisia）、守城份（Suwanlukus）、大湳（Kalexut）與蜈蚣崙（Tauving），又被稱為「眉溪四莊」；要是再往東北過去，到東眼山、霧社那一帶，就是泰雅族和賽德克族的勢力範圍了；而往埔里盆地東南方看去，那是布農族的地盤；

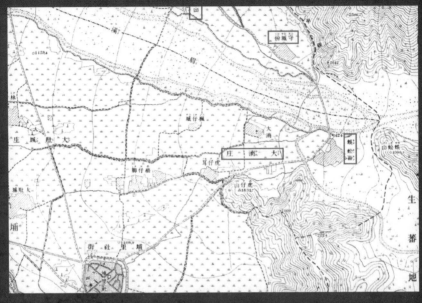

● 大埔城及眉溪四莊位置示意圖（台灣百年歷史地圖，日治兩萬分之一堡圖，明治版 1898 年）

埔里西南方魚池直至日月潭那一帶，則為邵族的領域。

　　不過，此處的族群勢力分布並非一直都是這個樣子，若將時間追溯到漢人還沒進駐埔里盆地以前，布農系統的埔社、泰雅系統的眉社與邵族系統的頭社、水社、貓社、沈鹿社，被並稱為「水沙連六社」，整個埔里盆地都是埔社和眉社的地盤，以眉溪為界南北劃分勢力範圍。當然，也有可能在漢人眼光並未觸及、文獻史料並未記載之處，埔里盆地內其實有更多元的組成，不過此處就以目前文獻所提及的內容為主。埔里盆地這樣兩方獨大的情況維持至嘉慶 19 年（1814），直到「郭百年事件」發生。

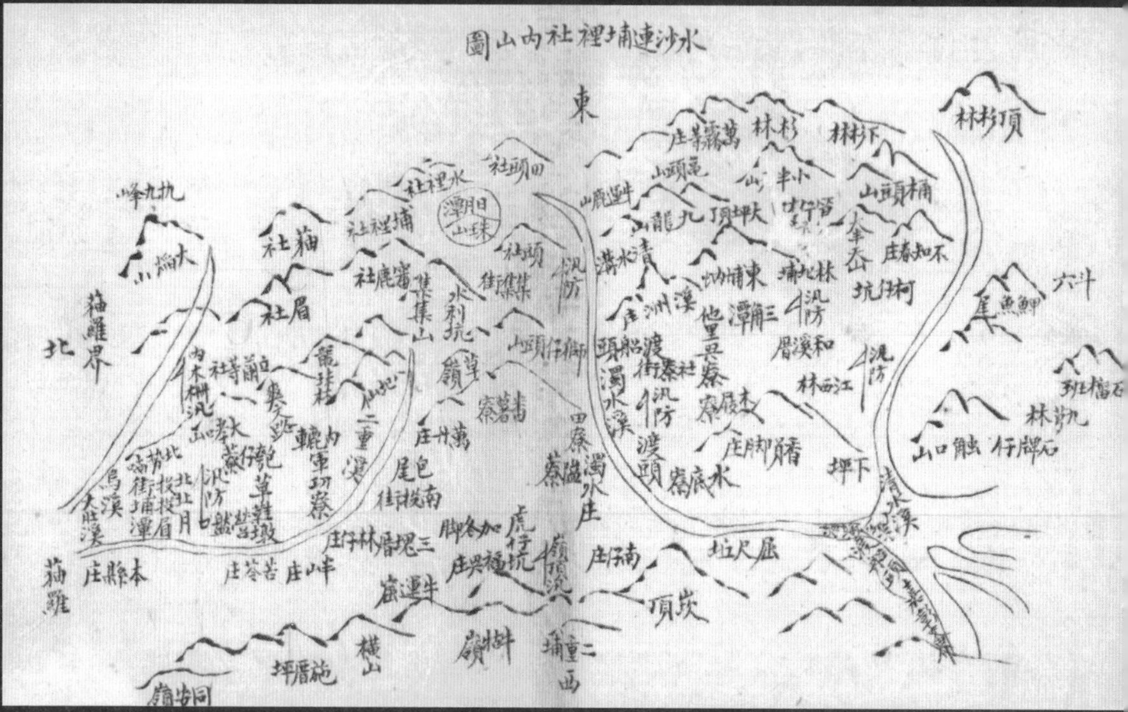

水沙連埔裡社內山圖

● 埔里六社分布圖

郭百年事件與埔社衰微

在郭百年事件中，漢人假借當地已故「土目」（被選來或指派為
自己部落與漢人政府間溝通橋樑的人）的名義，佯稱當地原住民有意
願將土地承租給漢人開墾，在如願獲得墾照之後，強行於水沙連由南
向北開墾，因而與當地原住民發生衝突。當郭百年等人拓墾到埔社領
域的時候，埔社堅持不讓這些漢人進來開墾，雙方在現今茄苳腳一帶
對峙一個多月，郭百年等人見無法以武力取勝，便派人前去談和，提
出的撤退條件是埔社必須要提供一批鹿茸給他們，埔社族人答應之後，

便聚集壯丁上山獵鹿，沒想到郭百年等人竟趁此之際，闖入部落燒殺擄掠，不但奪得許多家畜、穀物和器具，甚至挖掘墳墓、盜取陪葬的刀槍。

而埔社的土地也在這次的事件中，被郭百年等人占領，郭百年等人在此建築了十三座土城和一座木柵碉堡，招來更多的漢人強行拓墾，埔社因此勢力大衰，只能依附眉社，遷往眉溪北方的赤崁台地居住。直到嘉慶 21 年

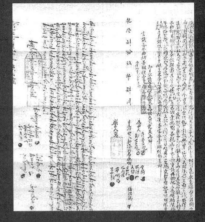

● 清領時期，漢人與原住民簽訂的土地租佃或讓渡契約，同時以漢語和新港語寫成，俗稱「番仔契」。郭百年事件中，漢人有可能偽造了相關文書，以取得開墾權

（1816），台灣總兵得知此事，才強迫驅離侵墾埔里盆地的漢人，並豎立禁碑，禁止漢人進入，埔社的族人才得以回到原本的部落去。然而，此時的埔社已衰弱到無力抵禦外族。

郭百年事件背後反應的是西部平原的人口壓力，驅使著漢人不斷往外拓墾，即便政府嚴令禁止漢人進入原住民的領地、即便原住民極力反抗外人的入侵，也無法阻止他們的腳步。甚至，這樣的人口壓力，也同樣反應在西部平原的平埔族群身上，不但大量土地落入漢人手中，壓縮了他們的生存空間，漢人開墾造成生態環境改變，也讓原有的鹿場縮小、魚蝦減少，傳統的漁獵游耕逐漸無法支持他們原有的生活，因此遷移行動勢在必行。

平埔族群移入與漢人關係

在道光 3 年（1823）左右，透過邵族水社的居中協調，埔社邀請

西部平原的平埔族群進入埔里盆地，由埔社提供埔里盆地部分土地的永耕權，換取共同抵禦外敵的承諾，在一方需要外援，一方需要土地的需求下，雙方一拍即合。以道卡斯、巴宰、拍瀑拉、洪安雅、巴布薩五大族群為主，共三十餘社的人陸續遷入埔里盆地。進入埔里盆地後，雙方訂定公約，不准入山侵擾山地原住民，不准恃強凌弱，不准引誘漢人在此開墾，也不准僱傭漢人在此經營。

不過，就算漢人沒有進來，埔社依然沒能保住他們的土地。在平埔族群分批遷入之後，他們反倒成為埔里盆地的主要人口，土地逐步從埔社、眉社轉移到他們手中。大致來說，他們是從埔里盆地南半部開始拓墾的，逐漸向外擴張，最後推進到了眉社的領域，聚落分布遍及整個埔里平原，失去土地的埔社和眉社最終仍是衰落下來，部分被同化，部分則離開此處，投靠其他社。

但平埔族群獨占埔里盆地的時間並不長久，事實上，這些年間皆陸續有漢人小規模侵墾的事件發生，不過大都被此地的平埔族群擋下，甚至連漢人想和他們交易都被拒絕。然而，咸豐7年（1857），泉州人鄭勒透過改為平埔族名、配合平埔族風俗等方式，取得了平埔族群認可，自此閩籍漢人再次進入埔里盆地，移入人數日漸增多，形成了埔里社街。在光緒初期，埔里社街內聚集了大量漢人，築城後即改名為大埔城，自此，原住民族再也不曾成為埔里盆地的優勢族群，平埔族群的漢化速度也愈發地快速起來。

對大埔城的漢人來說，此地最大的威脅來自於東北方的泰雅族和賽德克族，位在兩者之間的噶哈巫族聚落，就成了第一道防線，是抵禦泰雅族和賽德克族出草的主力。據聞，清兵根本無防禦之力，都是憑靠噶哈巫族才得以抵禦出草；而到了日治時期之後，此地的隘勇線

逐步完善，埔里盆地的居民才過上較為安穩的生活，但噶哈巫族人依然是此地隘役的重要成員。

　　這個站在第一防線的平埔族群，正是埔里盆地中最具神祕色彩的一個族群——噶哈巫族。傳說噶哈巫族人人都會巫術，這樣的傳聞，在噶哈巫族與其他族群的交流、通婚及對抗中，逐漸散播出去，傳入了泰雅、賽德克、布農、邵族與漢人當中，使得外人不敢輕易進犯。而在這些相關的傳說當中，最讓人畏懼的莫過於番婆鬼了。❶

---

❶ 這篇文章對於埔里複雜的族群歷史來說，實在太過簡略，強烈建議對埔里的族群關係，或是平埔族群的遷移有興趣的人，閱讀鍾幼蘭、梁志輝的〈臺灣原住民史：平埔族史篇（中）〉，以及鄭怡婷的〈論當代平埔族群主體性的構成：以埔里噶哈巫為例〉此二篇論文。

● 泰雅族的首棚

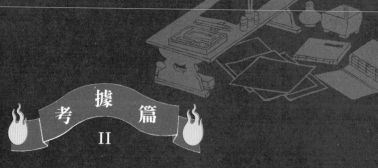

過往被畏懼之名：
各族群口中的番婆鬼

　　隆川長老：「我丈人住在花蓮都知道噶哈巫，噶哈巫法術很強，他都很怕，山地部落你去問，他們都說 Ka-bu。」

　　清連阿公：「泰雅族問我是什麼名字，知道我姓潘都說：『是哈巫呢！』我去眉原、中原、清流的時候，他們都知道以前平地出草殺人頭祭祖，碰到我們這種『噶哈巫』的人比較粗勇，敢跟他們抵抗，對我們印象比較深。」

　　阿進：「仁愛鄉的萬豐、春陽、發祥、翠豐原住民部落那邊，老一輩的都知道噶哈巫，他們說噶哈巫是會飛的人。」

　　住在仁愛鄉南豐村的賽德克族人：「我聽說過噶哈巫的巫術很強，聽說會飛，小孩子的心臟會被他吃掉，我們也是很怕他們的巫術。」

　　噶哈巫族（Kaxabu）稱巫術為 Katuhu，Katuhu 可以用來驅邪治病，也可以用來害人。像是止血咒、化骨咒（魚刺卡在喉嚨時，化掉魚刺的咒術）等治癒性巫術，在過去是許多噶哈巫族人普遍都會使用的，學習上沒有特別的限制，只要念對咒語、用對方法，就能成功使出，不過因應要治療的症狀不同，有些時候也需要搭配藥草使用。

　　害人的巫術也有很多種，像是迷惑女性使她們晚上主動來找施術

者，或使人脫盡頭髮、生病等，甚至也能直接致人於死。在噶哈巫族中，最擅長使用這類害人巫術的，便是番婆鬼（daxedaxe）了。

　　現在的噶哈巫族人普遍認為番婆鬼是學了特殊巫術的人類，平常可能看不出來有什麼不同，但在晚上就會出去害人。有一說番婆鬼是有男有女，另一說則是只有女性，在眉溪兩岸的噶哈巫聚落中，有些人甚至還可以指認出哪些人的長輩就是番婆鬼。

　　不論是治癒用的巫術，還是害人的巫術，這些能力常常是在家族間傳承的，有時則是從其他長者那裡學習來的。不過，隨著時代變遷，現代醫學取代了過往的治療手段，而噶哈巫族也不再需要以巫術來對付外敵，願意學習這方面知識的噶哈巫族人便愈來愈少了，長輩更是告誡子孫千萬不要去學習害人的巫術，因為一旦學了的人往往下場淒慘、不得善終，假使想要因此成為番婆鬼，那所需付出的代價就更大了。

　　要成為番婆鬼必須要發下毒誓，在孤、貧、夭之中選擇一個。「孤」就是一生孤苦無依；「貧」就是不能有積蓄，衣服也要剪破過再縫補才能穿，不可以穿完好的衣服；「夭」則是會無子無孫。發完這樣的毒誓之後，才會被傳授番婆鬼所行的巫術。

　　番婆鬼可以使用巫術與貓互換眼睛，而能在夜間視物，並因此會在夜中雙眼發光；只要將芭蕉葉插在腋下，就可以飛行（也有變成一團火焰後飛起，或是只要法力高強就可以直接飛行的說法）；會對自己種的水果施法，如果有人偷摘水果，手就會黏在水果上，若沒有番婆鬼親自解咒，就永遠拿不下來。在一些傳聞中，番婆鬼會在夜晚變成三腳母豬，到別人家偷取食物；也有曾因別人不答應要求，而施法將刺竹林弄倒，使其無法回家的傳聞。

　　此外，番婆鬼會吃小孩的心肝，只要把手放在小孩身上，就能取

走心肝，如果婦女在坐月子的時候，這戶人家沒有煮麻油雞，番婆鬼晚上來造訪時，就會因為要求吃麻油雞不成，而吃掉這戶人家小孩的心肝。據說，噶哈巫的婦女之所以都將小孩抱在懷裡，而非揹在背上，便是因為懼怕番婆鬼趁她們不注意時偷走小孩心肝，如果在小孩身上看到黑色的手印，就表示番婆鬼已經得手了。而番婆鬼也喜歡吃有腥味的食物，因此會用巫術，將噶哈巫人捕到的魚掉包成石頭，藉此偷得魚吃。

　　不論是外族人，還是噶哈巫族人，都十分畏懼番婆鬼。在眉溪兩岸的噶哈巫聚落中，番婆鬼的故事是五、六十歲以上的人的童年記憶，或許曾經看過番婆鬼，或許曾被捉弄過，又或者曾有自己的兄弟姊妹被番婆鬼吃掉心肝。

　　一位住在愛蘭附近的阿伯曾提到他的親身經歷：「以前我跟我的朋友在田裡工作，休息時想摘樹上的柚子吃，結果我朋友的手黏在柚子上拿不開，後來出現一個老人說：『年輕人想吃柚子怎麼可以用偷的』，念了幾句咒語之後，手才可以拿開。」

　　目前遷居春陽部落的金玉阿嬤曾親眼目睹番婆鬼出現在她面前：「我差不多七、八歲的時候，晚上莊裡就會有人說趕緊來追鬼，有的會變鬼，一些勇壯的青年拿槍要去阻擋，但是只要嗆明說：『你是什麼人，我知道啦』，她就無法變鬼，一旦讓她變鬼就無法阻擋她，她會一直飛上去。我們小時候很害怕，也不敢出來看，村莊的青年就一群出來追。小時候，農村的螢火蟲飛得四處都是，我們會把牠放在藥水罐裡面，有一次在豬圈裡，我看到一個光很亮，心裡想說要是抓到的話，我的是最大的，那時我真的看到了，我看到在變鬼的過程，在變的情形我實在無法形容，我嚇得都走不動，一直發抖，非常害怕恐怖，我用爬的。我舅舅告訴我，那團火就是那個人正在變鬼，後來舅

舅就叫長工去拿槍來阻擋，可是她已經變成可以飛的形狀，沒有打到。」

　　雖然番婆鬼十分強大，但並不是沒有對抗的方法。聽說，把竹子削成箭，再泡過尿，當番婆鬼掀瓦進入房屋的時候，躲在一旁射祂，造成的傷口便無法痊癒，會全身長蟲潰爛，並且一定要看到那副弓箭才能死去。也有人說，只要讓槍吸收三天三夜的日月精華，在太陽快下山的時候曬太陽，晚上沾點露水，這樣早晚三次之後，這把槍才能打得準番婆鬼，一樣躲在一旁射祂，這樣造成的傷口就算表面好了，裡面也會持續潰爛，但在看到射中他的那把槍之前祂都不會死，就算潰爛到只剩骨頭，也會痛苦地活著。

　　也有些人說番婆鬼害怕權威，會畏懼日本警察帽子上的帽徽，因為那象徵著天皇的權威；而傳說中也曾有一位過去擔任清朝官員的長者，用普通的槍就打到了番婆鬼，那就是因為有權威加持。

　　在看了種種關於番婆鬼的資料之後，我們不免好奇，番婆鬼對於噶哈巫族人來說，到底意味著什麼呢？一方面畏懼著番婆鬼的作為，但另一方面番婆鬼的存在又能抵禦泰雅族與賽德克族的出草，保護著他們，而漢人與他族部落對於他們的敬畏恐懼，同樣奠基於番婆鬼與那些害人的巫術上頭，這樣的情感大概是又愛又怕、又敬畏又驕傲吧。

　　隨著時光的流逝，這樣的情感還存在於噶哈巫族人心中嗎？關於番婆鬼的故事還留下了多少？現在還有族人在使用巫術嗎？實際造訪埔里，走入眉溪四莊，我們還能感受到番婆鬼留下的哪些痕跡？抱著這樣的期待，我們訂下了 2016 年 12 月 12 日的火車票。❷

---

❷ 關於番婆鬼的傳說，不同人所說的不盡相同，不同部落流傳的版本也有所差異，但在此文中沒有特意區分普遍或罕見的說法，全數打散並列在文中。本文引用文字及主要參考對象為鄭怡婷於 2009 年發表的論文〈論當代平埔族群主體性的構成：以埔里噶哈巫為例〉，以及臺北地方異聞工作室的《唯妖論：臺灣神怪本事》寫成。

行程篇

出發！尋找噶哈巫族的現代番婆鬼

　　這次埔里番婆鬼的行程規劃，核心是番婆鬼的足跡與噶哈巫年祭，延伸到四莊部落，跨過牛眠溪，途經埔里市鎮的風貌，尋找番婆鬼相關的線索，到了行程之外的打鐵街和恆吉宮，另有未能探訪的廣興紙寮……目前所呈現的行程規劃，是在旅程後整理的實際行程，讀者可以照著此行程，在最合適的農曆十二月中旬噶哈巫年祭時前往，就算是按照同一個行程，我想，也會

Day 1

07:00	09:00	10:00		12:00
從台北車站出發（搭火車到台中）	到達台中火車新站	搭乘全航客運到埔里	（大概七十分鐘，單趟票價132元）	在埔里酒廠站下車，走五分鐘到達青旅「島中央」放行李。

順路考察

打鐵街

日治時期因為打鐵的噪音、火花而聚集成一條街區，在此能一窺產業的足跡；僅剩的五間店，是埔里打鐵街的傳承。

恆吉宮

恆吉宮媽祖是埔里鎮的信仰中心，不同於三月瘋媽祖，其在光緒年間九月尋水解決乾旱的神蹟，形成現今熱鬧的「大埔城九月戲」。

牛眠部落社區中心

牛眠部落的社區中心，除了在年祭期間提供室內活動場地，平時也有織布教學等社區活動，藉此聯絡居民情感。

15:00	16:00	17:00	18:00	19:00
牛眠社區中心（婆婆在一旁織布，配合年祭活動觀賞噶哈巫相關的紀錄片）	參加社區活動（當地婦女蒸煮甜與鹹兩種口味的阿拉粿，並準備晚上各家祭祖與晚會）	逛逛社區	活動中心	晚會開始

有不一樣的斬獲；或者也可
在任何時間出發，興之所
至，也不失為一個好選擇，
大膽假設小心求證，在探
尋中啟程吧！

13:00

（小建議：交誼廳有埔
里手繪地圖與詳細整理
的美食冊，加上青旅老
闆的推薦，能迅速決定
午餐的方向）

午餐：炎術冬
瓜茶、菊肉圓

（餐後逛逛消
食，步行約五分
鐘就可以到打鐵
街與媽祖廟）

14:00

到埔里客運總站

（在 12：45 搭乘小巴到
達噶哈巫年祭會場。站牌
名：牛眠社區，交通時間
約 20 分鐘。根據部落牆
上彩繪地圖與當地熱心民
眾，找到潘家古厝）

潘家古厝

在 1928 年建立的古厝，是平埔族後代潘
姓家族的住所，現在破敗的院落，仍能看
見精細雕刻的痕跡，別有風采。

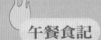

午餐食記

炎術冬瓜茶

炎術冬瓜茶味道獨特的原因，來自麥芽糖
熬煮的風味，冬瓜茶起家，又有季節性水
果搭配，三十幾種飲品任君選擇。

菊肉圓

隨著肉圓一起上桌的鐵壺，裡頭是精心熬
煮的柴魚高湯，吃完外皮剩下內餡時即倒
入高湯，是埔里特別的肉圓吃法。

22:00

（武館先表演炒熱氣氛。耆
老代表祭祖，開場敲鑼點燃
牽田之火，牽田儀式開始，
族人圍圈圈唱 Ayan，賽德克族
青年歌舞共襄盛舉；織布班
媽媽，織布作品走秀，最後
是大會舞，喝小米酒同樂）

步行至牛眠溪
畔

（送大魚儀式，
腳程加上儀式大
概三十分鐘）

22:30

活動結束

（本想走回民宿，
但因為時間已晚，
又距離三公里遠，
公車末班已過，選
擇計程車回青旅）

Day 2

07:00	08:00	09:00	10:00	11:00
起床，準備出發！	早餐（從青旅走5分鐘到仁愛圓環旁，味中口包子店。推薦：起司香腸卷）	步行到「順騎自然」（借腳踏車。營業時間：9：00至17：00全年無休，精細的地圖帶你到任何想去的地方）	茄苳樹王宮（大約五分鐘可到。小提醒：旁邊敞開的門是民宿老闆的好意，大膽走進去參觀茄苳樹王吧！義女廟，自行車時程三分鐘）	地理中心碑，自行車程十五分鐘

順路考察

茄苳樹王公

千年的茄苳樹王公，相傳是台灣最老的茄苳樹，因為土地產權問題被包圍在圍籬裡，目前已重見天日，能見本體。

義女廟

義女廟供奉的是開基先祖天水夫人，其調解漢人與原住民的貿易，因貿易誤會而犧牲，現今在廟內兩側的牆上能看到供奉的畫像。

湳興宮

大湳部落的湳興宮由於原住民出草傳統，供奉洪府王爺以庇佑。另外，大湳莊與台中新社大南村的原祖居地之所以相同，乃因在新社當地找到洪府王爺的弟弟，故於湳興宮供奉第三尊王爺。

番太祖廟

蜈蚣崙的番太祖廟，在噶哈巫新年的第一天會準備好料祭祀番太祖，追思與感念先祖，更提醒族人不忘歷史。

13:00	15:00		17:00
番太祖廟（備註：剛好遇上蜈蚣崙居民新年第一天的祭祀）	返回埔里市區（自行車程大約十八分鐘。參觀城隍廟，旁邊有知名甜點店泰酥府。自行車程十分鐘能到第三市場夜市）	（推薦：雖然是夜市，但16：30到的時候鹹粥與張家煎餃已經開張，鹹粥、煎餃與煲湯在旁邊，可以一起享用）	在五點前歸還腳踏車（步行五分鐘到客運站搭回台中，因為是下班時間，回程大約八十分鐘）

11:30   12:00

（建議：別被這不見底的台階嚇到，登高才能望遠，爬上三角點就能眺望埔里）　　大湳部落湳興宮，自行車程約十八分鐘　　（提醒：湳興宮的門這次去沒開，去之前可以打電話詢問開放時間）　　午餐，返回埔里市區，蘇媽媽湯圓和埔里米粉。　　（建議：在冬季，湯圓冷熱甜鹹都有）

埔里瀛海城隍廟

瀛海這兩字的來由，是因為城隍神尊曾隨著鄭成功經過南瀛之海，在台江登陸，是埔里最早的官設廟。

埔里食記

味中口包子店

在圓環附近的味中口包子店，是早晨的活力來源，特別推薦起司香腸捲。

蘇媽媽湯圓

此店雖以湯圓為名，但因水質而有名的埔里米粉也是蘇媽媽的好味道，而湯圓部分，鹹甜兩種口味四季都能吃到。

張記蒸餃大王

在第三市場夜市裡，才五點多天都還沒黑，剛開張就有人潮光顧，除了必吃的蒸餃之外，各式湯品亦能搭配享用。

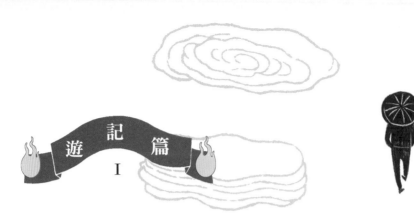

牛眠部落年祭：噶哈巫的大過年（上）

噶哈巫族年祭復興始末

　　「匡鏘匡鏘匡鏘匡鏘……」車身規律的搖晃催人入眠，向窗外看去，景色飛速向後退去，陽光晴好。2016 年的 12 月 12 日是個適合出遊的好日子，剛巧是農曆十一月十四日，接近農曆十一月十五日，是噶哈巫族傳統的年祭（azem）時間。

　　把年祭的時間縮限在這一天，其實並不恰當，就像漢人過春節不是只過一天，噶哈巫族的過年祭典，也不單單只有一天。以學者洪秀桂於民國五十年代，噶哈巫眉溪四莊採集到的資料來看，年祭的流程大致上是這樣的：農曆十一月十日左右告知祖靈；十一月十二日左右製作阿拉粿；十一月十三日捉大魚；十一月十四日送大魚；十一月十五日敲鑼報春、走鏢、牽田、唱哀煙，而後接連幾天唱歌跳舞、飲酒作樂。

　　不過，這樣的盛況已不復見。在日本實施皇民化時期，這樣的習俗被禁止，所有人被強制接受日本的新曆年（國曆 1 月 1 日）；而在戰後，年祭的傳統也沒有被復興，反而因為漢人社會的移化幾乎都過農曆年，很多噶哈巫人便也配合著過農曆年，只剩下少數仍在農曆十一月十五日這天備菜祭拜祖先。想想那段許多原住民不敢承認自己身分，以免

遭受歧視的年代，戰後這樣的發展倒也不令人意外。

　　既然如此，那麼我們這次要參加的噶哈巫年祭，又是怎麼出現的？這要追溯至 1999 年的九二一大地震，眉溪四莊災情慘重，到了接近農曆十一月十五日時，部分居民回憶起了過去舉辦年祭的盛況，在此長期耕耘的文史工作者黃美英等人便鼓勵居民再次舉辦年祭，作為凝聚族群意識與社區重建的活動。

　　從那時起，眉溪四莊就會在每年的農曆十一月十五日前後的週末，舉辦年祭；在噶哈巫文教協會成立之前，主要辦在守城社區，成立之後，則輪流在四個聚落舉行──此行便是輪到了牛眠聚落。近年來，牛眠本身也興起了每年在自己社區內舉辦年祭的念頭，手上爭取了一些資源，再加上噶哈巫文教協會的資助，這次的年祭活動便比往年要豐富一些。

走入噶哈巫年祭

　　上午九時十八分，火車停靠在台中火車站，我們匆匆從新站走到舊站去，搭上了前往埔里的客運。在埔里酒廠站下車後，直接趕往島中央旅人聚場 check in 和放行李。

● 我們此行是瞄準年祭的祭祖晚會而去的，而紀錄片播放、織布體驗和送大魚，自然也不能錯過

島中央的老闆一聽到我們要去參加噶哈巫的年祭，馬上就說我們昨天沒來太可惜了，捉大魚的時候可熱鬧了，除了下河捉魚以外，還弄了個燒烤大會，大家玩得很開心。

這個捉大魚，並不是真的要去捉河中最大條的魚，反而愈小的魚才是愈難捉、捉到了愈讓人讚賞的「大魚」。在傳統上，只有村裡的男人會參加捉大魚，而捉到的這些魚會被擺放在河邊的石頭上曬乾，如果碰到下雨則改用火烤乾，接著將魚乾用樹葉包起，掛在樹上，包數則視家中的男人數而定。不過到了現在，便順便兼河邊燒烤，大家一同享樂了。

雖然我們來不及參加捉大魚，但想到還有祭祖晚會和送大魚在等著我們，倒也不至於太過失望。我們決定先去吃個飯，再回來搭 12：45 的客運，前往牛眠聚落。

在牛眠山站一下車，第一眼看到的就是道路中央廣場上的醒目棚子，棚子後方掛著巨大的橫旗，上面寫著「噶哈巫族牛眠部落」、「語言祭儀工藝」、「文化傳承推廣」等字樣，找都不用找。我當下就鬆了一口氣，和阿祉過馬路，走了過去。

站在這個廣場，面對棚子的方向，左前方和左後方各有一座廟，而右側的小巷牆上則有水墨畫風格的彩繪。我馬上就被牆上的彩繪吸引過去，一看之下，連忙叫阿祉過來看看——這居然是牛眠聚落的地圖！不但我們預計要去的潘家古厝被標在上面，還有衍化堂、牛眠山基督教會、林家古厝等之前沒有特意調查的地點。不過，不清楚這張地圖的比例尺有多大，走到那些地點要花多少時間，只好先將目標放在非去不可的潘家古厝，其他就有時間再說啦！

牛眠聚落尋古

聽到潘這個姓氏，加上牛眠是個噶哈巫聚落，應該有些人已經意識到為什麼我們特別要去潘家古厝了吧。潘是平埔族群改漢姓時的常

見選擇，同樣也是噶哈巫族取漢姓時的首要選擇，這棟潘家古厝的主人便是噶哈巫的後代。

噶哈巫族採取「子親連名制」，即「自己的名字 + 父親的名字」，冠上「潘」姓是清領或日治時期的事情。在日治時期的戶籍謄本上，還可以看到一些人雖然冠上了「潘」姓，但名字依然依循著傳統的命名方式，譬如說「潘南毛里開山」，便是將 Damui Kaisan 這個名字以中文記載下來，並在前面加上「潘」姓。不過，這種事情愈到晚期，就愈少見了。

順著牛眠三巷走下去，陽光曬得人暖洋洋的，甚至有些熱，周遭十分靜謐，氛圍悠閒，甚至堪稱慵懶、愜意，就算有時間壓力存在，我們走著走著，也不禁放鬆了下來。還走不到五分鐘，就看到了牛眠山基督長老教會，按照地圖的指示，繞過教會，再拐彎過去，應該就可以看到潘家古厝了。

但是，走到了那一帶，不要說招牌或指標了，連一個看起來歡迎人進去參觀的建築也沒有。四周幾乎都是一般現代民宅，只有一個地方的建築看起來很有年代感，但看它門前堆積磚石樹枝、屋頂

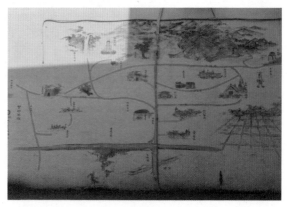

● 這個彩繪地圖的位置，就在地圖中衍化堂正下方的牛眠三巷那裡。我們這次走的路線，是循著牛眠三巷，路經牛眠山基督長老教會，走到潘家古厝

● 九二一大地震造成的破壞，從這張照片可見一斑。而滿院子的雞完全在我們的意料之外（攝影／羅元成）

● 劉沛然的彩繪以博古、花卉及歷史人物故事為主，圖中左下可見「石莊」二字，為其後期落款之一

● 就算不看彩繪，木製樑柱上的雕刻也讓人覺得不虛此行（攝影／羅元成）

● 門旁的對聯並非另外以紙貼上，而是建築裝飾的一部分

和牆壁長滿附生蕨類、建築本體多有殘破的樣子，怎麼也不像會被標在地圖上、恭迎參觀的地方。

沒想到，詢問附近正在休息的建築工人，還真的是這裡。原來潘家古厝在九二一大地震時，受到很大的破壞，之後並未再作維修，就

成了現在這個樣子。走進院落之中，首先看到的便是紅磚混合土墼的建築，破敗卻不失其美麗。院落中擺著一個個的雞籠，雞隻此起彼落地咕咕叫著，配合門口的狗吠聲，倒讓這個無人的院落熱鬧了起來。

潘家古厝雖未被列為古蹟或歷史建築，但它的歷史可不短，建於1928 年，保留了當時的建築風格。宅上的彩繪出自鹿港名師劉沛然之手，聽說當時潘家邀其同住三年，使他有充裕的時間來完成建築彩繪。現雖略有褪色，但也可想見當時之美。

潘家古厝雖因保存狀況不佳，有種廢墟感，但也因此別有風味，走在其間有一種探險尋寶的感覺，每當發現一個相對完整的精美彩繪、精緻得令人驚喜的雕刻，或者之前沒注意到的建築細節，總忍不住呼叫彼此過來觀看。但也忍不住遺憾——在九二一大地震之前，在這些色彩被時光磨損之前，這裡是什麼樣的景致？而再過幾年之後，是否連現在這樣的景象也將不復見？

年祭開始了！

看了看時間，不知不覺半個小時已經過去，差不多該回去年祭系列活動的場地了。返程時，我們走了另外一條路，有一搭沒一搭地閒聊，短短的路程很快就抵達了。搭了棚子的廣場上，依然空無一人，設備毫無變動，我的心頓時涼了一半。

行動力高強的阿祉馬上就決定去問人。「我們想參加噶哈巫的年祭，請問一下，活動的地點是在外面棚子那邊嗎？」

「年祭喔，在社區活動中心啦！」

阿伯的手往旁邊一揮，我們抬頭看過去，就看到一個穿著噶哈巫傳統服飾的年輕人，走進廟斜後方的社區活動中心。過去確認了以後，

果然是在活動中心裡面播放紀錄片！椅子、投影機、工作人員什麼的，全部都在這裡啊！

社區活動中心裡，其中一側擺了許多織布機，幾位上了年紀的婦人正對照著紙本上的指示，織出紅黃交錯的花紋。工作人員熱心地解釋，她們不是為了今天的活動才特地過來織布的，而是平時只要有空的時候，就會來活動中心這裡織布，今天只是順道展示而已。

真正坐在活動中心內觀看紀錄片的人並不多，顯得有些冷清。不過，仔細想想也不太意外，畢竟今天是週一下午，能來的人本就不多，而當地居民和長期關注噶哈巫的人，這些紀錄片大概也早已看到不想再看了。後來聽另一位暱稱「全麥麵」的工作人員說，週末的活動才是對外的，今天的活動主要還是對內，這樣的定位，大概也是今日人不多的原因之一吧。紀錄片的內容記錄噶哈巫的歷史、耆老回憶與噶哈巫所面臨的種種困境，下面讓我來簡述部分內容──

語言與文化的流逝，是噶哈巫目前面臨的艱困問題。從清領時期開始，為了和漢人打交道，協商土地的問題，他們在外不得不學習使用閩南語；到了日治時期，很多噶哈巫族人去做隘役，隘役中也有很多漢人，在他們的感覺裡，需要和漢人一樣說閩南語，才能得到平等的對待，而後期皇民化時期的種種政策，對噶哈巫的語言和文化帶來更大的傷害；直至國民政府統治時，禁母語、說國語的政策，社會中對原住民不友善的態度，更加劇讓與漢人混居的他們愈來愈不願意說噶哈巫語，生怕被指認出是「番仔」，而受到嘲弄。

現今雖然還有一些耆老仍會講噶哈巫語，但隨著時間過去，長輩一個個去世，記得噶哈巫語怎麼說的人也愈來愈少。但並不是沒有人試圖將噶哈巫的語言保留下來，噶哈巫的母語教材已經被編寫出來，

甚至有人錄製了族語對台語的語言辭典。要怎麼讓更多年輕的族人願意學習噶哈巫語、降低學習的門檻等，也都是他們在努力思考的問題。

而噶哈巫的織布文化，早在日治時期開始通商時，就遭到了破壞。外界的布料花色更多、成本更便宜、製造的速度更快，手工織就的布料是無法匹敵的；加上種種政治因素，也讓穿著部落手織傳統服飾的景象再不復見，那些編織技巧遂也失傳。現在能找回這些編織方法，是社區的人千里迢迢北上，前往台灣大學人類學系的博物館協商觀看、研究那些噶哈巫的文物，並從對耆老的訪談中抽絲剝繭，再去比對周遭有與噶哈巫族通婚的、編織文化相近的原住民族的織法，最後才匯整出這樣的成果。❸

身分是噶哈巫族不得不面對的另一個問題。過去在學界中，噶哈巫一直被視為巴宰族的亞族，但其實噶哈巫的自我認同，與過去他族對噶哈巫和巴宰這兩族分別的認知，都說明了將這兩族混為一談並不恰當。而在起源傳說、遷徙史、在清朝時的政治立場等方面，也可以

● 婦人專注的樣貌，讓我們不敢輕易打擾，而是選擇安靜旁觀

● 會需要對照紙本上的指示來編織，是因為噶哈巫的傳統織法一度失傳，目前的織法是從留下來的文物與耆老訪談中還原出來的，這些婦人也是從完全不會織布，到現在能織出各種不同的花樣

● 這一批紋樣織出來的成品如圖

看出這兩族的差異。❹ 所有的平埔族群所共同面臨的原住民身分認定的問題，噶哈巫也沒有例外。不過，這方面的資料在網路上非常多，在此就不多著墨了。❺

在我們看影片和出去上廁所的途中，被接連塞了兩個剛蒸好的阿拉粿到手中，一鹹一甜。「阿拉粿」（tupalis yamadu）是噶哈巫祭拜祖靈時的重要祭品，製作方法是以糯米磨成粉後，以石頭壓實瀝出水分，再加入黑糖揉成團，然後分成小團包入香蕉葉或月桃葉中，拿去蒸熟。後來，也有些人會加入艾草一起搓揉，並在裡面包入餡料，甜的包紅豆炒薑，鹹的包蘿蔔乾絲。這次他們甜鹹都有包，鹹餡包在香蕉葉中，而甜餡則包在月桃葉中，以方便區分。

其實吃下去的第一口，我浮現的念頭就是：「這好像草仔粿喔！」綠色、帶著草葉香氣、微甜的味道、軟黏的口感，加上中間包的蘿蔔乾絲，吃起來真的與我記憶中的草仔粿十分相近。而甜餡的吃起來又是另一種風味，倒是和中式紅豆餡的糕點吃起來不大相同。我和阿祉吃得心滿意足，只是為了把黏在香蕉葉和月桃葉上的阿拉粿吃乾淨，不小心就弄得滿手黏答答的，不得不出去洗個手。

紀錄片播放完之後，是各家族內部祭祖的時間，比較不方便外人參觀，距離祭祖晚會開始還有兩個半小時的時間，我和阿祉討論了一下，便決定再去外面逛逛。剛才只看了潘家古厝，還沒有去看林家古厝呢！不知道林家古厝看起來又是什麼樣子呢？

● 熱騰騰的阿拉粿，看起來是不是有點像草仔粿呢

---

❸ 對噶哈巫面對的議題與語言文化復振過程有興趣的人，可以參考此二篇文章：〈平埔語言都沒了？──921 地震，竟震出這群語言都還活得好好的原住民族〉、〈921 災後第 17 個過年：讓部落「碰碰」織布聲繼續響起吧！〉

❹ 對噶哈巫與巴宰之間的差異有興趣的人，可以參考「噶哈巫語全球資訊網」。從政府認定的原住民族已從過去的九族，增為現在的十六族，就可以發現過去原住民族的劃分方式實在過於粗糙。不論現有的這些論述是否能說服所有人，至少可以說明「噶哈巫是否就是巴宰」這件事情確實是存疑的。

❺ 關於平埔族正名運動，可以參見 MATA TAIWAN 的相關報導，特別推薦〈行政院將正名平埔！但你知道為何是「平埔原住民」而非「平地原住民」嗎？〉、〈平埔族群是不是原住民族？──從一位人類學者的觀點〉此二篇文章。

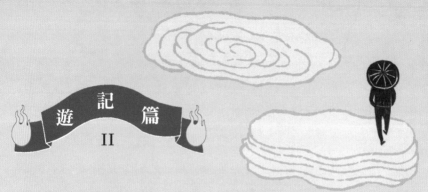

牛眠部落年祭：噶哈巫的大過年（下）

　　根據小巷牆上繪製的地圖，我們前往尋訪林家古厝。從地圖上看來，林家古厝應該就在衍化堂後方第一條巷子的底端，但我們走遍了附近幾條巷子，甚至連沒鋪上柏油的小路都走進去看了看，看到的卻都是現代的住屋，沒有古厝的一點影子。無奈之下，只好詢問剛好經過此處的居民。

　　騎著摩托車的阿伯十分熱心，揮手就說：「跟著我走」。摩托車慢悠悠地騎在前頭，平常運動不足的我們在後面跑得氣喘吁吁。左彎、右拐，複雜的巷弄讓我們已經不知道自己究竟繞到了牛眠部落的哪個區域，不過 google map 在手，倒也不擔心會回不到晚會的地點。就在快忍不住想開口請阿伯停下來讓我們休息一會兒之前，摩托車的聲音終於停了下來。

說好的林家古厝呢？

　　抬頭看去，這地方不就是我們幾個小時前就去過的潘家古厝嗎？難不成是我們之前弄錯潘家古厝的地點，去成林家古厝了嗎？可是，當時我們明明也是問人才認出這間荒廢的老屋就是潘家古厝啊？難不成之前問到的人也搞錯了嗎？

我們不由得緊張起來，再三向阿伯確認：「這裡就是林家古厝？」「那潘家古厝在哪裡？」最後，終於弄清楚，原來林家古厝是在河旁邊那裡，但已經被後人拆掉，在原址蓋上了現代的房屋，在牛眠部落要看古厝就只剩下這間潘家古厝，難怪我們依照地圖的指示，在那裡找了半天也找不著。不過，阿伯好心繞路帶我們過來，辛苦的結果卻是白跑一趟──對阿伯不好意思，我們自己也有點不甘心。

　　好在阿伯是個健談的人，對這個地方的了解又很深，聽他講講古，這一趟也還不算白跑。話題先從林家開始，阿伯說，他們牛眠這裡，最大的就是這個「霧社林家」，以前從霧社到眉原，所有看到的土地都是他們的。阿伯進一步說，牛眠這裡的土地有一半是潘家的，剩下就都是林家的。

　　這個霧社林家到底是什麼身分？怎麼可以在這裡擁有這麼多土地？說到林家，恐怕大部分人都會聯想到距離此地不遠的「霧峰林家」，而「霧社」和「霧峰」只有一字之差，難道是阿伯口誤說錯了，這個霧社林家其實就是霧峰林家嗎？不過，在我回去調查相關資料之後，發現牛眠的這個林家並非霧峰林家的分支，但這林家本身就值得一提。

　　牛眠山林家的事情要從清末說起，林逢春是從東勢遷入埔里的客家人，獲得牛眠山總社長潘進生的賞識（牛眠山是由多社共同組成的聚落，因此會有一個總社長作為領袖），而入贅成為他的女婿。牛眠山林家能成為此處的地方菁英勢力，與這門親事的關係密不可分。不過，林逢春和他的兩個兒子也不是平凡人物。

　　在日本政府來台之後，林逢春曾與霧峰林家和日本人合作開發眉原社一帶的土地；林逢春的長子林其忠則當過十八年的「食鹽賣捌人」。

● 日治時期埔里街舊景／胡文青提供

「賣捌人」是什麼意思呢？其實這是那個時代的日文專有名詞，指的是獲得專賣事業販售特許的中盤商。而食鹽賣捌人的地位——就這樣說好了，在1927年底，全台灣的食鹽賣捌人僅有八十五名，林其忠從1915到1933年，穩穩地名列其中這個全台不到百人的名額之一。

　　至於林逢春的次子林其祥，則是牛眠山林家最出名的一個。他是埔里的第四任街長，是歷任埔里街長中唯一的台灣人，也是歷任時間最長的一個，在前後幾任都由日本人擔任的環境下，足見林家的勢力之深厚。除此之外，他也擔任過地方議員、商會會長及恆吉宮董事長，可以說在政、商、宗教領域都很有影響力。單看林逢春父子三人的成就，以及他們與牛眠山總社長潘進生的關係，便不難理解為何牛眠山林家能長期領有那麼多的土地了。

噶哈巫族的魔法巫術

　　聽到阿伯提到了「潘」這個關鍵字，順勢引出了噶哈巫這個話題，

阿祉便趁機問了番婆鬼的事情。阿伯原本打算要走了，聽到這個問題，又轉動鑰匙，將機車熄火，似乎打算長談。

　　一開始，他似乎還有些顧慮，開頭就說他們雖然是平埔族，但也都跟漢人同化了，雖然對噶哈巫族的認同還在，但已經不信這套了。不過，或許是看我們聽了之後很感興趣的樣子，又覺得我們對這種東西並不反感，他停頓了一下，便直接坦承說他也是會畫符的，話匣子便又打開了。

　　「我喜歡你，我給你畫兩下，你會跟著我走。嘿，這種害人的——以前如果我喜歡你，你不喜歡我，你一天到晚都要從這條路走，我在這邊給你唸符咒，你踏過去的話，晚上你就會自動來找我。」

　　原來這些法術，在阿伯這一輩都還有人會，只是會的不多，那些壞的、害人的都不傳授，傳承下來的多為治療用的「白巫術」。像是喉嚨卡到魚刺，醫生夾不出來，唸唸咒，就會化掉了；或是在山上，被樹枝或石頭割傷，血流不止的話，用青草劃一劃，貼上去，就不流血了。這些傳統的治療方式阿伯都會，但只要是不好的巫術，他爸爸就不肯教他。他開玩笑地說，他爸說教他壞的，他會去做壞事。

　　在我們的追問之下，他興致勃勃地講起了他所會的止血法術：「你被樹枝或石頭割傷，血流不止的話，普通的人差不多就要死掉了，血就跟用倒的咧，看到的人，會（止血咒）的喔，一個先給它壓住，（再拿）草葉啦，只要綠色的草葉（都可以），揉一揉，嘴巴咬一咬，一直咬，就是一直唸咒，唸起來喔，要咬好多（草葉），因為（傷口）太大了。你（將樹葉）咬個兩三下，把它包起來就不流血了；血管斷掉了，最可怕就是我們動脈的血管破掉的話，會流死，現在壓下去的話，就自動接合了。」

「這個（止血咒）很厲害喔，我當兵的時候在台北，我們在新店當兵，到新店的後山那邊去，參加那個野戰部隊。有一個同事，爬在樹上高高的，用望遠鏡在照敵軍來了沒有，我們那個是紅色的就是共軍，我們藍色的就是國軍啦，他在上面一直看，突然就摔下來，被刮了一個洞這麼長，這麼大洞喔。」阿伯雙手比劃著樹的高度、傷口的大小，講到激動的時候，國語和台語都混著來講，「趕緊喊救人啊，打電話講，要去面頂的，要翹炊啦。因為已經爬得很高了，他們底下要帶到上面要把他帶下來，可能會死矣，我講，彼著洞血用濺的呢，要不然，抑無試看覓啊。我叫他們快點，去摘樹葉，就是旁邊那種綠色的葉子喔，比較軟的啊，叫他們兩三個和我一起咬，嚼一嚼，然後我再蓋上去，馬上止血，命救起來了。」

● 這是阿祉第一次吃到烤全豬喔！至於我，其實在森林系的時候有吃過一次啦

　　阿伯接著又興致勃勃地說著他幫別人治療「皮蛇」，說這是他最擅長的，不像大醫院那樣要花上一個月，他只要一兩次就可以幫人治好。他是用祭拜的香去點，然後唸咒語，把皮

● 豐盛過頭的晚餐，有炒米粉、高麗菜、花椰菜、白斬雞、醃鹹肉、貢丸湯等

蛇化掉，點完之後，明天來看，感染的地方就乾掉了，甚至復原完好。

祭祖、牽田、唱起源之歌

不知不覺間，就和阿伯聊上了將近半個小時。目送著阿伯騎著機車離去，我和阿祉又去看了一眼潘家古厝，接著就走回社區中心。在社區中心前面，已經排起了桌子，架起了烤架，整隻豬在烤架上烤著，而一盆盆的飯菜正被搬到桌子上頭。

原本還打算靠著看紀錄片時，所吃的兩個阿拉粿撐過這個晚上，沒想到在晚會正式開始之前，居然還有這樣的社區聚餐！不過，作為純粹的外來者，我們兩個在這個場合是有點尷尬的，好像吃也不是，不吃也不是。還沒有想清楚待會是否要混進社區居民當中，偷偷吃些好料，接著就被捲入了現場的忙碌氣氛中，不知不覺就一起與工作人員搬著裝滿了阿拉粿的籃子，將阿拉粿分裝到免洗碗裡發給過來的居民，並引導居民簽到後再去排隊盛菜。

忙碌到了尾聲，我們輪流去盛了好幾碗菜，和另外兩個阿姨工作人員，擠在簽到檯後面，邊聊邊吃。阿姨還特別指定我們去盛醃鹹肉，那可是社區居民前幾天一起製作的傳統醃鹹肉（selum）呢！和花生炒在一起，吃得齒頰留香。

晚會的場地設在外頭搭了棚子的廣場內。木頭被搬往廣場中央，塑膠椅也被一個個排在廣場上，居民陸續就坐。開場時長老率先以族語致詞，並舉酒祭祖，而後是舞獅與武術表演，接著是小朋友以閩南語朗誦番婆鬼的故事。

會有舞獅和武術表演，其實是有淵源的。在日治時期，為了解決枯水期與附近聚落搶水的紛爭，牛眠山林家主導成立了「牛眠集英武

館」，號召青年團結練武，練武風氣因此盛行。但到了戰後，多數的男子為養家餬口，紛紛去外地工作，武術傳承就漸漸斷絕，如今也就成了牛眠想保存的歷史記憶之一。

在噶哈巫織布課程的成果展示後，祭祖晚會的重頭戲就來了。「牽田（Mahali）」是噶哈巫過年的傳統，在農曆十一月十五日的晚上，聚集起整個部落的人，在會所中央升起營火，大家圍著火堆唱歌跳舞，並聽耆老講述部落祖先的故事、族群由來、英雄事蹟等。而在牽田時，絕對少不了「唱哀煙（Matuway Aiyan）」。

哀煙（Aiyan）是噶哈巫傳統的祭歌，它只有固定的曲調，而除了開頭與結尾以外，卻沒有固定的歌詞，需要有人先起頭點出這次要唱的主題，而後由大家輪流接唱下去。不同的場合和情形有不同的Aiyan，譬如說：新居落成的Aiyan、述說起源神話的Aiyan、英雄故事的Aiyan，內容包含歌頌族源繁衍、訴說先人傳說與過往生活，以及個人生活經驗的抒發等。傳說聽到Aiyan中蘊藏的辛酸血淚，連老天都會流淚。

● 賽德克族與四莊的噶哈巫族住得相近，互動也頻繁，在日治時期，也是噶哈巫年祭的常客。除了在賽德克人出草時會碰面以外，他們和噶哈巫人也時常通婚或是進行貿易

不過，隨著語言與文化的流逝，現在的噶哈巫族人已經沒有即興填詞的能力了，往往是依循潘郡乃先生於1968年填入的固定歌詞，傳唱祖先起源傳

說的 Aiyan。「Aiyan」這個字本身有「根源」的意思，以祖先的起源傳說來作為固定歌詞，也算是符合「Aiyan」這個曲名的原意。

唱「哀煙」傳說，源於噶哈巫的祖先名為阿沐（Abuk），他告別了父母，原本帶著弓箭要到深山去打獵，走到一半卻突然心生恐懼，害怕被猛獸咬，於是下山到了海邊。仔細在海邊查看了一下，發現一隻海龜正在下蛋，阿沐見了非常開心，伸手想拿取龜蛋，但海龜還有一顆蛋沒生下來，卻突然受到阿沐伸手而驚嚇了，瞬間夾住了阿沐的手，將他拖入海中。阿沐醒來之後，發現自己在四下無人的海邊，只剩下火的餘燼，阿沐開始四處尋找有沒有和他一樣的人，直到發現有炊煙時，才放下心來，之後便與島上的人一起生活。歌詞內容就止於這裡，不過關於噶哈巫的起源傳說並非就此結束。

根據一些人的說法，阿沐是在淡水上岸的，遇上的就是布農族人。阿沐的兒子娶了布農族的女性，二女兒則許配給了泰雅族人。噶哈巫族一開始是居住在艋舺一帶，後來南遷新竹，再遷到台中大社，但因為當時大社是巴宰族的地盤，所以他們只好住到卓蘭、東勢、新社一帶，後來才輾轉來到埔里眉溪兩岸定居。

這樣的遷徙過程是否真實符合歷史？問題的答案或許並不重要。就像過往唱了會流淚的 Aiyan，到現今卻帶上了眾人團聚歡慶的欣喜；就像其他原住民族受邀前來參與年祭的原因，從過往純粹的社群互動關係，如今也混雜了政府對於受補助的原住民祭典活動的一些硬性指導，比起是否符合過往的真實，或許更重要的是，它賦予族人的意義。

認同本就是建立在一個想像的共同體之上。文化是一種不停變動的有機體。鑽研傳說背後蘊含的歷史，以及民俗原本反映的意義，固然極為有趣，但在這個當下，不妨忘卻這份理性，好好享受二十一世紀的噶

哈巫年祭氛圍。

Aiyan 結束之後，在受邀前來的賽德克族人的歌聲下，我們踏入牽田的圈子，不分外來者與本地人，眾人手拉著手，圍成一圈跳著舞。噶哈巫族人自己釀的小米酒，被裝在金屬水壺中，由一個族人輪流倒入跳舞的人口中。歌聲、笑聲、談天聲，飄揚在農曆十一月十四日，這個早了傳統年祭一日的美麗夜晚。❻

● 農曆十一月十四日，月亮依舊很圓。順帶一提，噶哈巫的年祭其實並非是因為漢化而跟著農曆來過，而是因為農曆與他們的傳統祭儀一樣，配合著月亮的圓缺與時節變化

---

❻ 此文部分資料參考了鄭怡婷的〈論當代平埔族群主體性的構成：以埔里噶哈巫為例〉、邱正略的〈日治時期埔里的殖民統治與地方發展〉、方詩萍的〈記憶裡的「牽田—Aiyan」—論埔里噶哈巫族音樂文化的傳統與重構〉，以及此次年祭活動宣傳摺頁。

林祉均

　　從小生長在新竹靠海的四代同堂家庭，因此對於傳統習俗與鄉野奇談很感興趣，畢業於指南山下的中文系。關於尋妖，抱著敬畏而恐懼卻興奮的心情，慢慢靠近。

尋妖人

清翔

　　雖然是森林系畢業，但現在做著和森林一點關係也沒有的工作。認為創作必須同時帶給作者和讀者樂趣，文史創作還額外得帶來正確的知識和對文史的興趣。目前興趣是民俗傳說、奇幻小說、Star Trek 和 Undertale。

日月潭傳說

說起日月潭，想必大家都不陌生；但說起邵族和日月潭之間的關聯，可說是帶有別樣的耐人尋味。日月潭四面環山，潭齡約有一萬五千年。相傳曾有白鹿引領邵族的祖先，從阿里山來到日月潭安居，白鹿託夢時化身白衣女子，對年長的族人說此處水草豐饒，能農耕漁獵，夢醒後族人逐鹿而來才知果真如此，便決定舉族遷移至日月潭拉魯島附近。另有傳說人魚達克拉哈時常在潭中的大石上曬頭髮、為邵族頭目化身的茄苳樹王、還有矮黑人也曾在此地駐居生活……圍繞著日月潭的潭水怪事，千百年來，為這座平靜的湖面增添一層又一層的神祕面紗。

出沒地點：南投日月潭周邊

南投

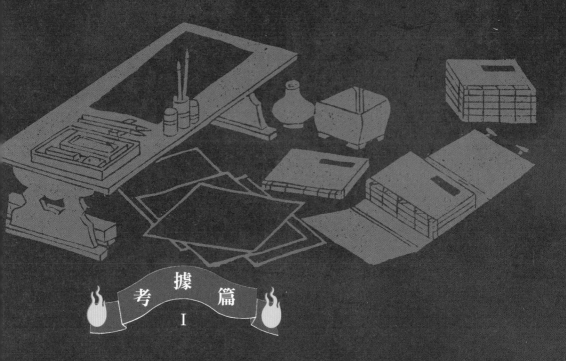

遺落於 18.18 公尺之下的記憶

　　2017 年 4 月 1 日早上九點，原本在日月潭上如叢蟻忙碌來去的觀光船，消失無蹤。潭水百年難得地歸於平靜，僅見數艘柴油引擎小舢舨從伊達邵碼頭出發，劃過平穩的水面掀起陣陣水波，船上的邵族先生媽們帶著花環頭飾盛裝打扮，包圍著其中一位裹著紫藍黃織品的女性。

　　他們的目標是位在潭中間的拉魯島。

　　睽違九年，在沒有觀光船的水面上，可以更清楚觀察水象與周圍環境的變化，在這求巫儀式中，天地自然間任何跡象，都有可能是祖靈給予的指示

　　台大人類考古學系曾在民國 47 年來到日月潭進行調查，陳奇祿《日月潭邵族調查報告》一書中，記錄了成為先生媽的過程。根據邵族耆老的說法，第一天年長的先生媽會領承繼者到拉魯島見最高祖靈，坐上獨木舟用黑布矇眼，到了以後，先生媽會和祖靈祈告有新承繼者學

● 從玄光寺看拉魯島

巫希望允許，若海有浪（潭中冒泡）便是祖靈到來的象徵，承繼者在蒙上黑布時，眼前若出現一位高大長鬚的老人，也就是看見祖靈者，有七成可成巫師。

關於日月潭，其實臺北地方異聞工作室已經寫了不少次了，從妖怪傳說，甚至到日月潭的水質，我們都寫過。然而，為什麼這次《尋妖誌》又要老調重彈，想實地踏查日月潭呢？

或許是來自文獻考察的想像，不足以比較見到這片平靜潭水的千分之一吧？然而日月潭之於台灣的意義，也在觀光產業中被噤聲許久。

近幾年聽到日月潭，在報章網路上或許最有印象的，就是陸客不來，觀光人數暴跌的新聞，或是如萬人下水餃般的泳渡日月潭，也有些會提到在 CNN、BBC 票選全球最美腳踏車道之類的觀光消息。不過從

什麼時候開始，要傳承先生媽還需要協調業者禁航，在伊達邵封路辦祭典也會被抱怨。

　　陸客來與不來，對於這個地方的意義到底在哪裡？日月潭從日治時期即成為異文化的觀光景點，旅者用異化的眼光觀看定居在此地的邵族人，不禁讓我們想問，日月潭的主角到底是誰？

白鹿領路

　　日月潭四面環山，潭齡約有一萬五千年，根據劉枝萬撰寫的《日月潭考古報告》挖掘到石鋤、陶片判斷，在史前時期日月潭附近已有人類居住。傳說中曾有白鹿引領邵族的祖先從阿里山（祖先來源之處有眾多版本）來到日月潭安居，白鹿托夢時化身白衣女子，對年長的族人說這裡水草豐饒，能農耕漁獵，夢醒後族人逐鹿而來才知果真如此，回去報告給頭目後，頭目決定舉族遷移到日月潭拉魯島附近。

　　耆老毛伊力根據記憶這樣描述道：「祖先原本住在 Puzi（漢人稱土亭仔），後來搬到 Lalu（拉魯島）珠仔山，在康熙年間搬的，那時日月潭水淺山大，四周有農田，祖先住了百年之久，清朝政府在珠仔山蓋六角亭，把尖頂削平，風水被破壞了，番人死亡很多，才搬到 kankwan（現今之水門一帶）。1934 年，日人興建日月潭水力發電工　程，我們放棄了 talikwan（石印），搬到現在的卜吉。」邵族祖先最早來到日月潭的時間眾說紛紜，在康熙 24 年，卸任的首任諸羅知縣季麒光寫的《臺灣雜記》最早記錄到當時水沙連就有土著居住，透過這兩筆資料可以知道，邵族祖先至少在康熙年前便來到日月潭。

　　原先以為能安居的地方，不久後也受到了外來漢人的覬覦，康熙中葉，漢人拓墾到埔里一帶，可能與邵族有

交易，在康熙 60 年（1721）朱一貴事件時，水沙連各社也受影響，各社趁亂殺掉蠻橫斂財的通事，後來南北港通事先後安撫，只有水沙連番頭目骨宗持續反抗，直到雍正四年，清朝從廈門調兵鎮壓，骨宗被殺死後，反抗勢力也隨之瓦解。骨宗一事是邵族由盛轉衰的重要關鍵，在這次事件也能看見原民對漢人來到日月潭後，壓迫生存空間而引發的反擊，在兵武懸殊下被鎮壓的無奈，骨宗事件影射是茄苳樹王傳說的原型，茄苳樹是水沙連的保護神，漢人到日月潭拓墾後，與邵族發生衝突，聽聞茄苳樹王的護佑使邵族攻無不克，先是用斧頭破壞，沒想到仍完好如初，經人指點後用獠牙精（也就是鋸子），鋸倒了茄苳樹，用長釘釘住樹根再潑上黑狗血，最後用大銅蓋蓋住，茄苳樹王被破壞，此後邵族元氣大傷，這傳說的結局與骨宗事件可說是相呼應。

　　清朝政府在水沙連有設堡，乾隆 52 年林爽文事件，黃漢因為平亂有功被封為水沙連知事，林爽文亂後，官府在乾隆 53 年（1789）於水沙連開墾，選當時番人為屯丁，邵族人可以自由開墾，水里與埔里二社內有屯田一百多甲，邵族人習得漢人水田的稻作方法，但交換的是土地也遭受漢人占墾，嘉慶 19 年（1814），黃林旺與郭百年占墾水社四百餘甲，審鹿社五百餘甲。鄧傳安在《水沙連紀程》中寫到，貓囒、審鹿原本是番社，當時被漢人占領，嘉慶 20 年的郭百年事件，漢人在審鹿築土壘被肆殺後，嘉慶 22 年彰化知縣在烏溪、集集立禁碑，杜絕漢人越界開墾，但番社已經大衰，漢人無視禁碑再次進入，移入水沙連的漢人以經驗上的優勢組成墾戶，採集團式土地開發，從邵族頭人獲得土地開發的權利，吞噬邵族的土地。

　　嘉慶 24 年（1819），貓囒和審鹿已先後衰微，邵人自危，招平埔族移住幫忙開墾與守衛，在道光 3 年（1923）大量湧入的平埔族，用

漢人的方式得到邵族人的土地。

　　撰寫《日月潭邵族調查報告》的陳奇祿先生推測，在 1820 年後邵族已離開珠仔嶼，移居到水社、頭社、貓囒和審鹿。到了光緒年間，原來住在貓囒的族人移居到北邊二十里的小茅埔，住在審鹿、魚池的族人，移到北邊三十里的新興社，住在水社的族人分散到大茅埔（水社北方）、石印、竹湖等地區，原來邵族的四個聚落成為漢人的村莊。

　　光緒到日治初期受瘟疫肆虐，族人大幅銳減，邵族躲避瘟疫的感染，放棄原來的聚落和獵場，新興、大小茅埔、竹湖等部大遷徙到石印；頭社遷到大坪林，1934 年受日月潭水力發電工程影響，被迫遷居到已成為平地人聚落的卜吉社，居住到現在。

　　漢人占墾的影響，除了土地資源以外，邵族原來的粟作被漢人影響改為稻作，但粟作對祖靈信仰、歲時祭儀是息息相關的。邵族的生活方式也從原有的部落共享制變成私有制，改為用螺片、貝珠、貨幣交易，失去土地，加上生產方式漸漸無法提供生計，龐大而強勢的漢文化入侵對邵族原有宗教、文化帶來許多改變，這樣的影響至今仍存在著。

來自不同世界的視角

　　見到日月潭的那一瞬，甘為霖是這樣形容的——「安靜而甜蜜、富有生命的美麗汪洋」。

　　甘為霖或許是第一個來到日月潭的西方人。

　　於 1871 年從英國來到台灣，住在台南的長老教會，1873 年的五月，甘為霖在埔里傳完教要回到台南的途中，遊覽了日月潭。到了水社部落，看著這樣的湖光山色，想送這個湖一個合適名字，他怎麼沒

想到這湖或許早有名字，不過就這樣日月潭多了一個西方的名字 Lake Candidius 甘治士湖，稱珠仔嶼（拉魯島）為 Pearl Islet。 Candidius 是荷蘭時期在台灣傳教牧師的名字，甘為霖希望像這位牧師的福音一樣，讓湖水成為恩惠的泉源，加諸在居住仙境的人們身上。

甘為霖在日月潭停留了一星期，每晚把番社人集合在一起，向他們解說聖經，在祈禱時大家都很安靜，其實他們對於甘為霖說的閩南語不太明白，不懂的人急著問旁人，不過還是不太理解意思。

1873 年 9 月，甘為霖、領事通譯 Bullock 與美國密西根州博物館員史蒂瑞（Joseph Beal Steere），一起造訪埔社、水沙連，在史蒂瑞的紀錄中，將日月潭稱之為 Lake Tsuisia（水社湖），據甘為霖所聞，此地有水社、貓囒、北掘（或剝骨）及頭社四個村莊。當時日月潭的西面已被漢人占領，邵族人則多聚集在湖的東面，那裡的樹林茂密而陡峭，邵族的土地已經在與漢人的不平等交易中失去大部分。

三年後，1875 年 3 月甘為霖陪同美國駐廈門領事 Mr. Henderson 訪問北區傳教站，3 月 15 日在甘治士湖（日月潭）乘獨木舟遊覽，深深愛看這地方。甘為霖再次來訪時，水番不像初次期待，甘為霖看著他們，心情是寂寞且傷感的，他這樣說到：「或許在一世紀之內『水番』僅留有此名而實亡，他們毫無希望的樣子，男子用懶惰與飲酒殺害自己，全族最美的女子被漢人買去。」但甘為霖與水番不懂彼此的語言，無法傳福音，懶惰與飲酒雖是未來可能名存實亡的其中原因，但並非主因，在劉枝萬先生撰寫的《臺灣日月潭史話》記錄到甘為霖的觀察與推測，可能因為族裡平常的近親結婚所致，通婚範圍沒有出路，生產力薄弱且衛生不佳，1875 年之時，從西方來的甘為霖已經觀察到邵族因漢人來襲所面臨的困境，與自身可能衰微的未來。

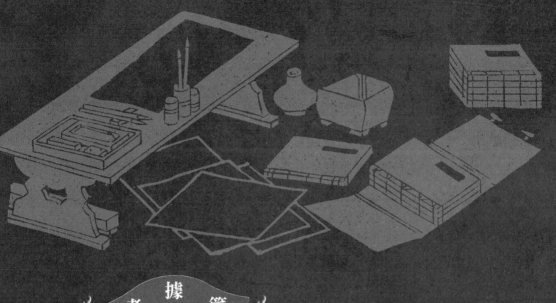

考 據 篇
II

潭水覆蓋之後

居住過的痕跡為什麼全部消失了？

　　「小時候他們都不敢到石印的大石頭那邊玩，因為長輩們告訴他，太陽出來時，有一種『人面魚』會出來坐在石頭上曬頭髮。」

　　洪英聖在《台灣先住民腳印》中紀錄下這段族人的回憶，這裡的「人面魚」或許指的是邵族傳說中，披著及胸長髮長著一對彎角的人魚達克拉哈（Takrahaz），在邵族的傳說中，達克拉哈的出現教會他們不濫捕潭中魚蝦，以浮嶼的方式捕魚蝦，與環境和平共處。不過人魚的傳說與曾在上面曬過太陽的石印大石頭，都隨著水力發電廠工程，沉入二十公尺下的湖底。

　　現代化工業與環境的選擇，一直以來都是人類發展的命題，當這個問題發生在日治殖民的 1930 年代，身為居住在日月潭當地的邵族人沒有發語權，也只能聽從日本政府的安排，從被淹沒的石印遷徙到卜

吉（即剝骨、北窟）。卜吉原本是邵族的獵場，後來被漢人占墾居住，戰後國民政府來台，卜吉社更名為德化社，有「以德化人」的貶意，民國89年改稱為「伊達邵」，取邵語「Ita Thau」（我們是人）之意命名。

日月潭水力發電工程帶給這片湖泊與居住的人們重大的改變，日月潭在工程前是日月兩潭，日潭外觀較圓像荷葉，而月潭在日潭的南邊，比較小且狹窄像彎月，根據日本作家佐藤春夫撰寫的〈日月潭遊記〉描寫，月潭的水色呈赤茶色，兩潭幾近相連。

但日月潭電力工程後，湖水水位提高十八公尺，戰後的工程再將水位提高三公尺，從原先4.55平方公里的面積擴張到7.73平方公里，日月兩潭的形狀改變，分界模糊，已不是以前的淺水小湖，工程後淹沒了近兩公頃的土地，引進的溪水改變了潭水原先的水質、沿岸的生態和湖中的環境，連同居民的生活都產生了影響。

淹沒的地區包括珠仔嶼（拉魯島），是祭祀、求巫的重要場所，日人稱「玉島」，光復後稱為光華島，在九二一地震後正名為原先邵族的拉魯島（Lalu）。拉魯島原本有八公頃，島上有農家、漢人建造的正心書院，過去往來外界靠獨木舟，1931年日月潭二度施工這年，被日人改稱為玉島，原本邵族禁忌的島頂，被填高了三公尺，改成了一神社，供奉女神「市杵島姬命」。

在鄧相揚撰寫的《日月潭史話》中，會建神社供奉女神是因為在興築發電工程時，附近的村莊發生雞不啼狗不吠的怪事，工程不順，便從日本內地請來高僧勘查日月潭地形，發現日月潭的發電工程，傷害此地的山脈靈氣，地龍竄升空中作怪，後來在高僧建言下，從日本廣島嚴島神社請來水神「市杵島姬命」守護日月潭，保佑水利工程順利完工。在這萬年歷史的潭水，對山靈水精等冥冥中自然力量造成一

定程度的破壞，發電工程可能因此付出了些許代價。

　　被淹沒的除了拉魯島，還有石印。在珠仔山東方有一塊印章般的巨石突出水面，生滿綠苔，番社以石印為名，水漲後石印也被淹沒。1931 年復工後，工程興建期間發生過公共衛生問題，臨時建築的居住人口多，瘧疾成為嚴重問題，恙蟲出現在河邊和洪水氾濫地區，台灣電力株式會社只好將工地的萱、茅等雜草焚燒預防。1934 年，民間對工程所造成的景觀破壞有疑慮，但日本官方稱新的景觀不亞於舊景，隨著日月潭交通改善也能吸引遊人。

　　除了淹沒居所、施工不順與環境問題以外，遷居的邵族人沒有得到適當的補償，反而從地主變成半佃農。1934 年，邵族人雖然得到日政府配給少量租田，但卜吉社是電力株式會社發展計畫用地，居民能租但不能買斷，台灣光復後，日本電力株式會社用地盡歸國有，多數是林務局的保安林地，邵族人的權益並沒有因為日本政府撤台而有所改善，被淹沒的土地與權益，沉沒在這汪潭水下，被吞噬的過程不著痕跡。原本邵族人的主要收入是水稻耕作，捕魚次之，在喪失土地所有權後農業活動衰退，只能另謀出路。

異文化的觀光景點

　　說到日月潭的觀光，各位會有怎樣的想像？會浮現一艘艘遊覽船往返，到碼頭附近的小攤買鐵板山豬肉，在紀念品店順手買邵族風味明信片的畫面吧。在日治水力發電工程後，因為土地的關係，邵族原本的經濟來源稻作收入減少，被迫另謀出路轉趨觀光。

　　在日月潭復工前配合地區開發，日政府投入十五萬日圓整修可通汽車道路，但早在 1916 到 1917 年，已開設輕便車道，用來搬運砂糖和材料，開通車道後讓水沙連內山和西部地區可以連貫，成為知名遊

覽名勝。大正 5 年（1916），名叫伊藤的日本人在潭邊建私人招待所涵碧樓，接待來日月潭旅遊的達官貴人，此建築在 1917 年的大地震也未受損壞，大正 12 年（1923），當時還是太子的裕仁天皇來台灣，涵碧樓被作為在日月潭的居所，從此聲名大噪。國民政府來台後，涵碧樓一度成為蔣公行館，在 1998 年才成為現在看到的飯店樣貌。

從日治時代開始的觀光業，在戰後更是興起，觀光業漸漸成為邵族人主要收入來源，光復後新增不少觀光景點，像慈恩塔、孔雀園，觀光項目則包括遊艇、歌舞表演、照相、紀念品、餐飲住宿，年輕一代從事觀光業居多。

在日月潭的觀光中，「山地歌舞」表演是一大特色，這是漢人不會從事的行業。邵族的歌舞原本是舂穀時和著杵聲的歌唱，在早先通訊不便之際，重要慶典會以杵聲來作為訊號，通知全族的人，像是在過年前，會舂石音呼喚在山林狩獵的男子回家過年。杵歌也在過年祭典儀式中表演，過年是祖靈祭中的重頭戲，從農曆七月底開始，八月十五是最高潮；除夕夜，全族會聚集到頭人家舉行「舂石音」，是邵族過年的前奏。不過在觀光業的體系下，邵族傳統的杵歌融入了舞蹈，轉變成為表演，過去舂石音的意義無法再現於表演中。山地歌舞表演不只在日月潭，在許多鄰近原住民族群的觀光風景區，都可以被看見，在觀賞這些歌舞時，僅僅是過路的遊客能感受到歌舞背後的傳統意義嗎？而凝視異文化的表演，是否源於對異文化族群的好奇與不了解呢？

時至今日，日月潭的遊客因為陸客限制來台，有了不一樣的光景，在日月潭的經濟來源仍以觀光業為主，邵族從過去的農業社會到觀光業的商業社會，由於所得差距大，出現貧富不均的問題，宗教信仰、物質文化逐步現代化的同時，傳統文化也面臨著正消失在強勢的漢文化之中。

邵族的傳說與傳統領域的連結

映著天空，碧藍幽深的水域又有什麼樣的傳說？白鹿引領後進駐的 Puzi（土亭仔）、拉魯島上的禁忌山頂、石印大石頭上曬太陽的達克拉哈、曾盤旋過守護有孕女子的貓頭鷹，縱使潭水上升覆沒，邵族的口傳傳說仍流傳到了如今，能從地圖上一些地名看見與過去傳說的連結。

● 行經拉魯島的遊艇

簡史朗根據 1906 年《臺灣日日新報》出版的〈水社地區圖〉重新繪製的地圖中，對照 Google Map 上現今的地名，可以看見發電工程前

● 日治時期日月潭魯拉島一景

一九八

尚未淹沒的邵族分布和地名對照。拉魯島在過去有過珠仔嶼、玉島、光華島等稱呼，簡史朗繪製的地圖中，拉魯島是以 Lalu 拼音標示，旁邊也寫上了珠仔山。

而達克拉哈在大石頭上曬太陽的石印，過去和現在都叫做石印，邵族稱為 suin。白鹿帶領邵族祖先到達的 Puzi，簡史朗的地圖中漢名是土亭仔，現在仍以邵語 Puzi 為地名，與 Lalu（拉魯島）的情況相似，是經歷了一番正名運動，才有的成果，對於邵族來說，這些地名不僅僅是名字，而是他們文化變遷與遷徙後所留下的痕跡，所以在九二一地震後，日月村大毀下的文化危機促使了邵族請願，邵族文化發展協會的會長巴努・佳巴暮暮向總統陳情，表達想重回 Puzi（土亭仔）的心願，循水路和陸路到祖先居地 Puzi（土亭仔）半島，祭拜祖靈，半島於是重新正名為 Puzi。

在下一篇【行程篇】與之後的【遊記篇】中，對照實際走訪日月潭而標示出的地圖與註解，能更清楚地看見現今地名與邵族的連結。

行程篇

揭開神祕的面紗：潭水刻痕

在本次行程中，抵達日月潭後，可以先花半天左右的時間騎單車，走向山自行車道至向山遊客中心。這條路經過的水社壩和頭社壩是圍堵日月潭成為蓄水水庫最重要的壩體，再往前行則抵達月潭，沒有馬達船在湖上來去，湖水清澈平靜，或許還有機會見到有人在此處練習獨木舟，是難得的幽靜之地。

第二日早晨則可搭船觀看日月潭湖景風光；第三日的時間較為彈性，可繼續探訪周邊步道，或者熱愛登山者可嘗試挑戰從伊達邵部落起登的水社大

Day 1

08:00	12:00	13:00	龍鳳宮	向山遊客中心
搭乘國光客運 1833（台北→日月潭，約四小時）	午餐（水社街上覓食）	水社碼頭附近租腳踏車（沿湖往向山會行經）	水社壩堰堤	向山眺望台（可眺望拉魯島）

順路考察

德化國小

位在伊達邵的德化國小是所迷你小學，走進學校可看到牆上製作了邵族神話的馬賽克壁畫。夏季幸運的話，在學校可以看到螢火蟲的蹤影。從友人處聽聞，德化國小約有三十幾名學生，三分之一是邵族，其他則是父母在此工作、開餐廳等的孩子，所以伊達邵的街道上都是學童。最少的班只有三人，最多八人。讓人意外的是，目前老師只有一位是邵族人，在推動國小課程成為文化復振的一部分，可能仍有很多困難。

龍鳳宮

龍鳳宮供奉道教神祇慚愧祖師，廟旁的月老祠原本位於光華島（現稱拉魯島）上，在九二一地震後月老祠被震垮，加上光華島原為邵族祖靈神聖之地歸還給邵族族人，禁止登島，才在龍鳳宮旁重建，目前仍是熱門的求姻緣之處。

水社壩

水社壩堰堤公園上種滿草皮，成為日月潭婚紗照最常取景的一幕。這裡的水面平靜，適合坐在草皮上眺望發呆。水社壩與頭社壩圍堵日月潭成為水庫。日月潭這側是出水口，日月潭蓄積的水由此再引至月潭第一發電所（現稱大觀發電廠），利用 320 公尺的落差來發電。

山。揭開觀光度假勝地的外表，日月潭更值得從歷史、自然等層面深入觀察體驗。觀光與本地文化間的平衡在資本主義的浪潮下，仍往消費、經濟發展的一端傾斜。或許從成為一個尊重文化的稱職旅行者開始，才能讓日月潭保留些許原始樣貌吧。

月潭——月牙灣		19:00	20:00	21:00
頭社壩	（水社——向山——月潭來回需三小時）	德化國小螢火蟲（夏季夜間限定）	晚餐伊達邵街上覓食（記得認明附有邵族民族議會認證的店家）	住宿perBed Hostel（伊達邵）

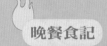

晚餐食記

伊達邵碼頭

有幾間邵族族人開的風味料理店，可鎖定寫著「邵族民族議會認證」的店家，奇力魚、潭蝦與總統魚是日月潭著名三寶。也有以日月潭產阿薩姆紅茶滷製的豆干，當作大塊滷肉夾入刈包內，風味獨特。

特產奇力魚　　　　　　邵族風味飯　　　　　阿薩姆豆干

日月潭紅茶

日月潭最著名的紅茶品種或許是台茶 18 號，建議可以喝熱的或是冷泡茶，帶有奇妙的肉桂與薄荷香氣。此外也有蜜香紅茶，以及貓囒山產口味較濃厚的阿薩姆紅茶。

Day 2 🚌 🚲

08:00	玄光寺遠眺	12:00	13:00	大竹湖步道（武界引水口）
環湖公車＋交通船 or 租借自行車 至玄光碼頭	玄奘寺	午餐 （自備野餐或伊 達邵街上覓食）	沿伊達邵親水步道 連接至水蛙頭步道 （搭乘公車前往）	孔雀園 松柏崙步道（挑鹽古道） 文武廟年梯

順路考察

玄光碼頭

從水社碼頭乘船前往玄光碼頭僅需十五分鐘，在接近玄光碼頭時，渡船會近距離駛經拉魯島。拉魯島目前因保留為邵族聖地，禁止遊客登島，因此從距離最近的玄光寺眺望最為清楚。

日月潭環湖自行車道

環湖自行車道全長共 33 公里，只是水社至月牙灣這段是完全人車分離的自行車道。若想環湖一周，某些路段會需要走公路，須注意安全，環湖也有上下坡路段須衡量個人體力。

土亭仔步道

舊名 Puzi 的土亭仔步道是傳說中白鹿下水之地，也是石印舊部落所在處，現在已經沉入水中。也能眺望傳說中達克拉哈棲息的石頭位置。

松柏崙步道（挑鹽古道）

松柏崙步道是舊時邵族前往埔里必經的挑鹽古道，記錄著日月潭與埔里之間的貿易關係。從入口向內步行一段路程會看到一座牌坊，拾階而上，荒涼的廣場中間豎立著鏽蝕成紅棕色的蔣公銅像，底部題字「日月齊光」，恍若時光靜止在四十年前。

大竹湖步道（武界引水口）

走下大竹湖步道便能聽見水聲轟隆，從濁水溪引入日月潭的河水形成著名的「日月湧泉」，滾滾濁流十分壯觀。大竹湖步道也是日月潭最適合賞鳥的地點，此處經泥沙堆積，慢慢形成沙洲，每近黃昏可見水鳥及鷺鷥漫步覓食與水面滑翔的美麗風景。

17:00　搭公車回伊達邵

18:00　晚餐
（伊達邵街上覓食）

21:00　住宿
perBed Hostel
（伊達邵）

順路考察

邵族逐鹿市集

提供邵族風味餐、手工藝品、樂舞表演，雖然價格稍高，但是為邵族民族議會與族人共同經營的場地，值得前往支持。特別是假日有邵族耆老演示的傳統杵音及歌謠，樸實無華的聲響與吟唱十分動人。每日的演出時間不同，可先至日月潭國家風景區管理處網站查詢。

白鹿窯木燒麵包

位在日月潭纜車站旁，以巨大的窯烤出扎實的歐式麵包。也可嘗試現烤披薩，口味多樣。

行程遺珠

貓囒山步道

單程約四十分鐘，途中經過日治時期（1936年）建立的茶葉改良場魚池分場，舊時可進入參觀，但現在已經管制進出。步道兩側可見茶園風景及氣象站，制高點可遠眺日月潭湖光山色。

大平林部落（雨社山部落）、逐鹿古道

大平林聚落是伊達邵部落以外最大的邵族聚落，目前居住人口僅有二十餘戶，於日治時期遷居自此。從部落附近跟著產業道路上行，進入「雨後頭縱走行程」，也就是傳說中邵族人跟著白鹿來到日月潭的古道，這條路線會經過雨社山、北雨社山、後尖山及頭社山，眺望集集大山、水社大山，最後抵達日月潭旁，單程縱走約需整日的時間。

標註傳統地名處的資料來自原民會「原住民族傳統領域土地調查成果報告」
https://www.apc.gov.tw/portal/docDetail.html?CID=EF01DA518F292687&DID=0C3331F0EBD318C2C8640A663137FBF2

邵族逐鹿市集

12:00　午餐
白鹿窯木燒麵包
日月潭纜車站
（青年活動中心）旁

14:00　搭公車回水社碼頭

16:00　返程
（搭乘國光客運1833，
16：20日月潭→台北）

遊 記 篇 I

環潭紀行

月潭尋幽

　　一大清早，我從台中搭客運到日月潭，在國道六號開通後，高速公路直接貫穿山脈、架高穿越谷地，直切入台灣的核心。水社碼頭看起來如三十年前的照片，土產店、旅館、排排列在岸邊的遊艇，仍舊是一成不變的觀光想像。

　　我與同行的夥伴們約定好在水社見面，用過簡單的午餐後，一行人快速略過水社碼頭的觀光氣息，租了單車往月潭出發。單車或許是近代才出現的娛樂，不排放廢氣的友善遊覽環境方式，不過就像是從九族文化村翻山至潭邊的纜車一樣，人工的設施有時候仍與環境格格不入，如純白色架設在水上的橋樑，和沿著潭畔建造的自行車道。

● 自行車道

　　人工浮嶼一落落漂浮在潭水上，種植著水生植物與長草，能用來淨化水質和聚集魚群，也有避免潭中波浪侵蝕潭岸的功能。浮嶼在邵語中稱為Rizin（閩南語稱為草廊

仔），有天然水草糾結形成的，甚至上面可長出大樹；此外也有竹編植草，人為製造的浮嶼。在日月潭人魚「達克拉哈」的傳說中，因為邵族人過度捕魚導致日月潭漁獲枯竭，達克拉哈便破壞邵族人放置的捕魚陷阱。後來一個邵族勇士跳入湖中大戰達克拉哈三日三夜後，雙邊談和。達克拉哈便教導他們捕魚以及製作浮嶼的方法。現在似乎沒有天然浮嶼了，據說因為怕影響發電廠運作，過去的天然浮嶼已被全部撈起。來到現代，甚至能看到用塑膠桶植草製作的人造浮嶼，不禁想著達克拉哈的技藝是否總有一天會被遺忘？

　　不過在唐美君調查邵族宗教時，記錄了達克拉哈是一種會翻船溺人的惡靈。與目前傳說較廣的水中人魚形象有些差異。

搬離拉魯島的月老

　　五月艷日灼灼，腳踏車道兩旁雖然有樹，卻無法完全遮蔭。落羽松和不在花季的櫻花看來是為了觀賞而刻意種植，更強調了日月潭的遊憩色彩。我們邊騎著車邊欣賞沿岸風光，一個指標往斜坡上的龍鳳宮吸引了我們的注意。

　　位在制高點的龍鳳宮供奉道教神祇——慚愧祖師，一旁是曾經位在光華島（現稱拉魯島）上的月老祠。1980年代，縣政府因想模仿「西湖景色」，在潭中小島蓋月老廟，前往朝拜者眾多，每年縣府甚至會舉辦集團婚禮。直

● 月下老人廟

● 龍鳳宮前的護身符

● 日月潭中常見的人工浮嶼

到九二一地震震垮了小祠，光華島歸還給邵族禁止登島後，才在龍鳳宮旁重建。

當我們抵達時，月老神像帶著燦爛笑容迎接我們，小廟裡寫著拜月老的規則和供品。但遊人卻稀稀落落，廟宇新修鮮明的色彩與寧靜氛圍有些矛盾。靠近日月潭的眺望台處，一整排掛在欄杆邊的護身符讓我想起歐洲常見把鎖掛在橋上，期盼與戀人感情如鐵鎖長久。但我總會想著若寫在掛鎖上的名字重返此地時，身邊的人還會是同樣的嗎？ 或許那也不是重點，而是試圖透過這個儀式記憶當下的情景吧。

水利工程之下

離開龍鳳宮，再往前行，眼前的水域遼闊起來，水色極美，是帶點綠的濃藍，鄧傳安於〈遊水裏社記〉中寫：「水分丹、碧二色，故名日月潭。」但在水利工程後，已不復見。

● 圖中右側是日月潭，中間虛線是發電水源經水社壩，進入左側的大觀發電廠（二戰時期美軍空拍圖）

　　一座長壩延伸過水面，兩側草地如茵，甚至還有拍婚紗照的情侶。這座長壩是水社壩，與頭社壩圍堵日月潭成為水庫。日月潭這側是出水口，日月潭蓄積的水由此再引至月潭第一發電所（現稱大觀發電廠），利用 320 公尺的落差來發電。在日潭另一側的大竹湖步道則能看見從濁水溪武界壩引進日月潭的水源，滾滾濁水穿越隧道湧出，可謂是工程奇景了。

　　在水社壩的盡頭，放置著一座石碑，差點因為我們騎車速度太快而忽略了。

　　「殉難之碑」，上面註記著罹難者的住址、姓名和年紀。背後的碑文已磨損地快看不清楚了，最後的署名是昭和六年十二月吉日，鐵道工業株式會社。看來是在水庫整體竣工後才立的紀念碑。我回憶起為了《尋妖誌》去探訪美濃的竹仔門水庫時，也見到三座石碑分別刻著在工程中殉難的日籍工程師名字，對比之下，這座石碑似乎意外地簡略。

　　我想起佐藤春夫在〈日月潭遊記〉中寫著他被日月潭的宏大景觀

震懾的感觸，在水利工程改變一切前，以作家的眼光留下了這般記錄：

● 殉難之碑

　　眼前的這個世界，是個大而又帶著無可言喻的寥落感的景色……是一種雄大的地方所特有的奇異的寥落感……沉著而又發散著無可奈何的憂鬱的美感。高貴的人對不幸的遭遇處之淡然的那種落寞感。父祖傳來的寬廣的我家屋簷傾毀掉的那種稍微汙髒又令人懷念的感覺。這個由深山以及淺泛而廣茫的水域所組成的大自然……而這個自然的景觀不久將會因電力公司的工程進展，在數年內面目一新──到那時，不管有什麼新的別的美觀產生，但那也不會是今天我所看到的大自然了。

　　此刻意識到隱沒在水中的死亡與犧牲，帶來了無可言喻的失落與微揪著心的憤懣不公，我突然發現這趟旅行，其實是帶著對所逝去一切的憑弔情緒出發的，這時我仍不知道之後旅程所見是否會改變我的想法，抑或是加深這般印象。四周的森林寧靜地只聽得見水波悄悄拍打岸邊之聲，微風撫過林梢。我們在碑旁安靜地坐下片刻，與端立在樹林之間的石碑一起眺望藍綠潭水。

通往傳說故事的核心

　　看見向山遊客中心與地景融合的清水模建築，就已經到自行車道

的一半了。作為觀光景點，向山遊客中心的外表不甚招搖，簡潔安靜地隱身在岸邊一角。無邊界水池與遠方潭水連成一線，回應著周邊的環境，無稜角的曲線使建築充滿和諧與律動感。

　　遊客中心旁建了條延伸入潭，用來展望的天空步道，雖然不是第一次走這樣的天空步道，但下面毫無支撐的鐵架延伸至湖中間，有時微微地搖晃還是讓人膽顫心驚。比起在步道底端的大學生嘻嘻哈哈地擠在一起自拍的輕鬆模樣，我小心翼翼地走在通道正中間，下午似乎開始起風了，當平台搖晃的時候，我不禁在心中小聲慘叫。

　　但美景當前，而且最重要的是，台灣的心臟，傳說故事的核心——拉魯島（Lalu）就在步道正前方。

　　第一眼看見拉魯島時，只覺得——好小！

　　聽起來有點膚淺，然而我這麼說是其來有自，在大正元年（1912）的《臺灣大觀》中收錄了一張俯瞰拉魯島的照片。與 1939 年的照片比較，或許最能看出日月潭水位上升後的差距。而物換星移過了幾十年，在水流不停沖刷、地震不斷的影響下，拉魯島的頂端便愈來愈顯迷你了。

　　經過向山遊客中心後，往頭社壩的旅客慢慢變少，更為幽靜。

　　月潭旁出現沙岸，弧度有如月彎。遠處一艘膠舟向岸邊輕巧划來，

● 向山遊客中心，往外可眺望日月潭湖光山色

● 向山遊客中心旁的湖濱棧道有設置懸臂式景觀台

兩個蜜色肌膚的少女體態健美，互相拍下對方的嬌笑後隨即上了岸。腳踏車道旁擺放了不少艘現代獨木舟，看來平靜無波的月潭已成為練習獨木舟的基地了。

當我們即將抵達盡頭稍作休息時，忽地一陣雷聲，午後陣雨如花灑般倏地將我們淋溼，只好逃難似地沿原路返回水社。

日月潭周邊步道群

隔天我們從伊達邵搭船前往玄光碼頭，五顏六色的遊艇在拉魯島旁恣意穿梭，揚起陣陣波瀾，使得拉魯島周遭的浮嶼也隨著波浪上下擺動。我開始了解，

● 日治時期日月潭蓄水做為發電利用。引自臺灣電力の展望，《臺灣日日新報》，昭和 14 年（1939）（台大總圖藏）

也不禁感到憤慨，為何新任先生媽上拉魯島時需要禁航。當每分每秒都有三四艘快艇行經拉魯島，族人要如何乘舟登島？在嘈雜的引擎聲中，要如何才能感應到祖靈透過水波傳達的訊息？

隨著距離愈近，能看到拉魯島上重新種植了茄苳樹，還有台怪手

● 月潭泛舟

正在施工。日前日月潭風景區管理處公布了拉魯島周邊浮嶼要畫上日月圖案，並寫上 LALU 的字樣，完全是無庸置疑的政府機關美學。只希望怪手的出現不等於是開始動工了。

拉魯島頂端是神聖之地，有棵大茄苳樹是邵族傳說中祖靈居住之地。在【考據篇】中曾提到清朝的骨宗反抗事件，因族人剽悍，漢人為了對抗邵族人而將大茄苳樹砍斷，骨宗被殺死後，邵族勢力便迅速衰弱。

從伊達邵碼頭出發，經過玄光寺所在的半島（Sinaz）與被稱為土亭仔的半島（Puzi）中間的水

● 拉魯島

域，在傳統領域地圖上標記著「futiz」。水淹之前是近百坪的湖埔地，傳說中長頭髮的達克拉哈喜愛坐在一塊大石上曬乾頭髮。在漢人的記錄中，此地原本也稱作「石印」，

● 從湖上看土亭仔

部落名稱的由來是因為在潭中有塊平坦的大石頭，像印章一樣。讓我聯想到石印是否就是 futiz，達克拉哈喜愛坐在上面曬太陽的石頭呢？

根據記錄，石印舊部落被當時的日本電力株式會社買走土地後，邵族人被遷移到卜吉庄，也就是後來的德化社、伊達邵，這塊「石印」石頭在日月潭電力工程後也沉入水中，之後再也見不到達克拉哈坐在石頭上曬太陽的身影。

土亭仔步道

從玄光寺可搭公車前往剛剛眺望的土亭仔步道，土亭仔在邵語中稱為 Puzi，是傳說中白鹿下水的地點。邵族復名運動也曾要求政府將名字改回 Puzi。我們來到此地後，看見解說牌上並沒有提到這個名字，只寫著：「北側潭濱是石姓頭目曾經舉辦氏族祖靈祭的地點，南端潭灣則是『石印社』的所在地，但現在已沉入湖底。」

步道口則放置了一個貓頭鷹馬賽克拼貼，意外地，好像沒看到關於白鹿的記載，而是寫著另一個邵族貓頭鷹的故事。故事是這樣的：從前一位邵族少女因為未婚懷孕而被族人責怪，故逃到深山中死去。後來獵人卻發現她化為貓頭鷹，每當族人懷孕，便會有隻貓頭鷹飛到

懷孕婦女的住處屋頂不停鳴叫，像是要婦女多保重身體。之後族人因覺愧疚，便代代告誡不得捕殺貓頭鷹。

● 土亭仔步道口

　　沿著步道走到底，是個小小的眺望台和迷你燈塔，白鹿的故事和舊居痕跡早已湮沒樹林之間。

水蛙頭步道與大竹湖步道

　　從伊達邵碼頭出發，可沿著潭畔，經過纜車站一路走至水蛙頭步道，再過去的大竹湖步道，因沒有連結，而須走公路前往。

　　伊達邵親水步道平坦輕鬆，沿路可看到用來捕魚的船隻，雖然現在似乎是造來供觀光客體驗，也有些平板船泊在潭畔駐足。在纜車站旁邊，有間特別的柴燒窯烤麵包餐廳，供應非常扎實、厚重的歐式麵包、披薩一類的餐點。

● 據李亦園在 1958 年的調查，邵族並沒有使用大網的習慣，只有小型的四角漁網，在岸邊用手捕魚。且傳統獨木舟也無法在船前安裝這種四手網

　　往水蛙頭的棧道旁，有個景象猛然引起我們的注意。散落的方形石頭，浸在清澈的水中，看起來像是不知多久遠以前的墓地，被水侵蝕摧毀。這時夥伴在步道旁看到更多的墓碑，我們探險的心情突然大發，跨出步道往草叢裡找去。意料

之內地，好幾個墓地不規則地群聚在空地上。我們帶著敬畏的心檢視了一下墓碑上的文字，有些祖籍寫著台灣，加上姓氏，可以合理推斷也許是邵族人的祖墳所在（有時平埔族人漢化後，使用漢人的墓葬方式，祖籍即會寫台灣，或是當地的地名）。最早的甚至有清代的碑文，已經殘缺不清。或許這些遺留能見的古墓已算是幸運的了，不知還有多少沉在水底，無人知曉。

● 白鹿柴燒窯烤麵包

● 這個墓地歷史並不久遠，墓碑可能是 1995 年重蓋的。但為何會毀壞成這樣，我猜測可能是因為 1999 年的九二一大地震

水蛙頭步道和大竹湖步道與日月潭水利工程也息息相關。水蛙頭步道最有名的就是九蛙疊像，是為了讓遊人觀察日月潭水力發電抽蓄水源，而一日之內能造成近兩公尺的水位落差。大竹湖步道則是能見到日月湧泉的奇景。雖然環潭步道只到水蛙頭，但仍值得從水蛙頭步道搭公車，或是徒步前往大竹湖步道。

我們抵達大竹湖步道時已經日漸黃昏，從步道口走下便能聽見巨大如瀑布的水聲，如之前所提，日月潭自濁水溪引入溪水，大量湍急混濁的水穿越地底的引水道，進水口的波濤洶湧，聲勢嚇人，範圍遠比想像的大，我想甚至從纜車上都能夠見到這股強大的湧泉。混濁的洪流如猛獸般翻攪著潭水，一圈圈的漩渦沖刷著深入潭中的木棧道，

讓我有些震懾。不過一轉開視線，卻見到在蘆葦叢間，許多水鳥棲息，白鷺鷥在夕陽下滑翔覓食。因為濁水溪的泥沙，反倒讓此地成為了適合水生植物生長的淺灘，也因此吸引水鳥定居。欣賞著它們滑翔的身影，心中頓覺悠閒了起來⋯⋯

● 九蛙疊像

探訪伊達邵

Ita Thou：我們是「邵」的故事

　　邵族是個以男性為權力主體的社會，頭目由男性繼承，而作為與祖靈溝通，公領域與私領域之間的橋樑，則是被稱為先生媽（Shinshii）的女性巫者。近年來，在邵族復興文化、爭取土地權利的過程中，擁有祭儀知識、族語傳承的先生媽，逐漸成為邵族的特色及代表；然而，在僅剩數百人的邵族中，保存最完整祭儀文化的部落，就是伊達邵了。

　　前一天騎自行車的途中下雨，第二天早晨陽光正好，或許是旅行的興奮感讓我不知為何特別早醒，就趁夥伴們還在吃早餐時先出門溜躂。觀光客還沒抵達，空蕩的伊達邵街上店家還沒開張，安靜到甚至有些荒涼。

　　沿著街道往前走，直到一個十字路口，右手邊往碼頭，而左手邊的小坡上則出現了一個寫著伊達邵，還有原住民圖騰的拱門，這應該就是往伊達邵部落的道路了。我散步穿過拱門見到旁邊放著一台挖土機，看來像是

● 伊達邵社區

裝置藝術的物件，記憶著九二一大地震的曾經。九二一地震時日月潭地區受到嚴重的損害，伊達邵部落也無倖免，後來族人覓處蓋了組合屋棲身，但這也造成了十幾年過去部落對於居處並無所有權，部落土地的使用仍是未定之數。不過，也因為地震之後各界的積極協助重建，才提供邵族正名，重新凝聚部落意識並復育文化的契機。

原先我並無預期與人攀談，只想著之前查資料看到水社大山的登山口在部落附近，明日可能有時間爬上這座邵族聖山，就想先做些探勘。但我居然忽略了寫著水社大山登山口的巨大指示牌就指向村內，便直接往另一條上坡路走去。

斜坡上有個小空地用鐵絲圍了起來，寫著播種祭專用的場地，正當我在東張西望時，被一旁工作中的大哥攔住，問說要去哪裡？我不好意思地說了要找水社大山的登山口，不過也提到這次是來考察，想聽聽關於日月潭的故事。

大哥的阿姨坐在轉角處的家門口前抽菸，老人家臉上被陽光刻畫

● 伊達邵部落內到處可以看到寫著族語的木牌

● 先生媽之家

著的溝壑橫行，瞳孔帶灰卻十分靈動，看到我的時候，親切地笑了笑。用閩南語問起才知道阿嬤已經 78 歲了，從小就住在伊達邵部落，但不是現在被稱為伊達邵的地方，而是更靠近日月潭的土地。雖然對於日月潭改為水庫之前的狀況不太清楚，但她還記得以前有田地，父母親帶著他們耕種、捕魚生活，後來因為政府還有地震的關係搬來搬去，才到這裡落腳。阿嬤現在還能說流利的邵語，因為邵族近年來重視傳承的關係，她就在附近的國小教孩子杵音和邵語。談起新的先生媽，她說現在不能隨意登上拉魯島，但以前每戶一艘獨木舟，只是阿嬤說現在手沒力了，沒辦法划槳，獨木舟也沒在使用了。

　　順帶一提，邵族選出先生媽的方式並非看她是否有邵族血統，而是是否擔任過正月祭典爐主（pariqaz）、夫妻健在、人品好有美德的女性，事實上因為與周邊的布農族通婚，有不少布農族媳婦也能成為先生媽。同時邵族的族群判斷方式，並不只是血緣關係，而是文化的傳

承（公媽籃、祭典等）。即使新任先生媽並非邵族人，也能因為婚姻及認同，得到祖靈認可。

● 目前正在小學教授邵語及杵音的阿嬤

阿嬤記憶中的故事

我邊聊邊想著要怎麼提起日月潭的妖怪傳說，但臨時才想起不知道「Takrahaz」的邵語念法，讓我有些困窘。不過在我努力描述了聽聞傳說中的達克拉哈樣貌後，阿嬤想了想說，沒聽過湖裡有像魚的人。不過達克拉哈在唐美君的紀錄中，也可能是惡靈的化身，但達克拉哈這個字阿嬤沒什麼印象，就也沒再問下去。

白鹿傳說倒是十分耳熟能詳，阿嬤也提到說當時白鹿就是帶他們到舊部落的地方，但現在沉到水底了。這裡的舊部落我猜是被稱為石印的舊部落，也就是前文提到的土亭仔步道附近。

另外仍得到了有趣的收穫，阿嬤講到以前曾經有矮矮黑黑的人，傳說矮黑人很矮善打獵，曾有鄰近部落的人笑矮黑人像小孩，但矮黑人說他們已經八、九十歲了。雙方一言不合，矮黑人就拿弓箭射對方。後來因為建水庫，那群矮黑人就消失蹤影了。

聊著聊著本來想說會不會太耽擱阿嬤的日常生活，她點了根菸笑說抽菸聊天是強迫自己坐下的休息時間。因為今天是週末，等下要去逐鹿市集表演杵歌。於是跟阿嬤約好晚點去看她表演。一看手機才發現花了不少時間，夥伴們急著找我還打了好幾通電話，只不過誰知道隨意走走會恰巧遇到這樣的機緣呢？

隔日我們又再回到伊達邵，社區空蕩蕩地非常安靜，昨天聊過天

的阿嬤在忙著做回收，我們便不打擾她。身邊的阿姨坐在棚下向我們打了招呼。這位有著七個姊妹的阿姨其實六十幾歲了，在對話中她說到：「他們邵族……」，我們才知道她和姐妹是嫁過來的賽德克人。

● 與邵族通婚的賽德克阿姨

厝內的公媽籃

　　邵族因血緣、語言混雜而難以判斷族群範圍，根據簡史朗的研究，他認為祖靈信仰是最能用來界定邵族自我認同的「民族邊界」，而最有代表性的信仰就是「祖靈籃」（ulalaluan），或用河洛語稱為公媽籃。祖靈籃多半是藤編四腳的籃子，除了大的，屬於氏族的祖靈籃之外，也有寫著家中個人名字的小竹籃掛在祖靈籃旁。在重要祭典時，便能看見各家拿出公媽籃排排放在路上，供奉酒、飯，讓先生媽祭祀祖靈。

　　阿姨和另一位大哥邀我們進屋看公媽籃和一些關於祭典的資料和舊照片的收集。放置在神桌上的公媽籃，裡面放置的是祖靈的舊衣服與首飾，眼熟的一對紅色供桌燈，香爐和三杯茶有著濃厚漢人信仰的影子。其他家中似乎也會將公媽籃放在漢人神明旁一同祭拜，能夠觀察到信仰在此融合得不著痕跡。

旅者眼中所見……？

　　「那個長著大大的楠木的島是個浮島，叫做珠仔山。是八景之一。

● 與漢人神明一同祭拜的公媽籃　　　　　● 寫上個人名字的小竹籃

● 日治時期邵族杵音。引自臺灣總督府交通局鐵道部，《臺灣鐵道旅行案內》，昭和 5 年（1930）

蕃社就在那個從背後進去的地方。」帶領佐藤春夫遊覽日月潭的電力公司監督，曾經如此向他說明。他抵達日月潭時恰巧碰到邵族人的新年正月，也就是祖靈豐收祭，當時仍保有傳統的種田漁獵生活，但「觀光」的概念已悄悄地伸入這遙遠的內山地區。

　　根據許毓良的研究，在國民政府剛接收台灣初期時，日月潭已出現在觀光版圖中。在政壇名流與文人雅士的青睞下，日月潭與中國的西湖印象相互連結，也逐漸成為來台必訪之處。而當時來自福建的旅

● 日治時期日月潭邵族的舞蹈表演

● 逐鹿市集表演

遊記者何敏之即記錄乘船至日潭東岸觀看「化蕃」舞蹈與杵音，費用明定，穿著傳統服飾合照另外付費。

觀光化的逐鹿市集

　　在這趟行程最後，我們來到逐鹿市集。逐鹿市集是邵族民族議會與族人一起建造經營的空間，有著觀光必備的邵族風味餐與歌舞表演。平常是隨季節更換的歌舞，週末才會增加由耆老們演出的傳統杵音節目。

　　在年輕人熱鬧的舞蹈演出後，年長的邵族耆老們穿著正式華麗的服飾，頭戴用植編花環，手持木杵肅穆地走上台，我們昨天見到的瘦削阿嬤也在其中，她們向觀眾致意後，便開始演出。

　　演奏杵音時，每人手中的木杵粗細不同，敲擊的節奏也不同，長

短粗細各異的木杵擊打在石上的聲響，有些清脆明亮，有些悶暗沉重，稱不上是旋律，只是按著某種祖先傳遞下來的規則搗著的節奏。但這節奏卻不單調，落在切分音上的陌生節拍，在安靜的舞台上中反而產生了某種奇特的空間感。

　　阿嬤們清唱著傳統歌謠，比起花俏的，更貼近「山地」想像的歌舞，邵族的歌謠顯得十分樸素，但令人難過的是，其他演出者的活潑歌舞可能才屬於多數人對原住民的刻板印象。在我稀少的團體活動經驗中，曾經與同學手牽著手，繞著圈圈跳〈我們都是一家人〉，但這首歌的創作事實上是為了同一甚至是虛幻的國族想像，就像日月潭的觀光也只是從百年前延續下來的異族眼光。歲時祭儀甚至是杵音本身，一開始並非是為了讓外人觀看的娛樂活動，而「觀看」這個行為本身轉化成一種權力的體現，換言之，站在異族統治階層的觀看角度，形塑了現今普羅大眾對於日月潭的概念。

● 邵族耆老演唱傳統歌謠，意思是祈禱祖先讓邵族子孫平安和樂地過日子

民國三十五年來到此地的記者伍稼青也惋惜著金錢改變了原住民的天真（但認為原住民「天真」難道不是一種單純的漢族優越感想像？）。因應著觀光與生活方式的變化，許多年累積下的轉變孰好孰壞？我並不能為他們蓋棺論定。

● 邵族杵音演出

日月潭的潭光水色吸引了來來往往的族群，傳說中更早定居此地的矮黑人、追隨白鹿搬遷至此的邵族，以至日本時期與國民政府時代的統治，其中的差異或許是建立在和平共處而非征服者的姿態。在日治時期曾作為招待所，後成為蔣介石行館的涵碧樓保留至今；與之相對的，為了全台灣的電力供應，而沉入湖中的邵族舊部落。日月潭其承載的文化重量到底有多少，一趟旅程或許難以說清，但時至今日，也許都該拿下我們無意識戴上的有色鏡片，重新認識台灣的「心臟」。

【後記】

日月潭之旅後，我恰巧在一個場合遇到以前大學時做過邵族研究的老師，老師剛好認識在中研院做研究的新任先生媽，還說了新任先生媽的戀愛故事，以及成為先生媽是因為被祖靈入夢要求。除了覺得很有意思之外，我也想著祖靈們大概也意識到了某種文化傳承的危機，進而主動出擊找上她吧。

高珮芸（Pey）

　　北投人，轉職為文化恐怖分子的貓大外交系，認為要面對世界一定得從在地出發，努力增加對台灣歷史與在地議題的認識。工作室的酒鬼二號，再忙也要喝瓶酒再上。

林祉均

　　從小生長在新竹靠海的四代同堂家庭，因此對於傳統習俗與鄉野奇談很感興趣，畢業於指南山下的中文系。關於尋妖，抱著敬畏而恐懼卻興奮的心情，慢慢靠近。

尋妖誌

大莆林古戰場的水鬼

嘉義大莆林古戰場的水鬼自古流傳於鄉野民間，這段探訪行程準備揭開古老遺址的真實密碼，那些駭事聽聞，背後隱藏著人與土地最直接的想像。戲棚垮台、延宕工程、失意投河、大林糖廠……流傳於嘉義大林百年水鬼傳說延續至今，每當提及鹿崛溝，總讓當地人不禁聯想起那些冤死亡魂，如今是否仍然在這片土地上輾轉難眠、號泣悲鳴。

俗諺「水鬼叫跛瑞」與大林之間奇妙的連結，如今在鹿崛溝溝底也許還殘存著水鬼肆虐的痕跡。抗日古戰場上，戰死的魂魄不計其數，今日的大林背負著歷史糾葛、戰場殺戮，在無數的歲月裡，彷彿一道傳聲筒，傳遞著繚繞不去的回音……

出沒地點：嘉義大林

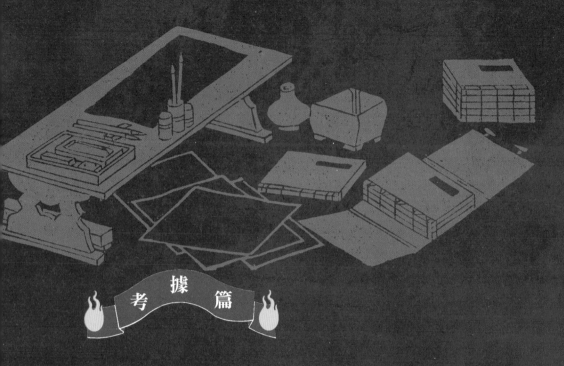

考 據 篇

在地生活的發言：鹿崛溝的水鬼

　　鹿崛溝的午後很安靜，吃過午飯後的時間浸在睡眠裡。我走了一圈鹿崛溝，回到阿彌陀公廟，廟內還是沒有人，但阿彌陀公廟右方，一間沒有門的店口一眼就能望進裡頭，原本躺在藤椅上的阿伯起床了。我站在阿彌陀公廟外盤算著，畢竟阿伯是我在鹿崛溝附近看到唯一醒著的人。所以我在店門口打了招呼，原本打開電視的阿伯，邊看邊跟我說話，後來看我沒有要結束談話的意思，他站起身關掉了正在熱播的電視劇《瑯琊榜》，開始了我這次旅程最核心的對話。

　　阿伯口中敘述的大莆林水鬼，是我第一次聽到真人講述的版本，不是在論文、書籍裡所看見的，而是生活在當地的阿伯，在他過去的生命經驗裡所看見、聽見的大莆林水鬼。阿伯不是文史學家，他目前是一位腳踏車店的老闆，他所知道的以及同我描述的，不過就是他人生

資料庫裡的故事。想想，就像是任何一個問我生活過的地方所發生的故事的人，我能以我記憶中的片段去回答。每一個在地人所表述的故事，對於這個地點發生的歷史記憶都有不同的詮釋，無論真實與否，都是一條寶貴的線索，是一個人與土地衍生的連結。

　　所以，相較於查詢到的論文與資料，在旅程開始之前，在這個關於「大莆林水鬼」的第一篇文章的起點，我想以阿伯的口述得到的感想，來當作考據的開始。而在那個午後與阿伯相遇的過程，請容我在【遊記篇】中細細道來。

水鬼傳說前的鹿崛溝

　　關於大莆林水鬼的一切，要從鹿崛溝開始說起，《嘉義縣鄉土史料》為了瞭解嘉義縣過去的面貌，在民國 87 年，聚集耆老聊聊他們記憶裡嘉義的樣貌。大林耆老鄭贊育先生是這樣描述早年的大林，從明清以來，因為到處雜草叢生，所以大林舊地名叫「大莆林」，大莆林是指樹叢、水草多的地方。

　　鹿崛溝以前是「潭」不是「溝」。原為潭墘處有一個小潭，潭的後方到大林國中有一座小球山，電信局附近的牛墟有一個大池子，到甘蔗崙則有大魚池，水鹿和山羌時常在園林吃鹿樹皮絲、喝水，因此有這個地名。

　　在討論會上，樊賜生先生也提到「大莆林」命名由來和鄭成功來台有關，當時劉國軒軍師來到附近安營立寨，發現大林地理環境不錯，居民遂在大林開墾時命名，上、下員林、林投和內林都是鄭成功時代就定的地名。

　　嘉義平原地區，居民大多從事農業耕作，對於農民來說，水源尤其重要，大林的開發從康熙末年開始，漢人移民拓墾台灣，開發的重

● 鹿崛溝的水面上開滿浮萍，相當驚人

● 一位正在處理鹿崛溝淤積的大哥

點是能使地力增加的水利設施。鹿𡻈溝有灌溉農作物的功能，附近便漸漸形成農村聚落，促進村際組織成長。嘉義地區的水利體系在乾隆時期完成，從雍正到咸豐先後有內林圳、中林圳等圳口增建，在日治時候合併為大林圳。

這裡的乾季長達半年，雨季集中在夏天，即使開闢圳道但水資源仍然有限，土地以旱園為主，極少水田，而甘蔗是旱作，也是除了稻米以外，大莆林最重要的經濟作物，早從鄭氏時期開始，直到日治時代，政府獎勵種稻與蔗，種甘蔗的旱園採取與稻米輪作的方式，增加收成。

農作物耕種灌溉需要水資源，但嘉義平原因為每個庄頭所在的位置不一，分配到的水源也有所侷限，乾旱期爭水而形成的械鬥因而頻繁，而與鹿𡻈溝有關的例子，就要講到現今在鹿𡻈溝頭的蔡葉兩將軍廟。

深不可及的溝渠住著延宕工程的妖怪？

康熙末年，蔡貓東曾經率領農民在三角仔東北端築水壩，引石龜溪上游的水灌溉三角仔、潭墘、大湖等地的農田。同治元年（西元 1862年），當時大湖庄和下埤頭庄因為搶水而屢屢發生惡鬥，大湖庄的蔡貓東和富紳葉王提議在鹿𡻈溝建立水庫蓄水池，灌溉下埤頭庄的農田，開始將圳水分成十股，留四股給原先農戶灌溉，剩下的三股給下埤頭，三股給排仔路。

早期技術沒那麼發達，興建工程艱難，建造水庫大堤時數次失敗，蔡貓東不禁懷疑鹿𡻈溝裡是否有妖怪作亂。當時還沒有水鬼傳說這個概念，會覺得有妖怪作亂，可能是因為人類會把常理無法解釋、無能

尋
妖
誌

二
三
一

● 蔡將軍廟是一座相當簡樸的石頭廟。用鐵皮搭起的遮雨
棚，一旁便坐著幾位在樹下乘涼的民眾
● 老樹公旁的蔡將軍廟（右下）　● 蔡將軍神（右上）

為力的事件，歸類為超自然現象，而且深不見底的水潭，底下住著什麼，光是靠無限的想像空間，就可以安心地把工程失敗怪罪給潭底妖怪。有了這個結論之後，蔡貓東立將寶刀擲往湖中，並且說如果要得到寶刀的人，必須用「粗糠結繩」才能吊出。粗糠結繩是指將米糠用手搓成繩子，也有俗語說：「粗糠結繩——有來頭之人」，後來奇怪的是，水庫就這樣順利完成，也許是妖怪也不想揹這個鍋吧。下埤頭庄在十股圳完成後水源足而農產豐，化解了兩庄恩怨，人們感念蔡貓東和葉王，在鹿崛溝大壩西南側建廟祭祀兩人，也就是現在位於大林國中校門前，大樹下的蔡葉兩將軍廟。

水鬼之始：抗日古戰場

　　相安無事過了許多年，攪動鹿崛溝波瀾，召喚出水鬼傳說的開始，是從日本人來到嘉義開始說起。

「光緒二十一年，乙未年，我二十八歲……七月十五日，新港人廖尤從大莆林奔回，說皇軍已經到了大莆林。」這是節錄自新港庄士紳林維朝在《勞生略歷》日記中的內容。

光緒21年，明治28年，1895年5月29日，日軍近衛師團長北白川宮率軍從澳底登陸，從北到南攻占各個村莊，日軍占領了彰化和鹿港，攻到斗南的時候，樺山總督下令近衛師團暫時休息停止南進，派遣強力偵察隊，先向大林地區作試探性戰鬥，探查台南。9月2日的時候，占領大莆林，北上的台南鎮總兵楊泗洪率領五百名正規軍，和簡成功、簡精華、黃榮邦等諸羅山義勇軍義民軍加入攻擊，在交火中，楊泗洪陣亡，但正規軍和義民並沒有撤退，仍和日軍在鹿崛溝與觀音亭（今昭慶禪寺）作戰，日軍曾經在大林國中紮營，遇到諸羅山義勇軍，雙方在觀音亭一帶交戰，當時日本軍三分之一感染霍亂，連同北白川宮也難逃倖免，在十七天後病逝。

● 大姓爺公

大莆林的居民勇敢抵抗日軍，日軍進攻村莊時，回程經過一座竹橋，被抗日民眾用力拖垮竹橋，導致日軍死了不少人，隔日引起日軍報復，大莆林也有死傷，村民將勇士的屍體安葬，設立大眾爺公（萬善爺祠）。當時諸羅山義勇軍分散到「打貓」

● 1933 年嘉義郡大林庄管內圖

（今民雄）、員林一帶，義勇兵死傷眾多，這也就是為什麼大林有許多大眾爺公廟的原因，可見當時戰事的慘烈。

而鹿崛溝作為抗日戰場，戰死的魂魄不計其數，開始有「水鬼」的傳聞，然而，在抗日事件漸漸平息後，鹿崛溝水鬼傳聞卻甚囂塵上，這就跟大林糖廠有關了。

因糖而聚集的螞蟻

第四任總督兒玉源太郎與新任民政長官後藤新平上任後，為了確保殖民地能夠經濟獨立，對糖業採取了積極保護和獎勵措施，嘉義先後建了蒜頭、南靖和大林這三座主要糖廠。

大林鎮的大湖新式糖廠，是在明治 42 年（1909 年）10 月設立，屬於新高糖株氏會社的嘉義工廠，大正 2 年（1913 年）開始製糖，之後和日糖興業株氏會社合併，改名為日糖興業株式會台灣支社大林製

糖所，光復後，於 1945 年國民政府正式接收，改名為台灣糖業有限公司大林糖廠，民國 81 年併於北港糖廠，民國 85 年大林糖廠停產，到現在仍然可以看見糖廠的舊貌。走過工廠前的椰林大道，向左轉就能看到台糖的研發大樓，與舊式煙囪形成強烈的對比。

通常，設立糖廍的條件是臨溪畔、溝渠或埤池等有水源之地，這就是為什麼大林糖廠離鹿崛溝這麼近的原因，而大林的位置條件與聯外交通，有易達性的優勢。日本政府為了有效控制人民，透過軍隊修築公路，建設縱貫鐵路，各糖廠築有製糖專用鐵路載運甘蔗與砂糖，就近於大林站輸出。

大林新式糖廠高聳的煙囪，與錯綜分布的五分仔車（小火車），改變農民耕作習慣，新式交通引進後，改變了農家生活方式。以糖廠為中心的交通網，較昔日牛車便利，加掛龜仔邊車，蔗農可以乘坐，農民採收完載運農作物等回程車的空檔，可以順便到附近中心聚落，也就是大林鎮上的牛畜市場看牛、買牛與添購農具，採買生活用品等。

大林糖廠設立後，當時居民的職業大多在糖廠工作，其次是種植甘蔗，生活都與糖業有關。糖廠所在地附近人口激增，產生新興糖業聚落，吸引了許多漢人來糖廠工作，加上原本的日人，糖廠附近漸漸變得熱鬧。

那這和水鬼有什麼關係呢？在大林糖廠工作的漢人和日人下班後，會到糖廠前的地段吃飯放鬆、飲酒作

● 1931 年大林製糖工場

樂，糖廠前也是日本料理等飲食集中地。當時有不少日本女孩來到大林糖廠附近當藝妓，不如意的藝妓和賭博賭輸的人，一時想不開就跳入深不見底的鹿崛溝自殺，自殺的人數多了以後，遂流傳許多怪事，鹿崛溝也被稱為「水鬼窟」。在這裡流傳最有名的傳說是，這些自殺的人曾經透過手法，聘請布袋戲徹夜在鹿崛溝旁的臨頭樹下演戲，並交待班主不能唸「阿彌陀佛」，演戲時覺得很多人在看戲，演了很久卻一直沒天亮的跡象，班主頓覺事有蹊蹺，想起事先約定不可唸的「阿彌陀佛」大唸一聲後，突然戲棚垮了，天突然亮了起來，台下的觀眾也煙消雲散，這等怪異的事不斷傳出。在大正 5 年（1917 年，民國 5 年），鎮民林有志在溝旁豎立刻有「南無阿彌陀佛」的大石頭，立廟祭祀，傳說才逐漸消失，在每年中秋也會大拜拜，祈求平安。

　　鹿崛溝從最早的鹿場、戰場、糖廠，到現在的育菁親水公園，歷經漢人的水利建設、日本時期的水鬼傳說，現今鹿崛溝的附近，抗日古戰場的遺跡、大林鎮的現況，還請各位跟我實際走一遭，在下章的【行程篇】，會以地圖畫出探訪的足跡，到了當地，又會感覺到些什麼呢？我們下篇文見。

● 阿彌陀公廟

● 「南無阿彌陀佛」大石頭　　● 石頭公（右上）　　● 大正五年的年代被改刻成民國五年（右下）

● 大林阿彌陀佛廟傳奇記載

行　程　篇

跟著遺址走一遭

　　這次大莆林的行程重點放在大林鎮鹿嶇溝，也就是傳說中水鬼出沒的地方，由於曾經是抗日古戰場，

Day 1

7:00	乘坐客運或火車	10:30	（安霞宮）	12:00
從台北出發		抵達大林	（萬國戲院）	午餐

順路考察

安霞宮

主要祭祀開漳聖王，在清朝同治4年時，乾旱疾病流行，陳老迎來開漳聖王顯神通，同治6年建廟祭祀。

萬國戲院

1968年建立到現在，是大林重要的娛樂來源，工業轉型人口外流後，榮景不再，但現在成為重要的文化推廣建築。

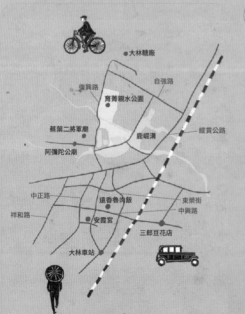

午餐食記

大林的限定組合：滷肉飯＋草魚湯

不是肉燥而是肉塊的滷肉飯，搭配清甜的草魚湯，是嘉義大林的吃法。

隨季節轉換的甜點密碼——三郎豆花店

三郎是創始人的日文名字，以前是在現址對面的大榕樹下販賣，現在有了店面，味道依然清爽，夏天為了務農的鎮民提早營業著。

因此將溪口鄉及民雄鄉與抗日有關的據點，也納進這次的行程。關於移動的
方式，因為點和點之間的距離頗遠，且極少有大眾交通工具，如果是乘坐大
眾交通工具到嘉義的話，建議先在嘉義火車站附近租機車或是汽車。

| 13:00 | （水鬼與乙未戰場） | 16:00 | 18:00 | 19:00 |
| 鹿崛溝 | | 大林糖廠 | 前往嘉義車站 | 文化路夜市吃晚餐 |

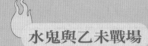

水鬼與乙未戰場

鹿崛溝

現今的育菁親水公園。面對門口的兩側道路是清朝
舊官道，在過去，曾有很多人在溝裡自殺，留下許
多水鬼傳說，後來蓋了阿彌陀公廟，傳說漸遠。

蔡葉二將軍廟

位於現今的大林國中校門前。蔡將軍原為大湖庄庄
民，因在鹿崛溝建立水庫，治水有功而被祀奉。傳
說在建立水庫時曾遇妖怪作亂，將寶刀投湖制妖。

阿彌陀公廟

阿彌陀公廟的「南無阿彌陀佛」石碑相傳是鎮水鬼
的，關於水鬼的傳說在廟中的碑裡也能看見，或是
問問旁邊自行車店的黃阿伯。

大林糖廠

大林糖廠是在明治 42 年時建立的，屬於新高糖會社
的嘉義工廠，大林糖廠建立後帶動大林人潮，水鬼
傳說與糖廠有密切關係。

晚餐食記

文化路夜市

文化路夜市在嘉義市區最熱鬧的噴水池旁邊，因為
夜市範圍廣，以郭家雞肉飯為定位點，薑、蕃茄、
酪梨牛奶、雞肉飯是特色美食。

早餐食記

懷念小時候的味道——嘉義公園米糕

在嘉義公園旁邊，是間開了超過三十年的老店，從熱氣騰騰的蒸籠拿出碗粿和米糕後，配上醬油膏，搭配熱湯，能量十足。

順路考察

嘉義市史蹟資料館

原址是嘉義神社的社務所，在祭祀前齋戒準備的地方，過去的庫房、狛犬石雕和石燈籠現在仍能在嘉義公園看到。

水源路
簡肇人厝
北白川宮
紀念碑
昭慶禪寺
建國路
一段
劉家古宅
(民雄鬼屋)
嘉義車站

射日塔

「射日塔」取名源於台灣原住民的「射日神話」，塔底為重建後的忠烈祠。

Day 2

8:00	（嘉義市史蹟資料館）	10:00	11:00
嘉義公園吃早餐	（射日塔）	早午餐墊肚子	劉家古宅

鬼屋與古蹟

劉家古宅

即知名的民雄鬼屋，然據說僅是因破舊而謠傳。劉容如先生建造這棟洋式建築的劉家古宅，後來孩子長大搬出去後，較少人居住，東榮國小蓋教室時，有拆一些木頭去用。

昭慶禪寺

原紫蓮庵觀音亭，抗日戰爭時，也是對峙戰場之一，「昭慶」有慶祝昭和太子登基的含義。

北白川宮紀念碑

位於疊溪分校附近，原建築是三層樓高的石碑，為了紀念天皇弟弟北白川宮親王於此夜宿。國民政府遷台後石碑被推倒，原本外表黏貼的四方形花崗石也被拆走，倒地的石碑融入階梯。

簡舉人厝

內林里有名的舉人，以前在舉人厝教學子讀書，從湄洲帶來台灣的神像也能在舉人厝裡看見，來之前可以先用電話詢問。

12:30	14:00	15:30	17:00
昭慶禪寺	北白川宮紀念碑	簡舉人厝	賦歸

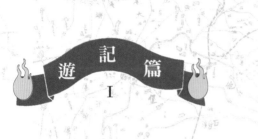

深水上通往糖廠的藍窄橋

「哩袂收驚喔？」

轉過頭看向廟口的方向，一位穿著深藍條紋的阿伯逆著光站著，我還真有點被嚇到，但還不到需要收驚的地步，聽完阿伯的話，我瞭解了，在神桌上包裹了碗的衣服上面插著香，是什麼意思。

「廟裡有人在嗎？」

「他們在睡午覺。」

阿伯可能是看我沒有要收驚也不像小偷，趿著拖鞋就走回他家裡，坐在躺椅上，打開電視機，我站在阿伯半開放的家門口，遠遠觀察認真觀賞《瑯琊榜》的阿伯，猶豫要不要問問他關於鹿崛溝的事，不只是因為阿伯的家就在鹿崛溝對面也在阿彌陀公廟左邊，更重要的是──這位阿伯是此時鹿崛溝附近唯一清醒的生人。

在來到阿彌陀公廟，遇見阿伯之前，我獨自先繞了一圈鹿崛溝，大林的午後很寧靜，感覺連空氣都停滯了，太陽兀自照亮。鹿崛溝旁的確有住戶，但我來得不是時候，大家吃飽肚重，陷入午睡中。

在無人可問之下，我獨自走著。走到龍型橋附近時，聞到一股異味，隨意往左邊看，從鐵皮棚子露出的一角，斑斕的羽毛原來是黑壓

壓的雞群，為了看得更清楚，我站上石墩往溝裡看，發現兩隻黑豬，沒被綁住的黑豬，在更遠處是黑羊群，平時除了在動物園以外，在生活裡無預警接近雞豬羊真是奇妙的體驗，所以我站在石墩上看了許久。

再次走回堤上，盡頭是藍色的窄橋，橋下是水閘，走過橋後一會兒就能到大林糖廠。我站上窄橋，看著滾滾的水從高處的水閘流向低處的深潭，紅色的「水深危險」告示牌矗立在旁，保力達空瓶三三兩兩倒在一邊，在大太陽下我想起行前查過所有的水鬼資料，站在橋上望著深潭，覺得有點陰涼，想像著水面下有什麼鬼魅在蠢蠢欲動。

在我小學的暑假，會和弟弟到家裡附近的游泳池游水，那泳池是1982年蓋的，距今大概有三十幾年的歷史，室內區域的泳池在角落有小窗子，從滑水道溜下來的時候，都會經過，每次都很好奇，有次站上去往外看，窗子外是一個深不見底且混濁的方形池子，與窗內清澈的泳池形成強烈對比，我從小就對混濁透著暗綠色像沼澤一樣的深水，感到莫名的恐懼，雖然目光會不自覺被深水吸引，但愈看愈覺得害怕，我有

●特殊的藍色護欄窄橋

想過會不會我上輩子跟深不見底的水有關係，所以潛意識會莫名感到熟悉且恐懼。

最後，我覺得自己走不過藍色窄橋到對岸的大林糖廠，寧願繞遠路也不想要現在走過去，所以我回頭走上原路，回程又到了遇見黑豬的溝渠，想要再看看黑豬緩和情緒，站上石墩往溝裡望的時候，黑豬不見了，我仔細地找了一圈還是沒看到，原來是曇豬一現啊！

回頭想想，幸好，因為莫名的陰涼與過去潛意識的情緒，沒有走過窄橋到大林糖廠，才能在回到阿彌陀公廟時，遇見以為我要來收驚的阿伯，當時我走進廟裡的臉色至今還心有餘悸啊！

鹿崛溝水鬼傳說

回到我和阿伯的對話。

「阿伯，你有沒有聽過水鬼傳說？」

「啊，廟裡那石碑有刻。」

阿伯的眼睛跟隨宗主的腳步披上大氅走出門口，下一刻鏡頭切到宮中靜妃在跟靖王說話，這裡很精彩，看過三遍《瑯琊榜》的我知道，但如果我就此走了對話也即將終結，打擾阿伯看《瑯琊榜》覺得很抱歉，但我想了想這是此次大林尋妖最核心的發生地，還是厚著臉皮問下去。

「我有看過碑文了，阿伯……以前大人有說不能靠近鹿崛溝嗎？」

「是『鹿崛溝』啦……」

阿伯糾正了我彆腳的「鹿崛溝」台語發音，一來一往終於念得比較像樣的時候，阿伯關掉電視，從躺椅上起身，走到門口。

我問了阿伯石碑上面刻著戲班的故事是真的嗎？阿伯露出靦腆地

笑，不知道是覺得這傳說很好笑，還是我不輪轉的台語問得很搞笑。關於戲班的傳說是這樣的，在第一篇【考據篇】中有提到，有人請布袋戲班到溝邊演戲，囑咐不能說阿彌陀佛，演了很久卻沒有天亮，班主覺得奇怪，大念一聲「阿彌陀佛」後，戲棚垮了天亮了，台下的觀眾消失了，原來是鹿崛溝水鬼的邀請。阿伯也聽過這個傳說，在阿伯小時候，大人叮囑小孩子們不要在鹿崛溝附近玩耍，那句有名的俗諺——「水鬼叫跛瑞」原產地也是發生在大林，意思是交了酒友或賭友，這些損友接連上門拜訪。

　　而俗諺中的喝酒賭博的損友，可能是指日治時代在大林糖廠附近聲色場所工作的人，漢人與日人在糖廠工作，在周圍形成聚落，下班後會到附近酒店、茶室消遣，而賭博、失志、酗酒的人就成了俗諺中的水鬼，直到現在鹿崛溝旁還是矗立著「水深危險」的紅色警示牌。

　　阿伯指著鹿崛溝左方，遠遠能看見大林糖廠高聳的煙囪，原來，阿伯的父親以前也在大林糖廠工作，一家人住在糖廠旁提供給漢人的宿舍，那時候員工大約有四、五百戶，在日治末年，糖廠關閉，過去的宿舍已經拆除，阿伯從糖廠宿舍搬來阿彌陀公廟旁開腳踏車店已經三十幾年了。巧的是，阿伯這一生都住在石頭公附近，過去大林糖廠的宿舍後方，立了座石頭公，紀念建廠時罹難的工人，而現在阿伯住在鎮壓水鬼的阿彌陀公廟旁邊，這個巧合真奇妙。

　　現在，鹿崛溝水鬼的氣息變得淡薄，一眼望過去，水面被綠色的水生植物鋪滿，遠遠看過去不像水潭，像一片綠色荒野，阿伯說夏天還有人會來釣魚，附近養雞鴨的農家之前會取鹿崛溝的水去用，但今年優氧化而形成的水生植物漫布，致使水位下降，沒人拿去使用了，

我問道是不是每年都這樣，阿伯不禁抱怨對面的水利局，說今年沒預算處理水生植物，就這樣放任下去，等到夏季雨量大的時候就會被沖到下游。

●水深危險的警告牌

和阿伯聊完，接下來就要走訪阿伯口中的大林糖廠。鄭重的道謝與道別後，阿伯終於能重新回到躺椅，打開電視。離開阿伯家五百公尺後的橋上，我想起工作室成員 Pey 在行前叮嚀我，希望拍攝的照片有人物出現，我連忙跑回去黃阿伯家。

「不要啦，老了不好看。」

阿伯靦腆客氣的推辭一番後，最後還是大方地讓我留下畫面。

大林糖廠──銅像、空襲地圖與石頭公

「你是第二個問我日治時期問題的人。」

糖廠福利社的阿姨說完，轉頭問了在整理貨架的同事，同事也搖搖頭說不知道。

會這樣詢問的原因是，除了事前查找的資料，稍早到大林鎮上安霞宮時，宮裡的阿伯跟我說有關日治時代的資料要去糖廠問。但是，現在因為食安問題，糖廠也不開放參觀了，那存放歷史資料的地方在哪呢？阿姨攤手說不知道，我買了兩支冰棒，鳳梨和核桃杏仁鹹冰棒，

一支才 15 元。

　　阿姨抱怨生意難做，遊覽車客人麻煩，散客又很少人來，但那個下午其實有幾組人來到糖廠。

　　離開福利社往門口一看，「福利廳」在民國 43 年題字，題字的人是于右任，因為大林糖廠清幽，于先生有時會來居住一段時間，在端午節的時候，會在大林糖廠開詩會，嘉義蒜頭糖廠民國 46 年興建的介壽堂，隔年完工時王廠長也是請于右任題的字，于右任先生與嘉義的糖廠真有緣。

　　福利社的對面就是中山堂，堂前的噴水池中心矗立假山，但池子已乾涸，中山堂大門上的鎖已然生鏽，從縫隙裡看不清裡面的狀態，中山堂進不去於是就繞到了後方，果然，看見了黃阿伯說的石頭公，但前方的漢人員工宿舍已經拆除，只剩下幾棵大榕樹，與懶洋洋的三隻狗。

　　石頭公原本是日本人紀念建廠時罹難的人們，農曆 7 月會舉辦超

●冰棒成為糖廠最熱門的消暑食品

●大林糖廠福利社

渡法會「慰靈」，根據一旁木牌的記載，後來糖廠衰微後每年舉辦的法會愈來愈少，直到民國89年，大林糖廠員工聯誼會才恢復每年舉辦法會和酬戲的活動，這個石碑與鹿崛溝阿彌陀公廟的石碑，都是為了「慰靈」而設立的。

在通往工廠的前方有一塊布告欄，上面是大林糖廠空襲疏散方向圖，這是宿舍還在時所繪製的地圖，我想起黃阿伯，光復那年4歲的他，遇上空襲時，也是和家人依循這張地圖躲避空襲，到現在黃阿伯76歲了，空襲疏散方向圖仍立在糖廠前。

在踏進工廠門口前，我已經有了被拒絕進入的心理準備，盡忠職守的的保全大叔說因為衛生問題不開放參觀，我向他道謝，但並沒有離開，仍鍥而不捨問了許多問題，當然也有問到與糖廠阿姨相同的關鍵問題：「日治時代大林糖廠的資料在哪裡能看到呢？」

保全大叔說辦公大樓可能會有，在去之前我問他能不能進去拍照，保全大哥擺擺手人很好的讓我進入，我一走近平房建築物前的人物銅像，定睛一看是蔣中正的銅像。

保全大叔看我在研究銅像下的字，笑著說：「現在的大學生都很愛拆銅像齁！」

那天是3月5日的下午，二二八紀念日剛過不久，輔大拆銅像的事在新聞上鬧得沸沸揚揚，記得我們學校是去年在圖書館的蔣公銅像與風雨走廊貼上二二八罹難者名單，被教官驅逐的事件，這句玩笑話讓我覺得有點複雜，保全大哥好像只看見了拆銅像這個動作，似乎沒看見銅像矗立的空間所代表的意義，這也讓我想起事前調查時，溪口國小被推倒的北白川宮紀念碑（稍後會去），人物銅像、紀念碑被矗立、

被拆除、被推倒，都有歷史的過程與當代的意義，不僅僅是一個簡單粗暴的動作而已。

　　前往辦公大樓的途中，也遇見了孫中山的全身銅像，想像中的辦公大樓，應該是有許多人在處理文書作業，一個個隔板隔出辦公場域，我一走進看見的卻是堆著農具的空房，唯一亮著燈的地方是蔗農舍大林分社。

　　我走進農具的庫房，戴著斗笠，雙手套着袖套的大叔問我要幹嘛，於是我也問了相同的問題，大叔說現在辦公大樓都搬走了，當然我也看見了，因此向大叔道了謝。

　　在大林糖廠我做了兩件事，一是驗證了黃阿伯說的曾經，二是找尋日治時代關於大林的記載，後者像是 RPG 或是大地遊戲，跑了許多

●大林糖廠內的辦公室

地方，問過幾個關主還是沒有明確的線索，但在跑關的同時，我的確看見了日治時期的鐵路遺跡、石頭公與老煙囪，沒有書面的記載，但看見了實物，也是收穫良多。

而在【遊記篇】下篇，會繼續前往與大林的抗日事件相關的地景，諸如：簡舉人厝、昭慶禪寺、溪口國小北白川宮紀念碑。

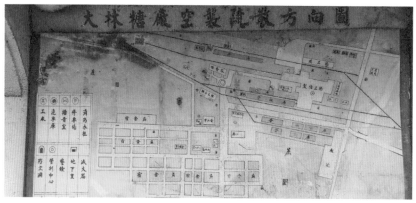

●反共抗俄的時代，大林糖廠內的空襲疏散平面圖

●大林糖廠內的石頭公

抗日現場的傳聲效應

前往那裡，站在那裡，仔細聽他們的話語轉述故事，聽完後化為文字，乙未距離丁酉相隔一百二十二年，但聽著簡家後代的話語、站在昭慶禪寺的大榕樹下，或只是看著倒塌的北白川宮紀念碑，還是聽得到一些聲音，從遠方傳來。

寧願清幽的簡舉人家

跟在機車後，看著阿伯穿著白色汗衫微微前傾的身影，刻意放慢的車速，穿梭在曲折的內林村裡，難怪要我們跟好他，因為路線實在太複雜了，說不清指不出簡舉人厝的確切位置。

有沒有覺得這經歷似曾相識？我和清翔在埔里牛眠部落，也是跟在摩托車後面尋找古厝，在跑的時候覺得很好笑又有點荒謬，在尋妖的旅程中，經常遇上熱心的帶路人呢！

其實在事前的行程規劃，只找到了內林社區中心的地址，尋著地址來到簡氏家廟，午後的家廟一樣很寧靜，走到金光閃閃的石獅子旁，好不容易路上經過一輛摩托車，剛大喊一聲「不好意思……」機車騎士投向疑惑的目光然後就這樣騎走了，後來這位白髮阿伯，聽到我用台語大喊：「拍謝，借問一下……」，停下來帶我們到達簡舉人厝。簡舉人厝的房屋結構是「單殿三開間式」，類似一條龍的民宅式廟宇，

● 簡氏家廟

俗稱「公廳式」，在中間關門，左右兩旁是窗戶，在右側是小型的辦公室，窗外貼著聯絡方式，帶路的阿伯看見廟裡沒人，辦公室又鎖著，便從左側進去幫我們叫人，不一會簡氏後代簡阿伯出來後，帶路阿伯揮揮手又騎走了。

　　一進到辦公室就可以看到左邊的牆面，四幅掛畫，是第一個來到台灣大林的簡氏簡義和與他的夫人，他的兒子就是中了舉人的簡敦賢（簡拔）。大林鎮住民姓氏，簡姓是全鎮第一大姓，簡姓主要聚落在內林里，設有簡姓宗祠「追來廟」，也就是社區中心旁的簡氏家廟，大陸祖籍是福建省漳州南靖縣。

　　現在已經到第二十五代了，第二十二代的簡阿伯指著牆上字跡變得斑駁的匾額，但「文魁」二字始終昂揚。乾隆9年，簡敦賢高中舉人，當時雖然沒有正式派官職，但乾隆皇帝御賜的匾額仍象徵著簡氏家族

的榮耀，到現在依舊高高掛在牆上，在廟埕還立有文官下轎、武官下馬的旗杆石，簡阿伯說以前的人不知道，甚至拿來綁過牛呢！

在瞭解基礎背景的情況下，我問了阿伯關鍵字：北白川宮、抗日。阿伯像是想到了什麼，從書櫃裡拿出《東武天皇在台灣戰死：探訪北白川宮遺跡》，在考察的時候也有參閱這本書中關於大林的記載，在1895 年乙未抗日時，先賢簡精華和當時二十四歲的族親簡大肚參加招募成為義軍，北白川宮派遣騎兵來到大莆林街，要求簡精華獻出兩百位婦女，被拒絕後，日軍到簡氏領地性侵六十餘名婦女，日軍暴行被傳開，簡精華號召鄉民起義，在 10 月的時候，北白川宮駐守在鹿樹山丘，也就是現在的大林國中，而簡精華帶領的義軍則是駐守在觀音亭，即現在的昭慶禪寺，觀音亭到鹿崛溝是險要之地，對峙幾天後，因為日軍武器精良，義軍糧食短缺，乙未抗日的戰役以失敗告終。雖然抗日失敗，但現在說起簡氏先賢，還是敬佩他們登高一呼率領鄉民對抗日軍的勇氣，奮不顧身的守護自己的家人與大林居民。

●簡舉人家第二十二代的簡阿伯

●文魁匾額

　　走出辦公室後，簡阿伯帶我們到舉人厝正廳，神桌上供奉的神像有大有小，簡阿伯說小的神像是當年過了黑水溝，從中國來的，因為遷移旅途遙遠，小型的神像方便攜帶，當年從眉山來的神像分了兩族人，一人兩尊，現在能看到的是土地公和玄天上帝，另一支分到的是保生大帝和三太子，簡舉人過世後的牌位也供奉為「文魁公」守護地方鄉里。

　　簡阿伯打開小門，帶我們走進土角厝隔間，這是從以前就有的建築痕跡，當年舉人在正廳教書，後方則是辦公的書房，在每年春秋兩季，大約是正月 19 日和 8 月 15 日，簡氏的宗親族人都會回到簡氏家廟和舉人厝祭祀。簡阿伯又說到一個鄉里可以申請一座廟，本來要把文魁公搬過去大廟合併祭祀，但簡氏子孫不同意，覺得在原本的古厝比較清幽，舉人生前在此地教書、寫文章，死後牌位仍在這，庇護住在兩側的子孫，也比較安心吧，我想。

在離開之前阿伯給了我們一人一支文魁筆，他說附近的小學、國中生要考試的時候都會來文魁宮拿文魁筆祈求保佑考運亨通，我在寫這篇文章的時候，把簡阿伯送的文魁筆擺在案頭，希望簡舉人保佑我順利在 5 月寫完，不要拖稿。

抗日據點與昭和太子

「當時軍隊駐紮在這裡，前面那條馬路以前是河流，駐守在寺前很安全。」

說話的這位是昭慶禪寺的監院釋澈定法師，監院在寺院中的職位名義上是管理庫房，但其實職權又超出管理庫房，算是住持的右手，我一走近還沒開口，他就迎上來接待，得知來意後，在寺廟前後跟我解說他所瞭解的那段日治歷史。

法師指向廟前馬路，我看了看現在是鐵路平交道，不禁想像在乙未那年，義軍駐紮於原名為紫蓮庵觀音亭的此處，在武力懸殊的抗日戰場，決戰的前夕，是否能藉由觀音佛祖得到一些安定的力量，抗日失敗後，寺廟損毀了，改了名字，現在能看到的大殿，供奉的是佛祖，但釋澈定法師帶我到後殿，準備晚課誦經的僧人也供奉觀音，過去觀音亭的痕跡依稀能從建築的外觀與樑柱看見，對比老畫家還原的樣貌，倒與重建後的後殿有幾分相似。

「這個土墼厝，相傳昭和太子來的時候住過。」法師說。

土墼厝內部堆放了些雜物，老舊的外觀與日本太子的尊貴，難以聯想，相比作為紫蓮庵觀音亭過去的痕跡，在日治時期昭慶禪寺留下更多歷史的面貌，昭和 3 年添置的吊鐘現在還掛在廊上。

就連寺院的名字昭慶二字也有「慶祝昭和太子登基」的含義，關

於來到台灣探訪的太子，還有一個傳說，在遊歷台灣期間身染重病，病中夢見紫蓮庵供奉的佛祖為他治病。太子前往紫蓮庵上香後，重病不藥而癒，於是在登基後，將紫蓮庵改名為昭慶禪寺，也是因為這段緣分，禪寺當時榮列台灣第二名剎。

除了不藥而癒的傳說，太子同行的兩位女子，互相爭風吃醋，在留宿昭慶禪寺期間其中一名女子動了殺機，是觀音在廟前的大榕樹下救了她，這些軼聞並沒有史實的記載，是由法師口述得知，雖然不知真假，聽來倒是挺有意思。

寺院西側有一座彼岸寶塔，外觀看起來像短版的靈骨塔，裡面供奉的是無名氏的日本人。

本來在一旁樹下的薛姑娘衣冠塚，也移進去了，薛姑娘是在抗日期間抵抗日人而死，後人紀念她的情操，而在樹下設立了衣冠塚。法師指著樹下的空地說，現在也移進彼岸寶塔了。

●昭慶禪寺的吊鐘

●相傳昭和太子住過的土埆厝

垃圾車的聲音從遠處傳來，法師走到後院收拾，走出來後留了名片和影印的紙本資料給我，他說希望有天能好好梳理昭慶禪寺的歷史，在我為他與寺院留下合照後，揮手道別時，遠遠的他對我說：

●舊薛姑娘衣冠塚在此樹附近，已移至彼岸

「寫一本書啦！」

我心想，對啊就是為了《尋妖誌》才來的，想說出書後可以依據名片上信箱寄信跟法師說。他給了我一個繡著「大林昭慶禪寺」的紫色御守，對，是御守不是紅色的平安符，從觀音亭到現在的昭慶禪寺，日本文化的影響至今仍感受強烈。

被推倒後石碑留下的符碼

在北白川宮紀念碑原址長出了一棵喜願樹，根據旁邊的銅牌解釋，是主委向玉皇大帝擲筊六次才得到准許。

「妳不覺得這很可惜嗎？」

可能是看我在喜願樹和推倒的紀念碑前停留許久，阿伯跟我說他覺得這個喜願樹弄成這樣不太好看。

「為什麼不保持原樣？」

我也在想，光復後推倒了石碑，象徵著什麼呢？如果象徵推倒了日本殖民，那為什麼不直接移走，而是讓倒下的碑與地面融為一體，

推倒碑這個舉動，與留著倒下的碑都是有深意的吧，而現在 2015 年覆蓋上去的喜願樹，又覆上一層關於美化環境與修復遺跡的意義，但住在附近的這位阿伯覺得很醜。

放學後的柳溝國小疊溪分校，還有三三兩兩的學生在運動場打球，為了紀念明治天皇的弟弟北白川宮能久親王在疊溪這裡夜宿一宿，所設立的神社與紀念碑，日治時期時，常常需要到神社割草整理環境，有慶典的時候還要舉行慶祝會行禮致敬。戰後，神社被夷為平地，紀念碑也被推倒。

我跟阿伯說我是來看有關日治時期的地景，阿伯熱心地跟我說神社雖然夷為平地，但還有介紹的牌子，還陪我走到離學校一百公尺遠

● 2015 年覆蓋石碑之上的喜願樹

的空地，果然有神社遺址的標示，在言語中，可以發現阿伯對於這位北白川宮特別關注，計算年紀阿伯應該有經歷過日治時代，對於日本的遺跡，抱持的態度不是負面的。

在一開始阿伯走近我的時候，我有發現他戴的帽子是台灣團結聯盟（台聯）的標誌，這讓我聯想到台聯的精神領袖李登輝先生，之前有陣子因為親日的發言而引起討論，經歷過日治時代的人們，對於日本或是日本在台灣所留下的遺跡，是不是也會有懷念的情感，畢竟他們一出生的時候，就在那個世代。阿伯戴著的台聯帽子又讓我想到我的阿公，他會戴著國民黨的帽子種田，但對他來說這就只是個免費的帽子，在農忙時可以遮陽，跟宮廟發的並沒有不一樣，但看在其他人眼裡，會不會覺得這是一種標籤呢？像我對阿伯帽子產生的聯想，戴這頂帽子或許也並不代表支持某個政黨，或許它就只是一頂帽子。

而紀念碑所象徵的意義，是否矗立、是否拆除、是否推倒，銅像啊、紀念碑啊這些符碼的設立，是誰決定的呢？隨著時間的改朝換代，推翻以前的遺跡，覆蓋新的意義，是全然正確的做法嗎？我想，應該有更多元的方式吧。

被推倒的石碑有沒有想起什麼？今年端午前夕，逸仙國小校門口的石狛犬被破壞，這對石狛犬是在 1930 年代建造，守護北投神社，二戰時神社遭毀，十幾年前在逸仙國小花園挖出這對石狛犬。在新聞畫面裡，記者採訪了逸仙國小的學生，小學生對著記者說：「我覺得這是學校裡重要的東西。」

這是小學生的想法，而破壞者李承龍認為石狛犬守護日軍亡魂，放在小學門口是在詛咒學童，這是他的看法。上個月砍下八田與一像

頭顱時的動機，是想與蔣公銅像來做對比，而瑞芳高工校園對於八田與一像的想法，是代表了創校的重要人物來紀念。在柳溝國小的北白川宮紀念碑，銅像與紀念碑的建立與撤除，在過去可能沒有選擇，但現在可以藉由討論來表達各自的想法和立場，當然，會有不同的聲音出現，但是若能試著討論的話就好了，私自做出劇烈的行動說到底還是可惜的。

　　下午走過的這三個抗日地景，距離核心的大莆林鹿崛溝都有點距離，但當時燃燒著的抗日意識，到如今過了許多年後，走過日治時期的人們回想過去，同是嘉義大林周遭的人們，關於日治時期的記憶都有不同的感受，我聽著這些聲音，像聽著來自歷史的傳聲筒，過了好久好久以後，還是有無數的記憶迴響，想了想覺得，這樣真好。

●北白川宮御遺跡地

●神社遺址

【後記】

　　在夏日午後，太陽稍微沒那麼烈，很適合到大林糖廠的福利社買一支核桃鹹冰棒，走過藍色窄橋散步到鹿崛

溝，也就是現在的育菁親水公園旁的大樹下，看著水從閘門瀉下，看了一段時間就會忍不住想睡個午覺，2017 年考察時我是 3 月去的，如果夏天還有機會能再去的話，我應該會這麼做。

去了大林、溪口和民雄，在那裡時間過得很慢，如果有閒暇，適合慢慢行走，和路邊的居民聊聊，依我訪談的經驗，他們很樂意停下來聊幾句。

說到這，再次感謝當時與我談話的居民，還有一直提供新資訊給我的張健豐老師。另外，感謝家鄉在嘉義的媽媽和外婆，給了我指點以及對嘉義美好的童年回憶。

尋妖人

林祉均

從小生長在新竹靠海的四代同堂家庭，因此對於傳統習俗與鄉野奇談很感興趣，畢業於指南山下的中文系。關於尋妖，抱著敬畏而恐懼卻興奮的心情，慢慢靠近。

清代的
女鬼 傳說

說到台南的女鬼，就一定得提到清末府城三大奇案，號稱最強女鬼的陳守娘，以及同列三大奇案中的林投姐；另外位於五妃廟的五妃娘娘也是有名的女鬼祭祀。其中，關於陳守娘與林投姐的傳聞皆以「復仇」為宗旨，因仇恨而強大的女鬼形象深植人心，五妃娘娘則以「忠貞」受人崇拜；更有鄉民謠傳曾見過神明與女鬼之間的激烈對決。女鬼的含恨、女鬼的不甘……這些流傳於台南民間的女鬼，在亙古不變的時光中，持續與台南人的生活緊密結合。

出沒地點：台南地區

臺南

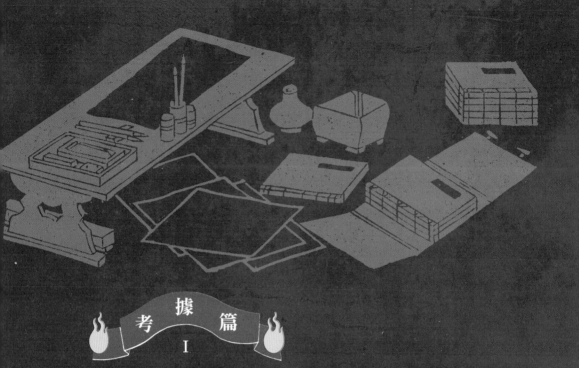

台南的女鬼傳說

　　從製作《唯妖論》開始，我們便從台灣民俗傳說的紀錄中，考據許多有關台南一帶的女鬼傳說。而這些相關的故事、文獻，或許有些大家都已經耳熟能詳，可以在相關的書籍、網路上的文章找到。有鑑於此，在【考據篇】裡，與其說是考據，不如說是替大家蒐羅資料，讓大家對下面幾位著名的台南女鬼有初步的認識。

陳守娘

　　說到台南的女鬼，就一定得提到清末府城三大奇案，號稱最強女鬼的陳守娘。關於祂的故事，在《臺灣通史》的烈女列傳是這麼說的：

　　陳守娘，臺灣府治經廳口人也，嫁張氏。夫死守節。而夫妹少艾，作倚門粧，縣署某客時至其家，見守娘而艷之，囑通款曲。姑利客多金，誘之不從，脅之亦不從。百端凌辱，任其凍餒。而守娘矢志靡他，

操持益堅。一夕，母女共縛守娘於凳，以錐刺其陰，大號而斃。守娘之弟來臨，見而異之，里人亦嘖嘖不平，遂鳴之官。知縣王廷幹以客故，欲寢其事。見者大譁，噪而起，礫石以投。廷幹踉蹌走，乃上其案於府道，母、女論罪死。初，守娘葬於昭忠祠後，眾欽其節，多往祭，屢著靈異。官以其惑民，為改葬之。❶

陳守娘在夫婿早死後，決定守節不改嫁。而守娘的小姑因為年輕貌美，靠賣身過活，常有恩客出入家中。某日，縣府衙署的幕賓（當時縣府的幕僚，也可稱其為師爺），見陳守娘貌美，想要娶回家。陳守娘不肯，便被金錢利誘的小姑和婆婆百般虐待，甚至把她綁在椅子上，用尖錐刺她陰部。陳守娘不堪折磨，暴斃死亡。

這事件被鄰里發現後，報上官府。沒想到知縣王廷幹和幕賓是朋友，想要大事化小，群眾發現，紛紛鼓譟，拿石頭丟知縣王廷幹。案子最後終於上報到台灣府衙，在台灣府衙的審理下，判了小姑和婆婆死刑，安撫憤慨的群眾。

後來陳守娘的墓開始傳出一些異象，民眾開始祭拜祂，香火鼎盛到官府覺得是「惑民」，便把陳守娘的墓給遷移。直至現在仍然不知道陳守娘的墓究竟在哪❷。

上面的是《臺灣通史》沒有神怪情節的「官方」版本，故事到此結束。然而在民間流傳的版本中，陳守娘的故事才正要開始──

在原本的故事裡，幕賓並沒有受到懲罰，逃回了中國。由於含冤未雪、怨恨難平，陳守娘死後頻頻顯靈。不僅府城各處半夜聽見喊聲，就連小販收到的銀錢也會變成紙錢。儘管沒多久，逃到中國的幕賓也

---

❶ 連橫《臺灣通史》
❷ 臺北地方異聞工作室《唯妖論》

被陳守娘扼死，但異象仍沒結束。之後就連府衙也遭到陳守娘的作祟，裡頭的物品在半夜裡亂飛。眾神對陳守娘的行為，雖不以為然，卻也對祂的遭遇表示同情，可是又不希望府衙受到困擾。在沒有神願意出馬的情況下，墓墳所在地的有應公只好負責。只可惜有應公法力平凡，對上孤魂野鬼有辦法，但對陳守娘卻也無可奈何，三兩下就被打退回去。有應公只好向法力高強的神明求助。然而眾神始終不想插手此事，只有台灣府城永華宮（當時稱鳳山寺）的郭聖王——廣澤尊王，願意挺身而出，要將陳守娘給收了。郭聖王與陳守娘大戰數百回合，相傳當地居民看到夜空中有著代表郭聖王的紅光與代表陳守娘的青光纏鬥許久。

故事到這邊有兩種說法，一種是郭聖王調解了陳守娘的怨氣，另一種則是沒有分出結果，最後是由鄰近德化堂觀音佛祖出面調節。陳守娘也不願傷害無辜，接受了安排，除了不追究報仇期間造成的死傷外，也讓祂入節孝祠奉祀。

在石萬壽教授的版本中，還提到一個調解要求：由於陳守娘是在廳口林家守節致死，希望將祂的塑像祀於當地的辜婦媽廟裡 ❸。該廟位於現今台南市中西區青年路上，辜婦媽在《臺灣通史》是這麼被記載著的：

林氏，逸其名，臺灣縣治人，年二十適辜湯純，居東安坊。結褵未久，而湯純卒，無出，撫其妾兩子為己子，以

● 現今存於孔廟內的陳守娘牌位

至成人。事姑孝，宗黨稱之。沒後，有司疏請旌表。雍正五年，入祀節孝祠。里人念其德，建廟於所居附近，曰辜孝婦廟。其後以黃寶姑祔。

相傳陳守娘從小在辜婦媽廟附近生活，耳濡目染之下，把辜婦媽當成了典範。也因為如此，才會有陳守娘希望入祀於辜婦媽廟的說法。然而實際上陳守娘並非入祀辜婦媽廟，而是另外建了貞昭祠供奉，並將牌位入祀全台首學的節孝祠。雖然貞昭祠已毀，但陳守娘的牌位到現在仍被供奉在孔廟裡。

林投姐

而另一個台南赫赫有名的女鬼，便是和陳守娘同列清末府城三大奇案的林投姐。林投姐的故事有很多版本，除了林投姐和負心漢的姓名外，就連故事時間、地點，甚至結局都有所不同。關於祂最早的文獻記載出現於 1921 年片岡巖的《臺灣風俗誌》❹。林投姐在《臺灣人對鬼怪的迷信》章節裡的敘述如下：

「從前臺南有一個女人勤儉積存數百金，後來和一個泉州來的商人同居。這個泉州商人狡猾無情，哄騙她要去泉州作生意，將金錢攜走而一去不回。女人一再等到數年後才察覺被騙，又氣又憤終於自盡。她的陰魂不瞑目，每日傍晚在林投樹下出現。常常用冥錢向賣粽的擔販買粽。後來眾人才知是幽靈，致使無人敢通行這條路。後來臺南的仕紳相議，集資蓋一個小祠奉祀後，幽靈才不出現。這座小祠在現今臺南火車站附近里見醫院一帶凹地。去年開拓這帶時，林投被砍伐。因為這個幽靈在林投樹下出現，所以眾人都稱林投姐。」

文章裡沒寫到林投姐、負心漢的名字以及故事發生的時間，只提

❸ 石萬壽《e世代府城》第三十一期
❹ 片岡巖《臺灣風俗誌》

到祠堂的明確地點。裡頭也沒有後來傳說裡，林投姐向負心漢報仇的橋段。

　　有趣的是，1928 年由台灣總督府發行的《臺湾における支那演劇と臺湾演劇調》中記載 1927 年〈林投姐〉的歌仔戲戲文，與《臺灣風俗誌》稍有差異。戲文除了提到林投姐與丈夫的姓氏、負心漢在中國廣東還有妻小外，在居民建廟、雕像祭拜林投姐後，林投姐的冤魂還飄到廣東作祟。戲文的最後，負心漢朱詩發瘋，殺死廣東的妻小後跟著自殺。

　　隨著林投姐的故事在各種媒材中擴散，林投姐的傳說也愈來愈豐富。林投姐從原本的無名氏、胡氏，到了廖漢臣的《臺灣三大奇案》，林投姐的名字就被定調為陳招娘，而負心漢也從朱詩、周施換成了周亞司、周阿司。這樣的轉變可能是閩南語中朱和周發音類似所致。在廖臣漢文中的故事也增加了林投姐救了打算在林投樹上吊的賭徒，賭徒轉運後替祂蓋廟的情節，最後也將之前戲文中好心的衙役帶著林投姐的神主牌渡海報仇的橋段，改成了由算命師將神主牌置於傘中帶到中國。另外，在廖漢臣的版本裡，故事除了是發生在「台南府城」，周亞司也是謊稱去做樟腦買賣，而騙走林投姐的錢。配合台南改名的時期，及樟腦貿易盛行的年代，可以推算林投姐的故事是發生在光緒 11 年（1885）到 21 年（1895）間 ❺。

　　雖然有人認為林投姐的故事是從中國的望夫故事改編的，但是在王釗芬的《訪林燕山談林投姐》❻ 中當地的耆老林燕山提及此，卻是肯定林投姐的故事的確發生於台南。祠堂就在現今台南市民族路東亞樓對面南春旅社的尾底，當時那裡是條大水溝，凹地就在水溝兩側，與《臺灣風俗誌》描寫的一樣。那座祠堂比一般的有應公廟大兩倍，每逢林投姐的冥誕和忌日就會搭棚演戲。林燕山小時候就曾經去那玩

過。儘管如此，這座傳說中的林投姐廟也已不存在，消失在台南現代的高樓大廈之中。

五妃廟

除了陳守娘與林投姐這兩位有名的女鬼外，在台南還有五位受人祭拜的女鬼／女神——五妃娘娘。五妃娘娘是明太祖朱元璋後代的朱術桂，也就是寧靖王的妃子們。關於五妃娘娘的故事，在《臺灣縣志·卷九雜記志·丘墓》是這麼被記載的：

癸亥六月二十二日，靖海將軍侯施琅既克澎湖，王語諸妃曰：「我之死期至矣！汝輩聽自主之。」妃曰：「王生俱生，王死俱死。」遂結縊齊縊堂上。王親自殯殮，葬仁和里。越二十六日，王死。

1683 年，在施琅攻下澎湖、鄭克塽降清後，寧靖王決定自殺殉國，希望五位妃子（袁氏、王氏、勝姣秀姑、梅姐、荷姐）離開自求生計。這五妃自從寧靖王的元配羅氏死後，就一直陪侍在寧靖王身旁。她們在聽了寧靖王的話後，反倒表達了全節從死的決心，一同上吊自縊。五妃之後便由寧靖王親手安葬在魁斗山（今桂子山）。直到清乾隆 11年（1748），巡台滿御史六十七及漢御史范咸，崇仰五妃們的忠貞氣節，便命令海防同知方邦基修建墳墓，在墓碑題上「明寧靖王從死五妃墓」，並在墓前建廟祭祀，這才成了現在的五妃廟。在這幾百年間，五妃廟曾歷經多次重修，也在美軍的空襲下炸毀，所幸墓塋本身並沒有遭毀 ❼。

另一方面，在料理後事、辭別故舊及鄭克塽之後，寧靖王也投繯而死，與元配羅夫人合葬於高雄湖內。相傳竹滬一帶在明鄭時期曾是

❺ 黃淑卿《林投姐故事研究》
❻ 王釗芬《訪林燕山談林投姐》
❼ 臺灣省文獻委員會《重修臺灣省通志》

寧靖王擁有的土地，據說當他臨死前，把所有的田契都銷毀，囑咐將土地遺贈給莊民與佃戶。為了感念寧靖王，鄉民在寧靖王墓的周遭建了百座偽墓，好混淆清軍，防止真墓被破壞。在這之後，鄉民們便暗中祭祀寧靖王，直到康熙年間的鳳山縣知縣宋永清，公然親訪寧靖王墓並弔之以詩，地方仕紳這才敢公開探訪，祭祀活動也轉為公開，並有了建廟的打算❽。

刮地西風古墓門，馬啼衰草感王孫。道傍密布桄榔樹，竹裏深藏番樣園。

滄海無情流夜月，乾坤有恨弔忠魂。深秋尚有啼鵑血，十里紅花染淚痕。

——宋永清《過寧靖王墓》

關於竹滬華山殿（寧靖王廟）建廟的年代目前有兩種說法。在《路竹鄉志》中的記載，乾隆三年中舉的陳輝，其作品中有《詠寧靖王祠》的詩作，並且考慮到主從關係，寧靖王廟應該不會晚於五妃廟的建成。這麼推敲下來，寧靖王廟應是在雍正到乾隆初年之間建成。然而，在竹滬華山殿中的《重修華山殿碑記》中，則記載華山殿開基於康熙年間。

總而言之，寧靖王與祂的五位妃子就這樣分別了三百多個年頭。直到 2011 年，華山殿的信徒受到寧靖王的託夢，說是想回原本生活的地方看看，於是就舉辦了「寧靖王回府視事進香」，將寧靖王神像從高雄路竹華山殿請回台南。在鄭成功家廟奉祀的延平郡王神像引領下，沿途遊巡五妃廟，寧靖王這才與五妃娘娘們重逢。

❽ 石萬壽《路竹鄉志》

● 寧靖王與五妃像

● 位於台南五妃街上的五妃廟

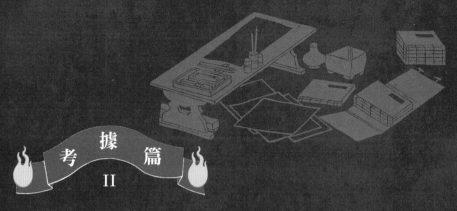

女鬼傳說的社會與民俗意義

在《尋妖誌》的眾多台灣妖怪裡，為什會選擇台南的「女鬼」——這種或許和大家認知中的「妖怪」有所落差的題材呢？

除了因為陳守娘、林投姊都是相當有名的厲鬼傳說以外，還有另一個原因是，「女鬼」這個信仰在台灣社會中的特殊性。在傳統台灣的民俗信仰中，比起男性，對於死去的女性給予更多的限制，並衍生出相關的民俗儀式。因此，我們希望能從台灣的女鬼信仰出發，來觀察台灣傳統社會中父權體制對女性在文化上的控制或影響。在這篇考據中，我們參考了研究台灣女鬼的文獻，替各位整理出三個與女鬼相關的方向，希望能帶大家一窺民俗信仰中的性別面。

祭祀方式

「一個死者若與生者之間仍存有「社會關係」者為祖先；反之，則成為「鬼」。進而言之，子嗣與其祖先的「關係」之具體行為就是「祭祀」，而且最好是定期並持續舉行祭祀。祭祀的具體對象是神主或公媽牌，而香爐（及其中香灰）是其象徵物。」

根據呂理政的《傳統信仰與現代社會》❾所說，一個人在死後能否成為「祖先」，並非決定於死亡本身，而是有無合法繼承人祭祀。

然而漢人傳統社會主要是由男性主導的家世體系，女性的身分是由「女兒」、「妻子」與「母親」來認定⑩。婚前的社會身分來自於與原生家庭的血緣關係，嫁入夫家後，她的社會身分便來自於「丈夫」。換言之，嫁人之後女性就成為夫家的人，過世後也要入夫家的祖先行列，一起接受後人祭祀。然而，未婚就死亡的女性（孤娘）究竟該怎麼辦呢？由於沒有夫家可以依附，按照習俗也無法入原生家庭的宗祠。而這也就是台灣社會所謂的「尪架桌（神明桌）頂不奉祀姑婆」、「厝內不奉祀姑婆」的傳統。

　　如果是自然老死還好，但被以非自然、非正常的方式提前結束生命的女性，將有可能會成為孤魂。而根據《左傳》所提到的「鬼有所歸，乃不為厲」，若是孤魂沒有獲得儀式的安撫，或是被人祭祀，則可能會成為厲鬼，成為社會不安定的來源⑪。在《六合境柱仔行全臺開基永華宮治革》就說過：「清乾隆年間本區陳守娘，含冤自盡陰魂不散，里人恐慌，幸賴尊王神威鎮壓幽魂，地方使得安寧。」此外，過去人們只要染上疾病，也常會認為是厲鬼所為。也因為如此，安撫這些厲鬼就顯得格外重要。

　　講到這裡，讓我們先回到先前提過的陳守娘與林投姐。儘管陳守娘與林投姐已是人婦，理論上不符合孤娘的定義，但由於兩人並沒有擔任母親的角色，丈夫又都死了，自然沒有親族奉養、祭拜。這也使得祂們被視為不正常，甚至是厲鬼一般的存在⑫。

　　而在傳統民間信仰中，有兩種方法能讓這些女鬼回歸到社會的常

⑨ 呂理政《傳統信仰與現代社會》
⑩ 費絲言《由典範到規範：從明代貞節烈女的辨識與流傳看貞節觀念的嚴格化》
⑪ 黃淑卿《傳統女性生命的文化價值——從〈陳守娘故事〉觀看烈婦的文化現象》
⑫ 李豐楙《從成人之道到成神之道》

軌之中，它們分別是冥婚，以及被供奉在廟宇佛堂裡受人祭祀。

　　首先談及冥婚。冥婚在中國是一個古老的傳統習俗，無論是哪一方過世，或是雙方皆亡下結婚，都算是冥婚。然而關於「女鬼討嫁」，或被稱為「娶神主牌」的類型可以算是台灣所特有的現象。在台灣，未婚的女鬼靠著作祟或是父母的幫忙與在世的男性通婚，依附在該男性家裡的神主牌下，接受祭祀。其中廣為人知的找對象之方法是由家人將孤娘的的東西（像是生辰八字、毛髮等）放入紅包袋，置於路邊。一旦有男子撿起，躲在一旁的家人便會出來稱男子「姊夫」、「姨丈」等，並認定該名男子為孤娘所選擇的對象⑬。

　　除了冥婚外，家人也可以將孤娘的神主牌放在佛堂接受供養，較富裕的家庭甚至會建廟祭祀。然而替孤娘建廟的，通常是因為家裡有人生病或是發生災害，求神問卜了解是孤娘討嫁後，這才花錢建廟。

　　而這幾種方法通常也是女鬼們最後的歸宿。傳說中的陳守娘與林投姐，祂們就算報完仇，了卻心中的怨恨，最後仍必須以建廟、祭祀作結尾，彷彿不這麼做就無法安息。至於其他的女鬼故事，若是沒有善心人士替祂們建廟，則通常會以冥婚作為回歸常態的方式。從這角度來看，儘管女鬼作祟看似是短暫的破除了傳統男尊女卑的權力結構，但其最終的解決辦法——回歸到「正常」的婚姻或祭祀關係中，都意謂著女性死後仍無法獲得完整的獨立性，也無從脫離以父權為中心的社會結構。

反抗的力量

　　另一方面，在傳統父系社會裡，女性常被設定為陰柔、柔弱的存在，沒有反抗男性的能力。就這個角度來看，陳守娘與林投姐的作祟

與報復傷害自己的男性，正好是擺脫父權體制的體現。這或許是女性在死後成為了非人的存在，因此能暫時跳脫禮教束縛，獲得反抗的力量。

根據女鬼流傳的顯靈傳說，這股力量除了能用來作祟以外，也可以幫助人們的事業成功、財運亨通，就像是戲曲中林投姐幫助賭客賺錢，又或是南投縣集集鎮聖媽祠的主神（少女劉搰頭）會保佑打獵豐收，更甚者，有些還能替人治病。

然而，儘管女鬼們看似法力無邊，但終究無法逃離男性的影響。在男性為主體的敘事下，女鬼被描述地像是做任何事都是自私的，脫離不了討嫁、討祀或者是報仇。以林投姊或陳守娘來說，兩人成為女鬼後作祟看似法力無邊，陳守娘甚至在傳說中需要透過廣澤尊王和觀音大士出面調解，但其最初的動機，皆不是為了追求自身的幸福或獨立，而是因為自己的貞節遭受汙衊，或為報辱身之仇。我們或許不能否認這樣的動機，是不值得被看重的，但其背後或多或少都隱含著「女子守貞便是德」的價值觀，以及希望藉這些故事教育其他女性的意圖，也同樣難以忽視⓮。

更何況，無論是故事裡還是現實中，這些女鬼所追求的又真能給祂們帶來幸福？成為受人祭拜的女神又真的是最完美的結局嗎？

聖潔與貞節

普遍來說，在世界各地父權社會的體制中，女神的形象多強調「聖潔」或「純潔」，必須代表理想化的女性，因而必須克服總總關於「性」方面的汙穢。關於這部分，在台灣的女鬼、女神信仰中也能看到類似

⓭ 吳宣慈《從姑娘廟信仰與傳說探討臺灣女性角色變遷》
⓮ 黃美英《宗教與性別文化—臺灣女神信奉初探》

● 媽祖既是女神，亦是孤娘

的影子。像是在台灣的傳統信仰裡，男神有配偶是非常普遍的，如土地婆、聖王媽（廣澤尊王的夫人），然而我們卻很少見過主祀的女神有其配偶神。例如：媽祖，祂是未婚便過世的孤娘，並且回絕保生大帝的求婚。❶當然，也有「神明不喜歡給人家招贅」的說法，但這也表示著入贅到主祀女神的廟宇是件不光彩的事，展現出父系社會中男性為主宰的想法❶。

　　除了聖潔外，女鬼、女神的性質也有可能被著重在「母性」或是「貞節」的立場上，這些剛好符合父系社會理想化的女性角色。「母性」的部分則是可以從孤娘有收「契子」的習慣來看；「貞節」則可以從

陳守娘與五妃娘娘的傳說中看到。這種強調女鬼、女神貞潔的作法，可能是傳統知識分子將自己所信奉的鬼神，原本的「淫祀」合理化，好符合社會正統的期待，並維繫父權體系的價值觀。在先前考據中，除了陳守娘跟林投姊以外，我們也提到了五妃廟的存在。廟裡的五位妃子與陳守娘、林投姊不同，不是因為作祟後被人畏懼而受到祭祀，而是因為他們在存亡之際，早他們的君主一步先行結束自己的生命，用以展示自己的忠貞與節操。這樣與其他兩位女鬼不同、受人崇拜的途徑，也正好說明了在傳統社會中，女性若要被祭祀，終究還是得符合傳統價值裡對於性別角色的論定。

從這樣的結果來看，儘管受人祭拜成為女神——無論是直接受到奉祀或先作祟再被後人祭祀平息——看似是這些未婚而亡的女鬼最理想的目標；但從社會權力的角度來看，成為女神的同時也意味著進入漢人傳統的父權價值觀中，這個權力結構理想的角色。因為這些原先不羈的女鬼成了神聖、純潔的女神，儘管神格上似乎提升了，但這些作祟的女性終究還是得回到順從結構的狀態下，而傳統社會的父權體制便是藉此消弭這類女鬼對結構的挑戰。

不過，這篇文章實際上也不是為了批判傳統價值的腐敗或訴諸政治正確。而是當我們在看過眾多關於台灣民俗信仰的文獻，或從小到大聽了無數鬼故事和女鬼傳說後，試著從另一個角度來看待這些故事。畢竟妖怪就是文化的一部分，而文化更是社會價值與人們生活凝鍊出的結果，從性別的面向出發，看見不同於女鬼傳說在恐怖、刺激面向以外的內容，正是妖怪學研究如此迷人，也是筆者對此傾心不已的原因啊！

⑮ 黃萍瑛《臺灣民間信仰「孤娘」的奉祀－一個社會史的考察》
⑯ 黃文博《臺灣冥魂傳奇》

行 程 篇

五條港散策

　　此散策路徑範圍不大，但須在許多小巷中穿梭，建議在途中視體力及氣候適度休息。全程慢慢走完約需三小時左右。

Day 1

09:00	13:15	14:00	集福宮（新港墘港）	承天府
台北出發 （搭乘台鐵山線鐵路， 午餐可選擇鐵路便當）	台南火車站 （步行或搭公車）	兌悅門	（沿信義街接民 族路三段 176 巷）	永樂市場

 順路考察

永川大轎的店

台南市神農街 49 號百年街屋經營近一甲子的著名神轎、宗教藝品老店「永川大轎」，傳承逾三代歷史，經翻修後的神農街 49 號，如今保留糯米牆與廚房磚灶，作為文創微型小店。走進老店，當即感受到的是那股濃重的懷舊氛圍，在現代與藝術的結合下，平添了另一番風味。

大天后宮

台南大天后宮是最早由官方興建並列入祭祀的媽祖廟，建於 1684 年（清康熙 23 年），其前身原是明寧靖王府邸，旁邊的赤崁樓，即是當年辦公的地方，而大天后宮旁的祀典武廟，在過去亦曾是寧靖王府的一部分。大天后宮廟宇雖大而壯觀，但事實上曾於 1818 年（清嘉慶 23 年）發生過一場嚴重的火災，後來雖順利重建，但現今保存的匾額、文物幾乎都是在該場大火之後所留存下來的。

神農街

神農街原名北勢街，其街道過去曾是五條港中的南勢港（又名北勢港）北側之港道。今日以街底主祀神農氏藥王的藥王廟為名，改稱神農街。現今發展為文創商店比鄰的觀光街區，但神農街上的金華府、樹王公廟以及永川大轎等廟宇與傳統建築也相當值得一訪。

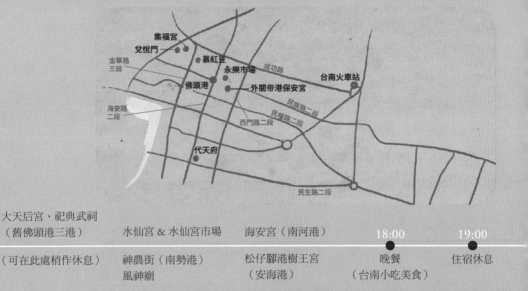

大天后宮、祀典武祠 （舊佛頭港三港）	水仙宮 & 水仙宮市場	海安宮（南河港）	18:00	19:00
（可在此處稍作休息）	神農街（南勢港） 風神廟	松仔腳港樹王宮 （安海港）	晚餐 （台南小吃美食）	住宿休息

五條港食記

度小月擔仔麵

由洪芋頭公於 1895 年創立，是台灣傳統小吃。度小月以百年祖傳香醇肉燥、鮮蝦搭配，香醇不膩的湯底來製作擔仔麵。

康樂街牛肉湯

在康樂街上的這間牛肉湯店，距離牛肉湯店眾多的水仙宮市場或海安路都有些距離，店面看起來也有些不起眼，但仍不減其人氣。光是站在門口，都能聞到老闆熬煮牛肉湯的香味。這間店的牛肉湯最大的特色在於用了大量蔬果熬煮，使得湯底清爽，並帶著清新的蔬果香氣，不需要加入其他調味便能享受到牛肉的鮮甜與湯底的甘美。

慕紅豆

由民宿老闆大力推薦，台南當地頗負盛名的紅豆甜點店。店面雖然不大，但店裡的木頭家具與手繪的文字都營造出一股小巧可愛的感覺。裡頭招牌的紅豆涼點甜而不膩，是盛夏消暑的好選擇，除此之外，店家自製的茶葉蛋也相當值得推薦！

府城女鬼遺跡

此路徑較短，但從五妃廟到南門公園距離稍微遠些，可考慮機車或公車代步，南門公園後的行程景點距離較近，可步行抵達。

Day 2

08:00　早餐（台南早餐粥）

09:00　五妃廟（機車或公車代步）

10:00　南門公園碑林　臨水夫人媽廟　長老教會南門教會（昭忠祠遺址）

12:00　午餐（台南小吃美食）

順路考察

關帝廟牌樓

過去五條港之一，佛頭港的上游，曾由關帝、媽祖、王宮等三港匯聚而成。其中關帝港的命名便來自通過關帝廟前的港道，而在港道淤積後，關帝廟也分為內、外關帝兩港。現今能看到位於西門路西側的，是屬外關帝港的範圍，而在西門路東側，靠近廟宇方向的，則是內港。

辜婦媽廟

辜婦媽廟為祭祀辜林氏（或稱辜孝婦）的廟宇。相傳辜林氏於二十幾歲嫁給丈夫，但婚後不久丈夫便死去，而辜林氏也守節一生，並將夫婿側室的孩子視作自己的孩子撫養長大。在辜林氏死後，鄉里為感念他的守節，便上奏朝廷，同時獲准建廟祭祀。在陳守娘的故事中，便傳聞陳守娘因自小在辜婦媽廟長大，耳濡目染下也成為貞節觀念強烈的女子。

台南孔廟

位於台南市南門路的孔廟，建於明朝年間，台南孔廟為全台首座孔子廟，一度是全台童生入學之所，堪稱「全臺首學」。

孔廟商圈

短短不到二百公尺的孔廟商圈，兩側種滿莿桐樹，每年二月至四月中旬，野紅花將府中街渲染了一片火紅。商圈內各式店家林立，特別的是還有手做創意小店，充滿新鮮的文藝氣息，每間店都讓人不自覺停下腳步細細賞玩。

13:00	六合境永華宮	16:00	19:00	23:20
台南德化堂	台南孔廟	台南孔廟商圈 （享用知名肉包、水 果冰品等小吃點心）	台南火車站 （台鐵山線鐵路）	台北

府城食記

阿龍香腸熟肉

以各式豬肉加工美食聞名的小店，即使到了下午三四點生意仍好得需要排隊等候。所謂香腸熟肉和「黑白切」相當類似，隨意點上幾樣香腸、粉腸、豬肝、蘿蔔等，便是充滿「台味」的下午茶。如果想吃得更有飽足感，也不妨試試肉燥飯與黑輪湯的組合。

阿堂鹹粥

說到台南美食中的早餐粥，便不可不提這家阿堂鹹粥，吸引許多觀光客前來朝聖的老店，不光是外來客嚮往的美食，就連在地人每日也必嘗一回。阿堂鹹粥中午十二點即結束營業，早鳥才吃得到，其位在西門圓環旁，大大的白底黑字十分醒目。

五條港漫遊（上）

2017 年的五月初，擺脫初春的乍暖還寒，在天氣逐漸轉熱之際，我造訪了台南的市中心。

先前的文獻考據中介紹了台南地區著名的女鬼傳說，試著從性別的觀點檢視台灣傳統民俗中，「女鬼」這樣的傳說在社會上扮演了怎樣的角色。事實上，最初選擇這個主題時，第一個浮現在我腦中的想法是「為什麼台南會有這麼多女鬼傳說」。

不過很快地我便察覺這個問題或許不夠精確。首先，女鬼傳說是廣泛流傳於台灣各地區的，例如：早在日治時期的《臺灣風俗誌》中便有著關於劍潭女鬼的紀錄。時至今日，在一些靈異或怪異的傳聞中，女鬼的要素也並不少見。之所以會有「有名的女鬼傳說都出自台南」這樣的想法，或許是因為台南在歷史上較早開始發展，並且從明、清以來便是政經首要的都市。在眾多人口聚集且各式商業、民俗活動都蓬勃發展的條件下，相較其他地區容易有各式傳聞，但這並不代表女鬼就是台南地區特有的傳說或文化。

府城世家榮衰——《女誡扇綺譚》

在探訪台南前的考據過程中，我又從工作室夥伴那聽說了一則和陳守娘、林投姐這樣以作祟害人不同，但同樣以「女鬼」這樣的形式被紀錄下來的故事，不禁勾起我的興趣。在讀完文章、做過考據後，我發現那則故事所帶出的府城過往歷史相當有意思，便決定將此納入這次《尋妖誌》的訪查路線之一。

那則故事，便是佐藤春夫的著作《女誡扇綺譚》。

佐藤春夫是日本近代文學史上頗負盛名的作家。西元 1920 年，他在好友的邀請下到台灣旅遊，三個月的旅遊期間走訪了台北、南投、台南、高雄等許多地方，並將所見所聞撰文公開發表。其中《女誡扇綺譚》便是佐藤春夫造訪台南時的紀錄。

故事敘述了佐藤春夫在好友世外民的嚮導下，參觀赤崁城（今安平古堡）後，到府城西郊的「禿頭港」區時，無意間發現一幢廢棄豪宅。在好奇心的驅使下，他們踏進廢棄老屋裡，卻在屋內聽到女性鬼魂的聲音，並撿到一把雕琢華麗的扇子。以這把扇子為線索，佐藤春夫與友人最後總算追查到女鬼的真實身分，也藉此一窺府城昔日富豪世家的興衰過往。

就佐藤春夫的形容，禿頭港被算在安平的範圍之內，並且是安平地區的盡頭，連接台南舊市區的陸地之處。正當我思考著或許能從文章中還原當初佐藤春夫與友人遊覽的路線，甚至當時廢棄大宅的舊址時，以禿頭港為基礎，我找到了台南的五條港歷史。

過去台南曾是台灣的第一大都市，俗諺中「一府二鹿三艋舺」所形容的，就是府城港口貿易的盛況，而在當時，府城的商業活動便是由被稱作「五條港」的五個港口所共同支撐的。這五條港口根據台南市觀光

局對五條港觀光園區的介紹，分別是新港墘港、佛頭港、南勢港、南河港和安海港；港區範圍大約位在成功路以南至中正街、海安路以西的區域。

　　根據其他文獻的紀錄，五條港其實有比現今官方資料更上游的港口。只是在台江內海淤積的影響下，五條港歷經數次的港道變更與港口西移，才成為現在官方記載之貌。因此，若將五條港從最初興起到因港道淤塞不敷使用，最後於日治時期整治為地下水道時的位置都算做港區的話，便是從現今的新美街起，西至臨安路，可以說幾乎整個台南市中西區的西半邊，都是五條港的港道和市集範圍。

　　除了這些文獻以外，網路上更有著實地走訪港道現址的考察文章，看到這些資料後更令我對五條港區現今的樣貌好奇不已。不只如此，佐藤春夫文章中的「禿頭港」，正是五條港中佛頭港的別名，抱持著「以此為基礎或許能找到當時佐藤春夫遭遇女鬼的廢棄大宅舊址」的想法，再加上陳守娘、林投姊和五妃廟等正好與五條港區形成明確的兩種路線，我便決定將台南訪女鬼第一天的行程定為「五條港的港區巡禮」。

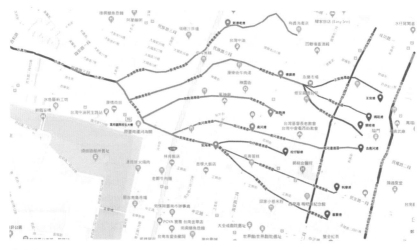

● 府城五條港區，Google Map 改繪

自新港墘港出發

由於前一天晚上先搭了高鐵到台南，並且下榻地點就選在五條港區內，早上九點，我便和同行的友人一同離開旅館。

走出位在大福街的旅店，穿過民族路三段，便是新港墘港的港道範圍。新港墘港是五條港中最晚發展，但同時也是港道淤積最不嚴重的港口。在《府城叢集》的記載中，作者參考光緒和日治時期的地圖，認為新港墘港是由舊五條港中的王宮港向北延伸，流經今日的西門圓環後形成的。但從地理位置來看，新港墘港更可能源自過去府城北邊之德慶溪的延伸，換句話說，不只現今的台南市中西區曾經是港道，甚至一直到今日的台南火車站附近都有河川流過，雖然用「滄海桑田」顯得有點太過八股，但所形容的正是此種情景吧。

一面和友人聊著這些考據的經過，約莫五分鐘的腳程，文賢路便將我們引領到兌悅門城跡下。兌悅門是府城外的三座城門中現存的城跡。雖說稱作城門，但自文賢路一側走來，首先映入眼中的，是夾在兩棟矮小的水泥建物中間的磚牆。城門兩側的建築物都只有一層樓高而已，但與之緊鄰的兌悅門並未高出多少，甚至門的左右兩側城牆都被建物擋住，只留下拱形的出入口面對著文賢路。

我和夥伴兩人不禁有些驚訝，畢竟眼前的景象帶給人的感受實在難以形容。城門並非完全被破壞或拆除，但其保存狀況卻也稱不上完整。夾在兩棟民宅中的兌悅門看起來已明顯失去功能，卻又因著和兩旁的民宅緊密相連，而不顯得孤單。昔日城門現今成為這般景象，實在令人感到無論以破敗或具生活感都難以言喻的衝突。

不過，這個第一印象在走過門後便改變許多。城門兩翼磚牆更完整地被保存下來，面對著文賢路，城門的右邊雖然還是與現代建築相

● 兌悅門的現況

●通往城門上的石階

● 供奉石獅公的小廟

連，但左手邊卻留有石階。我們走上約一層樓高的城門，或許是在台北不太有這樣踩在高處俯瞰街區的機會，儘管東西兩邊皆因建築林立而無法開闊視野，但站在幾百年前的城牆上仍有種奇妙的雀躍心情。

走下城門後，我們注意到城牆旁有座供奉著石獅公的小廟，和廟旁正在休息的老人閒談後，才知道那座石獅是為了替城門鎮煞。而兌悅門在建造之初，除了抵禦外敵的功能外，也有另一個傳說。

相傳兌悅門的形狀像弓，而城門下石子鋪成的道路則像箭矢。這樣的設計是府城三郊為了對付西邊安平港的洋行所設下的，但這件事被安平港的商人知道後，便安了兩尊石將軍鎮煞，使得原本應該破壞安平風水的術法失效，因為擔心弓箭形狀的兌悅門反倒影響五條港的生意，三郊才又安了那尊石獅公。不過即使如此，在那之後五條港還是因為港道逐漸淤積而失去運輸功能，三郊也再無心力同時疏通港道並開闢新的貿易路線，影響力便不復從前。

告別了親切的老先生，我們沿著信義街向西走。走過兌悅門後，便幾乎可以算是進入新港墘港的港道範圍內了。狹小的巷弄兩側有著咖啡店、民宿等特色小店，在這些店面中，有著一座外觀不大，卻具有歷史意義的廟宇——集福宮。

集福宮又稱老古石集福宮，在五條港發展正好的時候，據說各港都由一戶大姓掌管港邊上下貨的事務。當時在新港墘港領頭的，是自泉州來的黃姓大家，而集福宮正是他們所建造的。因為用來建造廟宇的建材是硓𥑮石，故有老古石集福宮的別名。但可惜的是集福宮經過多次的整修，如今已不再保留原先的樣子了。

沿著集福宮前的小路穿越寬敞的金華街，並再次鑽入狹窄的巷弄中，往前一段距離便是台南在地頗負盛名的甜點店慕紅豆。雖然還沒

到開店時間，但恰巧老闆就在店門前的小花園。

我們講到這次來訪的目的是尋訪女鬼和五條港時，老闆放下手邊的工作，站起來領著我們走到店門口的水溝蓋旁。

「你們仔細看一下，這幾個水溝蓋的分布連成一條明顯的直線，這前面雖然因為民宅改建擋住了，但跨過民宅後，水溝蓋的分布還是在同一條延伸線上。」

老闆帶我們繞過慕紅豆，走向店的正後方，地板上果然還是有著同樣的水溝蓋。「而且這裡如果有些房子比較舊的，他們的背面都是在這些水溝蓋的延伸線上，像這兩棟房子就是，這其實就是古時候的港道。在日治時期整治成下水道後雖然不再明顯了，但仔細觀察還是能看出痕跡。」

被老闆的講解深深吸引的我，興奮地回到店門前，再沿途照著連線一路用相機拍著水溝蓋，文獻上讀到的資料，能以一種不被注意但確實存在的方式保留下來，對我而言就是一件值得開心和紀錄的事情。原先對於這趟旅程懷疑是否真能有所收穫的不安，因而轉換為對其餘四個港區的期待。

五條港漫遊（下）

　　其實早在五條港形成以前，府城便有港口活動。據載，台南的港邊聚落最早在荷治時期就已形成，同時期的地圖上當時的臨水線就在赤崁樓西邊一點。而到了明鄭晚期，臨水線稍微向西移，形成了王宮港、媽祖港、關帝港、南河港和蕃薯港等幾個主要港道，可以說是五條港最初的原形。在這之中，王宮、媽祖與關帝三個港口到了清朝中葉再次隨著臨水線西移形成外港，最後合併成佛頭港。換句話說，佛頭港起源最遠可溯及現今台南大天后宮一帶。

　　為了從佛頭港的最上游走起，我們持續往更靠近台南火車站的方向前進，來到永樂市場附近。沿著市場前的小巷子走去時，意外在巷子內看到一座小廟，上面就寫著「外關帝港」四個字。沿路下來，我們發現台南市的廟宇大多都會像這樣，除了廟名以外，還會加上過去所屬的地緣，或現今仍存在的聯境關係。對於做足考據的我們來說，不免有點像在對答案的興奮感，但即使沒有充足的背景知識，對照映證著每間廟宇名稱上的稱號，試著從這之間找出彼此的地緣關係，或許也會是另一種樂趣吧。

　　前面提到的王宮、媽祖與關帝三港，在清朝中葉因海岸線變遷、港道外移，因此分出了內、外兩港，其分界就差不多是現今的西門路。

● 位於水仙宮市
場前小巷弄內的
外關帝港保安宮

雖其因車道過寬隔起了分隔島而無法橫跨，但站在馬路的一側仍舊能
看到對街就銜接著另一條巷子，巷口甚至有著同屬關帝港的廟宇牌樓。

　　緊接著，我們改朝佛頭港的下游前進，尋找這次五條港行程之一：
《女誡扇綺譚》中的鬧鬼大宅。

　　事實上，在確定好這次的行程是以《女誡扇綺譚》為主軸之一後，
我便開始蒐集有關鬧鬼大宅的考據資料。與佐藤春夫相關的研究雖然
不少，但主要都還是以分析其文學作品居多，針對《女誡扇綺譚》的
研究，也多著重在殖民地文學的筆法研究上。不過，日治時期另有一
位作家，新垣宏一指出⓱，《女誡扇綺譚》中的禿頭港廢屋，從佐藤春
夫的描述與當時的地景來看，應該是位於佛頭港下游，靠近新港墘港
的「船廠仔」陳家所有。換言之，廢屋所在地依據當時的劃分，並非
如佐藤春夫所寫的屬於禿頭港，而是新港墘港區。

　　2011 年，日本實踐女子大學的學者河野龍也，也著手進行一連串
與佐藤春夫的廢屋有關的研究，甚至來到台灣實地訪查。在 2017 年的
文章中，河野龍也比較了當時的地籍資料，並參考台南市現今陳家後

代的說法後，認為廢屋除了新垣宏一指出的位置以外，還有另一個可能是位於北勢港的沈家。其根據除了以當時的地圖為參考以外，《女誡扇綺譚》中的女鬼是來自當時首富「沈家」也是相當充分的理由。

可惜的是，北勢港沈家現在已幾乎看不出過去的樣子了。我們根據河野教授文章中的地圖，沿著民族路三段走到佛頭港景福祠，再穿過景福祠前的小菜市場，來到水仙宮市場前──眼前是十幾公尺寬的海安路，以及建設在中央分隔島上的停車場。穿越海安路後便是五條港之一的北勢港港區範圍，現今以文創小店盛名的神農街，雖然仍保存著舊港道的樣子，沈家大宅的樣貌卻已不復在。

而另一處，由新垣宏一提出的新港墘港陳家的所在位置，根據地圖應該是位於現今民族路三段與金華路路口附近的一處街區內。有趣的是，這個街區雖然大多數的房屋都成為現代化的民宅建築，但街區範圍與日治時期的地圖相比並沒有太大的變遷。若是沿著街區內民宅與民宅間的狹小巷弄行走，便會在幾乎是街區的正中央，看到一間代天府。我和友人首次看到這間代天府時感到有些奇怪，因為廟的所在位置幾乎是在巷弄深處，這些巷弄幾乎僅能容一人通過，還相當蜿蜒，

● 河野教授認為可能是沈家大宅的位置，現今位於海安路上的停車場

換言之代天府幾乎身處不仔細尋找便會錯過的地方。不過，事後閱讀資料時才知道，那間代天府是過去陳家與吳家、溫家在渡海來台時請到台灣的府王爺，現在雖然只剩下溫府王爺被祭祀在廟裡，但其性質更像是陳家的家廟，或許是因此才會立於較不起眼的巷弄深處。

走訪完這兩處，與《女誡扇綺譚》有關的五條港行程也告一段落了，原本是這麼想的。但就在出發的前兩天規劃行程時，我在地圖上注意到了台南市東區一間叫作「醉仙閣」的店面。之所以會引起我的注意，是因為這間店的店名正好和佐藤春夫在《女誡扇綺譚》中，與好友世外民造訪的酒館一模一樣。到這間店的官方專頁看過後，發現河野龍也老師竟然就在幾週前造訪台南時和這間醉仙閣的老闆見面了！如此剛好的狀況肯定不只是巧合這麼簡單而已，儘管醉仙閣的位置與這次主題的五條港區有點距離，我還是將之安排為行程的終點站❶❽。

騎機車大約十五到二十分鐘的車程，我和友人到了位於台南市東區的醉仙閣。外觀看來是間位於住宅區內，不起眼的寧靜小店。一踏入店內，我們馬上被牆上釘滿的舊剪報與舊照片給吸引了目光。

牆上滿滿的是與醉仙閣有關的報導與日治時期的照片，友人與我兩個看得出神，直到老闆出聲喚我們才發覺原來他已從廚房出來已久。我與友人各點了一份甜點，並向老闆說明這次來台南的行程一部分就是為了探尋佐藤春夫在《女誡扇綺譚》裡走過的景點，老闆便二話不說的從櫃台前的架子取出一疊厚重的資料，並表明他的身分：他正是日治時期有名的本島人料理店「醉仙閣」經營人的後代子孫。

二九二

---

❶❼〈女誡扇綺譚─斷想ひとつふたつ〉（新垣宏一，1940）

面對突如其來的緣分簡直令我們又驚又喜！沒想到能在這趟旅程的最後，遇見書中紀錄並且真實存在的餐館的後代子孫，而這位後代現在也重拾過往祖先的舊業，再次扛起「醉仙閣」這面招牌，做起料理相關的生意。我們掩不住興奮地和老闆分享這次走訪五條港區的發現，以及從文獻裡查到的資料，而老闆也熱情地與我們分享他過往以來蒐集到的資料。

　　根據老闆所說，醉仙閣最初是位於永樂町（今永樂市場一帶）的本島人料理店，原先以提供台菜為餐廳定位。佐藤春夫他們所造訪的，應該就是當時的醉仙閣，從老闆提供的地圖來看，這些資料都與河野龍也老師的研究文章中提出的地點相符，也更加提高了我們先前造訪的兩個地點過去曾是沈家廢屋的可能[19]。

　　只不過，醉仙閣的經營人後來因日本政府鼓勵台灣人民到中國沿海發展，遂將店面轉讓，並於等待期間至錦町（今民生永福路口一帶）開設新食堂，祖先們經營了兩代的餐館生意，便就此結束。一直到現任店主在整理祖父的東西時，意外發現這些歷史資料，才興起研究家族歷史的念頭，並在找齊許多文獻後，決定以甜點店的形式讓第四代醉仙閣於 2015 年再次開張。也因為陸續將找到的資料分享到網路專頁上，才與

● 位於巷弄間的代天府，靜靜坐落在巷弄深處守護著陳家

河野龍也老師聯繫上，
並得以一起探查過去佐
藤春夫曾走過的痕跡。

　　儘管佐藤春夫造訪
過的鬧鬼大宅現在已不
復存在，但透過醉仙閣
的關係，得以和《女誡
扇綺譚》記述的地點產

● 今日醉仙閣的店面，是位於住宅區內，小巧恬靜的甜點店

生聯繫，甚至與當時店主的後代子孫談論關於當時的文化、街景，
也算是讓這次的五條港考察之旅有個令人意外且充實的結尾吧。

● 醉仙閣店內牆上掛著許多老闆親自蒐集，歷代醉仙閣的報導、廣告與照片

⑱〈消えない足あとを求めて－臺南仙閣の佐藤春夫〉（河野龍也，2011）
⑲〈「女誡扇綺譚」の 屋－臺南土地資料からの再討〉（河野龍也，2017）

女鬼舊址探訪

第二天的行程我們遠離台南市西邊的五條港區，以先前介紹過的女鬼傳說中的林投姐、陳守娘，以及女神信仰裡的五妃廟為目標。由於五妃廟、孔廟節孝祠以及台南火車站這些地點分散得較遠，因此第二天便以機車作為代步工具。

五妃廟綺想

從民宿出發約十分鐘的車程，我們便到了五妃廟所在的五妃廟街。

有意思的是，雖然五妃廟是為了祭祀為寧靖王自刎的五位妃子所建設的廟宇，但從清領時期的地圖上來看，過去的五妃塚其實是位於台南府城之城門外的山上，當時曾被稱為魁斗山，同時也有桂子山的稱呼。直到 1920 年，日治時期的台南市區改正圖，五妃廟始被劃進台南市區的範圍當中。

現在雖然台南市的市區範圍擴大了不少，五妃廟前的五妃街也已是寬敞的柏油路，但從市區內一路往五妃街騎的時候，還是經過了幾個上坡，而五妃廟的建築本身，不只高出地面好幾階，廟宇範圍內還有著小小的丘陵。

只可惜當天遇上五妃廟整修，不得已只能在園區內隨意走著。五妃廟的廟宇構造與一般的廟宇不太一樣，整個廟的園區範圍相當大，但

廟宇建築本身相對於那樣廣大的占地卻顯得有些小，剩下的空間便是綠地、步道等，或許因為廟宇性質的關係，似乎也沒看見供人燒金紙的香爐。

廟宇後方有著五位妃子的墓塚，而在墓塚後方，還有一間相當不起眼的小廟——義靈君祠。據說這是當時侍奉在五妃身邊的兩位太監，在寧靖王與五妃相繼自縊後，就是由他們負責處理後事，待一切辦妥後，他們便也懸樑而亡。後人為了感念他們，便將他們合葬在五妃廟旁，只是因為其太監的身分較為低落，故僅有一座位於五妃廟後方的小廟。

離開五妃廟後，我們接著驅車前往附近的南門公園碑林。根據資料該處有著許多從清朝時期便留下來的石碑，西元 1748 年，當時的巡台滿御史六十七及漢御史范咸下令修築五妃墓並建廟祭祀後，也在南門外提字立了「五妃墓道碑」作為紀念。這塊具有歷史價值的紀念碑，現在就收在南門公園的碑林裡。在這座碑林中，除了五妃墓道碑以外，還有許多清朝時期留下來的公告碑文，其中不乏五條港時期針對貿易糾紛、港道規矩訂下的規範。

想著既然都來了，不如就看看還有哪些碑文吧，沒想到卻因此看到許多相當有意思的紀錄，諸如禁止無賴假借無主屍體向無知路人詐騙錢財的碑文，或直接將風神廟接官亭前的地圖刻上去的石碑等，不禁令人對當時的社會狀況，以及過去人們運用石碑記事的風氣感到新奇和有趣。

尋跡踏查——林投姐祠的祕密

離開南門園區，我們順著南門路騎往林投姐祠的舊址。關於林投

姐上吊並後人建廟祭祀的位置現今有許多種說法，一是位於東亞樓所在的路口轉角，另一個說法則認為在火車站前新光三越百貨後方的空地，此外也有在台南高等法院後方的傳聞。不過，從目前最早的文獻，片岡巖的《臺灣風俗誌》可以得知，關於林投姐祠有這麼一段敘述：「……這座小祠在現今台南火車站附近里見醫院一帶凹地。去年開拓這帶時，林投樹被砍伐……」

　　這段紀錄中，明確地提到林投姐祠就位在台南火車站周遭一處叫「里見醫院」的附近。可惜的是，《臺灣風俗誌》記載於在 1921 年，但翻閱與該時代接近的歷史地圖，火車站前方雖然有一處廣闊未開墾的空地，但在那附近只有台南署立醫院，尚未能找到里見醫院的標記。儘管在《臺灣日日新報》的紀錄中，可以看到里見醫院應為當時署立醫院的院長，里見四郎於晚年開設的私人醫院，也多次在報紙上刊載徵才訊息，因此里見醫院確實存在於當時，並且規模恐怕不小，但這條線索終以地圖上沒有更進一步的資訊而宣告中斷。

　　根據《臺灣風俗誌》裡的記載，林投姐祠是位於里見醫院附近一

● 與五妃合葬在園區內的義靈君祠

● 五妃廟的廟門，因為正在進行整修工程，只能隔著柵欄遠遠拍攝

帶的「凹地」內。
當我們將車停在西
華南街，走到新光
三越百貨後方的空
地時，發現以那個
空地為中心，東西
南北四方的道路都
是稍微偏高的，換
言之，從地勢上來看，

● 自 1784 年保存至今的五妃墓道碑，因年代久遠上面的字已幾乎
看不清楚

新光百貨後方的空地正是位於地勢相對低窪的凹地處，並且無論從哪
個方向走來，都能明確感受到下坡的低處。儘管無法當作是明確的解
答，但這樣保存下來的地形，的確提供了不少想像依據。

往日生活的足跡——陳守娘舊址

行程的最後一站是陳守娘的考察。相對於林投姐傳說較多模糊的
地方，陳守娘在歷史文獻上的記述就明確許多。除了陳守娘出生於辜
婦媽廟附近以外，根據《海音詩序》與《臺灣通史》的記載，陳守娘
死後葬於「昭忠祠後山仔尾」的地方。從地圖上來看，大略位在現今
南門公園前，南門路上的基督教會附近。在過去，台南有曾被稱作「府
城七丘」的地方，指的是被流經台南府城內的德慶溪與福安坑溪兩條
水道切割而成的高地、丘陵，其中山仔尾便是位於今日延平郡王祠一
帶的小丘陵，甚至造就了一條名為山仔尾溝的小溪，往北流經清水寺，
注入德慶溪。

時至今日，山仔尾溝流過的水道部分被保存下來，成為現在的巷

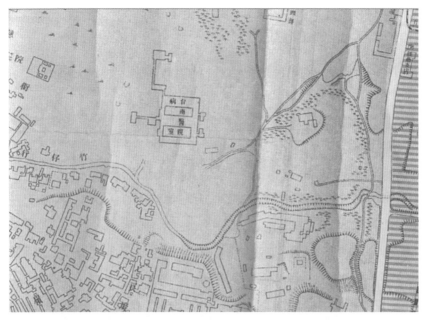

● 過去台南車站前曾是一塊荒蕪的空地，附近的溪水也增加林投樹生長過的可能

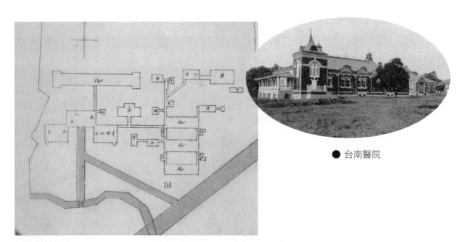

● 台南醫院

● 台南醫院護專校地（大正 11 年）——後人推測林投姐可能的上吊處

弄，但山仔尾的地形卻幾乎難以分辨，過去曾是陳守娘廟的地方，如今也成了台南長老教會的建築。只不過，從陳守娘廟所在地，往北邊穿越府前路，走過一個路口，便會抵達傳說中曾協助平息陳守娘作祟的永華宮與德化堂。

在永華宮的正西邊，跨過南門路之後，便是孔廟了。傳說中經歷了許多曲折的發展，也請來各路神明幫忙，單看故事的話肯定很難想像這些廟宇間其實分布得如此相近。自陳守娘墳舊址的地方開始，走過德化堂、永華宮，最後抵達孔廟節孝祠，事實上差不多只需要半小時便能走過全程了，而若是對古時候的溝渠感到興趣，或許也能試試不走南門路，而改沿著大埔街、建業街，穿過臨水夫人廟，前往德化堂的路線。雖然最後一天因為通勤時間的關係，沒能走到這個路線，但在過去，這些都可能是陳守娘曾生活過、走過的地方，我和友人都說著有機會能再訪一次台南的話，一定要走走這些路線。

這次尋妖之旅，儘管有不少舊址現已成為大樓，也不太有機會和知道當地傳說的耆老說上話，但像這樣翻找文獻，再到當地走踏尋訪，找尋不管是還留著或已失去的地景，也都讓自己感覺到和台南這座城市有了更豐富的情感和連結。也許，這也能算是另一種我們一直追求的「城市還魂」的體現吧！

● 新光百貨後方的空地是一塊相對四周低窪不少的凹地

阮宗憲（NL）

　　臺大土木所畢業，白天是社畜晚上是工作室成員。認為文史創作無法與生活脫節，期許自己能做出大眾喜愛、易懂又富知識的作品。工作室的酒鬼一號。最近的煩惱是買了裙子後衣櫃裡的上衣幾乎都搭不起來。

王宥翔（天野翔）

　　目前為臺大環工所的菸酒生。儘管仍在學術的路上載浮載沉，但總是克制不了地以台灣文史為題材，寫些小東西自娛娛人。論酒量，應該是工作室倒數的吧。

蛇神傳說

美濃有著特殊的里社真官信仰，里社真官普遍被視為是土地神的一種，也稱「社官伯公」，更有個奇特的別稱，喚作——「蛇官」。比起土地伯公，里社真官則具有更貼近水源的性質，祂的祭祀也與美濃二月戲祭典有著密切的關係。但另有一說，蛇官此名與美濃當地的劉聖君斬殺蛇妖有關……不管蛇官真面目為何，時至今日，仍然在美濃留下一個耐人尋味的傳說。

出沒地點：高雄美濃

美濃

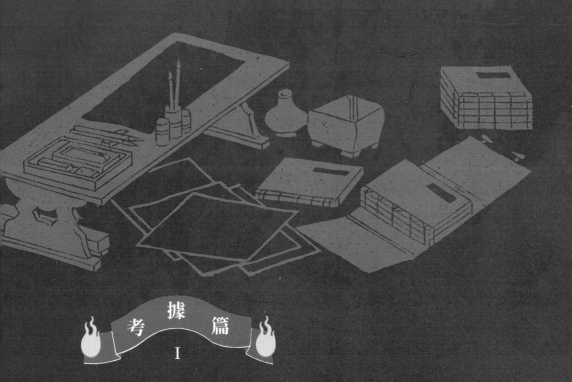

考據篇 I

瀰濃庄的二月大戲

　　說到美濃，最明顯的印象或許是紙傘和粄條。熟悉社區議題的讀者可能會想到九〇年代的反水庫運動，而後發展出黃蝶翠谷的黃蝶祭；或者在台灣文學中占有不朽地位的作家鍾理和。然而，這次的主題美濃蛇神又是什麼，有著什麼樣的故事？在這次《尋妖誌》的主題中，除了以上的話題外，筆者想先回到美濃的起點——客家人與這片土地的關係說起。

　　美濃的地理位置三面環山，一面環河，西北東邊皆是綿延山脈，向西南直到楠梓仙溪，對岸則是閩南村落的旗山，東南面則延續至荖濃溪的廣袤平原，隔溪則是同為右堆的屏東高樹。封閉的地理環境使美濃保留了濃厚的南部客家庄習俗，平原地形則帶來了悠久的農業發展。

　　客家人大量移入南部平原開墾，可回溯到康熙三十五年（1696），因為客家人入台較晚，漳、泉州人等來自福建的閩南人已占據了西海岸

開墾，下淡水溪（高屏溪舊稱）以西已無開墾餘地，但往東會碰到鳳山八社活動的區域，更往山區則是排灣族的領域。這些客家先祖僅能在閩南人與平埔族人之間找尋立錐之地。這群人原本落腳在武洛庄（今屏東里港鄉，也是舊時平埔族武洛社的地盤），後來因隘寮溪氾濫水患多，以及從原鄉遷入人口愈來愈多，人密地疏，終於在乾隆元年（1736），由右堆統領林桂山、林豐山兄弟率領十六姓族人冒險進入美濃開墾。

……就殘山剩水為宗社，願山川幽魂，勿作荒郊之鬼，生時各為其主，死當配祀社稷，同享春秋……我等同心誠意，祭告山川，懇祈上蒼，佑此土可大，亦因可久，將奕世於瀰濃。

——瀰濃庄開基碑文，乾隆元年仲秋吉旦，右堆統領林桂山、豐山兄弟等同立

對於客家人來說，抵達某地開墾的第一件事，就是在田頭田尾建立伯公壇（伯公也就是閩南人所說的土地公）。林氏兄弟抵達美濃靈山、雙峰山麓作為第一站時，便建立了開基伯公壇。雖然在剛入墾的過程中，因是靠著客籍村勇的武力強行拓墾，也擔心平埔族的勢力仍在，加上山麓水源不足，開拓者們不敢在瀰濃庄過夜，每日凌晨從武洛出發，在黃昏前把耕牛與農具藏在伯公壇處，再渡溪趕回武洛，如此過了數年，才算是奠定了在美濃開墾的基礎。但因族群衝突不斷，因此出現聚落防禦的需求。在瀰濃、龍肚、竹頭背選擇庄頭開墾地點時，便以河水作為自然屏障，瀰濃庄有美濃河，龍肚庄有龍肚河，竹頭背南端有羌仔寮溪，河系與庄中重要活動（生活、祭祀、農耕等）有著密切連結。在人工防禦上，庄人在庄周圍種植莿竹，並建柵門。而瀰濃庄更設有瞭望台，以防東邊的原住民（可能是平埔族，或是傀儡番，即魯凱族）下山

● 日治時期美濃東門樓與溪畔洗衣群眾

攻擊村落，這便是古蹟東門樓的前身。

在美濃，比起拜神明，拜祖先與伯公是絕對必要的。昔時庄人每天早上都要去附近的伯公壇上香，再於家中祭祖。對於墾民來說，在開墾地、居住地、村落出入口、村落邊界等重要位置，常會選定一棵大樹或是一塊大石，或是在樹下放一塊石頭作為伯公祭拜。伯公是居民信仰依託，也是生活領域的中心。根據張二文的〈美濃土地伯公信仰之研究〉指出全美濃土地伯公有 397 座以上，數量和密度都是全台之冠，也顯示在墾拓初期，伯公信仰為庄人的心靈寄託，希望能鎮平災害，保佑土地豐收。

伯公、水與二月戲

除了土地之外，水更是農田的生命之源。瀰濃庄的水文分為源自東北方月光山系的美濃河、羌仔寮溪；及東邊茶頂山的竹仔門溪。在傳統聚落的空間之中，水和山的關聯性與風水息息相關，如在瀰濃庄

沿著永安街早期建立的夥房中，多半是坐北朝南，背靠月光山系，面向美濃河水，使家族發展穩固。另一種說法則是水口（水的出入口）與財運有關，守護水口，則會使財富駐留在村子裡。

對於水口信仰，美濃擁有十分特殊的「里社真官」信仰，台灣別處未見類似祭拜與記載。里社真官又有個奇特的別稱，稱做「蛇官」，也就是主題中提到的「美濃蛇神」，不過在筆者的調查途中，還發現了另一個「蛇神」，靜待下篇娓娓道來。

里社真官普遍被視為伯公的一種，又稱「社官伯公」、「蛇官」，設置地點皆位於河道旁，是聚落邊界，也是河水出口處，且面向村落，藉以把守水口。美濃目前僅存三座里社真官，分別為：美濃溪畔的「瀰濃庄里社真官」、九芎林廣福庄雙溪口的「水土里社貞官」、龍肚庄龍闕的「龍庄水口里社真官」，皆保留了前方圍坪及後方化胎的露天土塚造型。

其中位於瀰濃庄的瀰濃庄里社真官，在地人口中的蛇官伯公，和美濃二月戲祭典有著密切的關係。

● 位於河壩埔的瀰濃庄里社真官

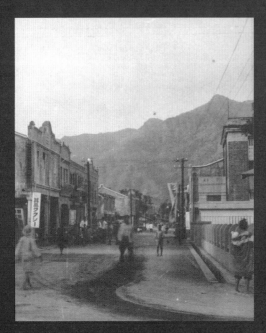
● 美濃市場通街區

二月戲的來源眾說紛紜，比較常見的說法是：在清代時，有位在河邊放牛的農夫，因為牛走失了，心中焦急，於是向河水伯公祈求，若牛隻平安歸來，他便年年祭拜河江，且做大戲給伯公看。結果過了不久，牛就自己跑回來了。這位農夫也信守承諾，年年出錢做大戲。讓瀰濃庄人認為河水伯公有靈，也跟著祭拜，使二月戲成為瀰濃庄的傳統祭典。另一種說法是：瀰濃開庄不久時，在瀰濃河畔出現一隻山羌，嚶嚶哀鳴哭泣不止，從上庄哭到下庄，讓鄉親議論紛紛，有人便說山羌對於氣象十分敏感，聽到山羌啼三聲便會下大雨，看這山羌啼鳴不已，近日肯定有暴雨。過兩天美濃地區果然降下大雨、山洪爆發，但因山羌示警，庄人皆逃過一劫。為了感念山羌的靈訊，庄民們經商議後，決定每年農曆二月的清明節前夕，迎請伯公們、里社真官，共同於河壩底祭拜河江，並請客家戲班演出酬神，祈求風調雨順、五穀豐收。

據謝宜文先生的紀錄，二月戲最早的文字記載應是民國五十年福首（閩南人說的爐主）的紀錄，文中提到日治時期，因故被禁止舉辦，

但在日治之前，二月戲就有長久的歷史了。在瀰濃庄的伯公祭祀有分年尾舉辦的滿年福與年初的新年福，在祭典時都會邀請多位伯公一同參與，而通常美濃地區各庄在不同時間點舉辦，邀請的伯公名單就會以當地庄頭的祭祀圈為主。如瀰濃庄滿年福祭典邀請之伯公們有十二位，與二月戲邀請之伯公們（共十三位）的祭祀圈有些許不同，再回去檢視瀰濃庄清代發展歷史，得以推估最早在清朝嘉慶至道光年間（1800-1850 年）可能就有二月戲的傳統了。

與水親近是二月戲十分明顯的特色，祭典往例是瀰濃庄上、中、下庄輪流祭祀，地點分別在上庄東門樓外（舊東柵門）、中庄美濃舊橋下（舊南柵門）、下庄西門橋下（舊西柵門），皆安排在美濃溪枯水期乾涸的河床上舉行，連戲棚都搭在河床上。在二月戲的流程中，儀式分別為：「請伯公」、「祭河江」、「拜天公（還神）」、「送福首」、「送伯公」。當中「祭河江」，祭拜的即是河江伯公與里社真官，主要目的是祈求鎮守水口的里社真官與河江伯公，護佑兩岸無災，勿有洪水氾濫導致農田歉收。美濃溪南岸為柚仔林庄，兩岸往返在秋冬枯水期時，可搭設竹橋便道，春夏河水高漲則是用竹筏運輸。當時的南柵門即兩岸互渡之碼頭。而兩岸孩童常在溪中玩耍，據說曾發生不少水患及落水事件；夏秋之間常有颱風暴雨，造成農地損失及庄人傷亡，或許這正是每年祭河江以安水中孤魂的緣由。

二月戲舉辦的時間同掃墓祭祖，正值春耕後的農閒時期。民國五、六十年代，家戶缺少電視等休閒娛樂，看戲是農村生活的一大樂事，此時出外的遊子回來掃墓，鎮裡的親戚朋友來訪，做戲結束後美濃庄人更會在家裡作客辦桌、款待親友，有如小過年般，非常熱鬧。

里社真官的另一種說法：有別於土地伯公的社官信仰

在對二月戲有些許認識後，筆者開始好奇里社真官的來由到底是什麼？為什麼與「蛇」有關係？為什麼里社真官有鎮水的功能？里社真官與伯公之間又有何不同？

將里社真官這個名稱拆解來看，「里社」在《禮記》及《史記索隱》中曾註明：「古者二十五家為里，里則各立社」，「里」是古代劃分行政區域最小的單位，「社」則是指土地神。社因治理領域大小不同，有不同的主導層級，如鄉以上即是由官方主導祭祀，而鄉以下，如里的層級，則是由在地居民組織祭祀，但因具有官方色彩，所以多由里長主導。「真官」則是帶著點道教色彩的神祇名稱，在名稱中能看出道教信仰與古代土地信仰融合混同的狀態。比起伯公，原始的社官信仰更多了把境守衛的功能，能祛除村內邪祟瘴癘；畢竟源自於古代土地信仰，里社真官比起人格神，更具有自然神的特性。

不過為什麼土地神會轉為專管水口之神呢？研究者洪馨蘭認為美濃的里社真官並非孤例，因此前往美濃地區客家人的原鄉——廣東省蕉嶺縣及梅縣進行比較研究，發現蕉嶺仍存在社官信仰，當地也有「蛇崗下」的地名，舊稱為社官下，而在村落中也找到了社官壇。在蕉嶺地區，社官的地點位於經常有洪水氾濫之處，以及自然聚落的邊界，以守護鄉里為重的社官，後來演變出了水神的性格。

此外，在美濃耆老的口述歷史中，出現「水鬼變社官」的故事，和水鬼變城隍的傳說有著異曲同工之妙。傳說中，位在竹頭角的九芎林里社真官過去曾是一位英勇救人卻不慎溺斃的人，成了水鬼之後仍暗中幫忙居民過河，後來當玉皇大帝要在美濃河上游安排里社真官的職位時，這個好心的水鬼就成為了里社真官。這個故事反映了里社真

官已不僅是掌管廣泛的土地，而是專管水域，以及水鬼等陰間之事的神祇。

此外，根據學者洪馨蘭的研究，認為美濃的里社真官事實上承繼了古代儀禮，而美濃二月戲應為「二月祭」，與原鄉蕉嶺的社官祭有類似的習俗，或許二月祭是社官祭演變之下的遺留物。因此里社真官在二月祭的重要性，或許遠超越其他伯公，只是現在的祭典遺忘了這點。

從這些蛛絲馬跡，我們能猜測在客家原鄉早已有這樣的祭祀習慣，後來遷徙的客家人把原鄉的風俗舊習帶到異地，在異地經過融合、衝突，形塑成具有多樣性的獨特客家文化。

將里社真官的脈絡整理至此，也許讀者也會跟我有一樣的困惑：「所以里社真官和蛇到底是什麼關係？」畢竟從文獻史料不一定能找到相關訊息，或許實際前往美濃一趟才能得知真相吧。

● 九芎林里社真官（廣福庄水土里社貞官）

● 龍肚庄里社真官

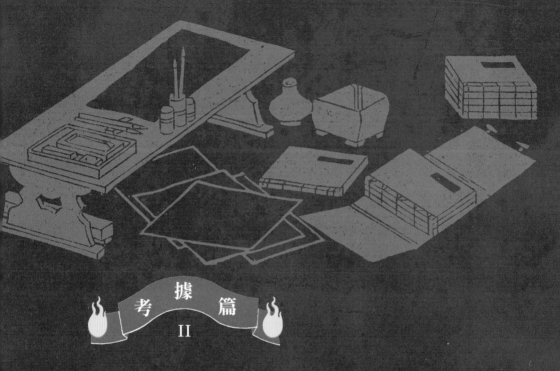

月光山下真有蛇神？

　　在先前考據中，大致整理了關於蛇官——里社真官的來歷後，我
們將繼續探究蛇神在台灣的傳說。除了與美濃二月戲有關的「蛇官」
里社真官之外，在翻找疊藏的塵封文獻時，鈴木清一郎於 1934 年的《臺
灣舊慣習俗信仰》中，有一段關於美濃「蛇神劉公廟祭」的記述引起
了筆者的注意。

　　「四月八日是美濃劉公廟主神劉公的祭日。劉公乃是蛇神，信徒
皆是農民，乾隆元年由大陸人民李望官捧持來台，安置在自己家中，
道光二十二、三年同庄王阿泉、鍾朝明發起募捐運動，將所得的四百
元建立本廟，後因暴風雨而倒壞。本神對於作物的祈求很靈驗，近年
來由於參拜者少，已不行祭典。」

　　奇特的是，美濃為什麼會有關於蛇的信仰呢？

　　蛇在農業社會中所象徵的意義，或許可從始於中國南方的源流來

觀察，而台灣可能也受到了類似的影響。蛇在中國南方地區和台灣有時被認為具有神格，如蛇為十二生肖之一、女媧創世卻人首蛇身；有時候也被認為是妖怪，如玄天上帝腳踏龜蛇，被收服的蛇精成為蛇聖公，被視為神明的部下。有中國學者認為蛇崇拜多半出現在福建或是閩人信仰，福建承襲了古閩越人的崇蛇習俗，閩北地區甚至有著蛇王廟，每年舉行蛇王祭，祈求風調雨順、五穀豐隆。

連橫於《台灣通史・宗教志》中曾寫道：「山居者祀虎，水居者祀龍，陸居者祀牛，澤居者祀蛇。」雖不能直接引用這段描述來斷言台灣蛇神信仰的普遍性，但的確點出在台灣多變的自然環境下，其功能性與社會性上帶出不同的神祇信仰。

美濃此地關於蛇神的傳說非常稀少，且也無證據證實曾有蛇精傳說出現於此，在台灣其他地方目前可確認供奉蛇的廟宇僅十幾處，如桃園蘆竹五福宮的使者公、花蓮光復的仁壽宮等。然而，與美濃的蛇神記載比較起來，上述這兩間廟的性質不太相同，五福宮的使者公來歷是日治時期曾有蛇聚集於宮前，被認為是神蛇，而仁壽宮的蛇則被認為是神明的使者，甚至廟內會收集蛇皮與飼養蛇。在農業時期，蛇則被視為與水有關的神祇，雨水豐足則農作物方得豐收。到了近代，商人則視蛇為走偏財運的財神，更甚之漸漸發展出了姻緣、卜凶化吉等功能。論功能性質，蛇神最原始的樣貌或許與農業有關。

因此，若美濃的蛇神並非與蛇精傳說有關，那便從聖君宮主祀之神明「劉聖君」的來歷查起，也許會有些線索。

劉公聖君是美濃地區最早的神祇信仰之一，美濃開墾初期，是以私人宮壇形式存在著，直到近代才建立廟宇，但祭典規模不大。值得注意的是，「聖君」與來自閩南的信仰「法主公」有十分相似的背景，

或許能推斷聖君並非來自廣東原鄉的信仰。

聖君廟中供奉的是張蕭劉連四位聖君，傳說中四位聖君皆出身平民，精通武藝，為人正直，常為人打抱不平。後來為了修煉而入茅山修道，藝成下山後聽聞福建九龍潭石牛洞有千年蛇精危害村里、毒害人畜，便自告奮勇前往除妖。雙方大戰後，順利斬殺蛇妖，但四人皆被毒氣噴中，造成面色異變，除了連聖君面色不變，張聖君的臉色變黑、劉公臉色轉紅、蕭公面轉青色。而後，地方民眾得以安居樂業，並感激四位聖君恩惠，遂立廟宇奉祀，延續至今的「聖君」信仰。

由此看來，劉公聖君與蛇的連結似乎僅止於斬殺蛇妖造福鄉里，而與之類似的「法主公」信仰差異只是從張蕭劉連四位聖君，改為張蕭洪三位。

無論是法主公或是劉聖君，到最後都反映著農村社會的需求，不僅法力無邊，平民因守護地方而成神更增添親近感及安心感，相較於其他神明的距離感，聖君則是貼近生活，能夠保佑風調雨順的守護者。因此，劉聖君是否自身為蛇，或者擁有法力能斬蛇除妖，對於鄉民來說，為了社會需求而成為鄉里的守護神才是信仰的最終目的。

總歸來說，在美濃所能搜尋到關於信仰的記載較少，也不免有些失望，因此在調查途中，對於鈴木清一郎的記述逐漸起疑，這會不會是某種誤讀了神祇傳說而造成錯誤的記載呢？畢竟這樣的錯誤在日治時期的民俗記錄中雖然不少見，但真相為何？難道是曾經有的傳說，只是被當代人所遺忘了？也讓人不禁期望在庄民口中是否能聽到不同的故事。

● 美濃橋和月光山

● 美濃聖君宮

行程篇

伯公與水的信仰

　　美濃的地域說大不大，說小卻也無法徒步走完所有景點，加上缺乏大眾運輸工具，因此推薦以單車代步漫遊。二月戲近幾年多在三月份的周末兩天舉行，為了配合二月戲及交通等花費時間，安排了三天兩夜的行程。然而，美濃的歷史文化如此豐富，三天只能略窺皮毛，這次的行程安排以二月戲所提到的伯公（瀰濃庄周邊為主），以及與水相關的活動與信仰為主軸。

　　第一天若從台北出發，搭乘火車或是高鐵，可能要中午過後才能抵達美濃。因此安排下午時段租借單車後，騎腳踏車前往牛角灣及美濃水橋，晚餐一定得試試在地客家料理，在粄條街就能滿足一切需求。

　　第二天是二月戲的重頭戲，迎接伯公在下午舉行，若有自備交通工具，

Day 1

08:00	14:00	15:00	16:00	17:00	18:00
台北出發	美濃	美濃水橋	牛角灣	晚餐	住宿休息
				（粄條街）	

（高雄火車站轉高雄客運
8028 線 [高雄－美濃]，
或 8025 線 [高雄－六龜]
往美濃，車程 90 分鐘。
午餐可選擇鐵道便當）

順路考察

美濃水橋

將水源運輸過美濃溪的橋樑，不僅是維持農田的水源，也是在地小孩玩水的地方。旁有日治時期建立的紀念碑。

牛角灣

獅子頭圳在此繞了一個九十度彎，圳邊兩岸是欣賞美濃山景的地點，四季都有不同面貌。

迎伯公時就能跟隨著福首們的陣頭前往各間伯公廟邀請伯公一同看戲。請伯公來到祭典會場後，便在河床上行祭河江的祝儀。最後才是看大戲、還神等程序，隔天即會把伯公送回原廟。

第三天上午以鍾理和的文學足跡為主題，沿著綠線文學小徑，能看到鍾理和生活的痕跡，這些場景如何呈現在他的小說中，以及了解鍾理和紀念館的成立因果。下午則探訪其他兩位里社真官，以及使美濃平原能穩定灌溉的日治時期古蹟「竹仔門發電廠」。

美濃仍有許多這次未提到的有趣景點，若有時間空檔再次來訪美濃，相信能在這裡找到新的故事。

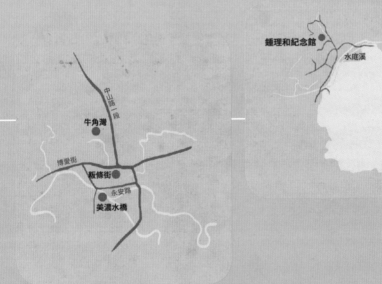

晚餐食記

板條街

中山路和中正路一帶充滿了板條老店，可挑順眼的店家嘗試。本地著名的客家料理有炒板條、乾或湯板條，冬瓜封、高麗菜封及滷豬腳。美濃盛產的野蓮也不容錯過。

Day 2

09:00   美濃分駐所宿舍   東門樓   12:00   13:00

永安老街探訪   美濃舊橋   錦興藍衫店   午餐   二月戲——迎伯公
             第一戲院   聖君宮   （美濃市區）   （福首迎伯公至會場
                          有間書店   看戲，建議自備機車）

順路考察

美濃分駐所宿舍

現為美濃觀光服務站，可買到美濃庄徒步地圖，也有少數老照片可觀賞。

美濃舊橋

舊時南北兩岸來往須從南柵口擺渡過河，南側發展較早，日治時期因重要政府機關位在美濃溪北側，為了改善交通，於 1930 年以鋼筋混凝土興建橋樑。在新橋興建後，目前舊橋只容步行通過。

第一戲院

民國 58 年開始營業，仍保留手繪看板與售票亭，內部因年久失修已成廢墟。

東門樓

巍峨的東門樓原為守望樓，經多次改建後，1950 年後才重新改為清代樓閣式建築。

錦興藍衫店

最老的國寶級藍衫製作師傅，目前由媳婦繼承手藝。

聖君宮

神像從清代渡台攜帶來此，為美濃第一座私壇，祭祀張蕭劉連四位聖君。鈴木清一郎的記載中為祭祀蛇神劉聖君的廟宇，值得注意的是四位聖君不同顏色的面貌。廟旁有家無名黑輪是在地推薦的點心。

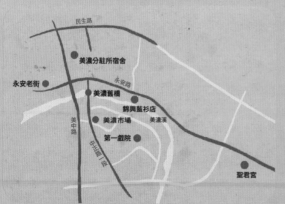

17:00	19:00	利用時間晚餐	23:00	
二月戲——祭河江（回到美濃溪畔，在河床上擺出供品祭拜河江伯公、里社真官，祈禱一年平安）	二月戲——看大戲（位在美濃公有市場旁的馬路上架起了戲台，客家大戲準備上演）	（粄條街）	二月戲——還神儀式（需在子時過後進行，在客家禮俗中重要的獻神還願儀式）	回住宿休憩

伯公信仰考察

二月戲迎伯公順序：

瀰濃庄開基伯公→蠻陀羅伯公→德勝公爺→瀰濃庄里社真官→楊寮下伯公→坑仔底伯公→花樹下伯公→阿彌陀伯公→中圳糧埤伯公→美濃庄頭伯公→檳榔園伯公→柚仔林伯公→排渡伯公

德勝公壇（德勝公爺）

二月戲迎伯公之一，祭祀始於 1787 年林爽文事件時，德勝公現身拯救美濃軍脫離危難。

瀰濃庄開基伯公

位於靈山下的開庄伯公是 1736 年乾隆元年，武洛庄人率領十六姓客家居民移民至美濃時第一個落腳處。

美濃庄頭伯公

東門樓旁的庄頭伯公是瀰濃庄的邊界，可以坐在榕樹下眺望美濃溪。

美濃湖福德祠

原為糧埤伯公，位在美濃湖（舊稱中正湖、中圳埤）旁，樹下聚集了許多在地居民下棋休憩。

瀰濃庄里社真官

被田埂所圍繞的里社真官，是六堆特殊的墓塚型伯公，被視為掌管美濃水源的水神。

Day 3

順路考察

廣善堂

日治時期開始的鸞堂信仰，目前仍保有敬字紙祭的活動。為美濃附近少數提供掛單住宿的廟宇。

鍾理和紀念館

由鍾理和之子，鍾鐵民及文學夥伴們，完全民間籌資建立的紀念館，展出鍾理和手稿及故事場景介紹。從此地開始可沿著文學小徑，感受鍾理和小說中的場景。

羌仔寮石母宮

位於羌仔寮溪畔，環境十分清幽。為祭拜鄭成功母親田川氏的廟宇，廟堂二樓有一巨石，據說滴下的水滴可治病，巨石前有兩顆石頭如豬羊牲禮。

竹頭角

竹頭角位於今日美濃鎮興隆與廣德兩里交界，作家鍾理和對竹頭庄便有份濃烈的情感，成為他許多創作的藍本。日治時期此地曾是一片茂密的竹林，十分涼爽清幽，後經居民約定俗成，喚名為竹頭角或竹頭背。

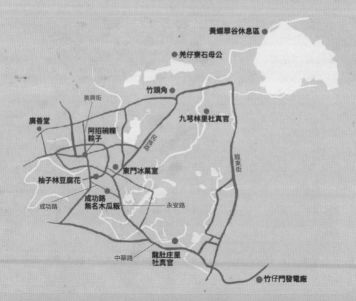

九芎林里社真官

藏身於田園之中，位在廣福庄開基伯公旁，在彎入前有指標牌可循跡找尋。

龍肚庄里社真官

省道旁的龍肚里社真官，墓塚造型古樸，為美濃地區三位里社真官之一。

竹仔門發電廠

國定三級古蹟，日治時期引入荖濃溪水，用來發電及灌溉美濃平原的電力建設，巴洛克式的建築風格保留至今。

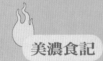

美濃食記

阿招碗粿

分鹹碗粿和甜碗粿，鹹碗粿本身 Q 彈，雖然沒有餡料，但灑滿花生粉和菜脯香氣強烈，讓人胃口大開。中午前就會賣完了，可當早餐規劃。

東門冰菓室

充滿香蕉香氣的清冰和懷舊味十足的店面，加了生蛋黃的雞蛋牛奶清冰是特殊一絕。

柚子林豆腐花

如果老闆娘不在的話，可用店口的波浪鼓提醒有客人上門了。豆花綿密帶有濃厚豆香，綠豆熬煮的恰到好處，糖水不甜不膩十分爽口。

二月戲追伯公，尋開庄蹤跡

　　三月底的北部春雨溼潤，泛著微微涼意，但一抵達高雄火車站，我便感受到南國的陽光嘲笑著我這個台北俗。身上的長袖襯衫牛仔褲比起路上穿著涼爽短褲吊嘎的路人，顯得既厚重又不合時宜。在高雄火車站轉乘前往美濃的客運，一小時左右的車程抵達旗山轉運站稍停片刻。一群阿嬤們提著大包小包的購物籃在旗山上了車，陸續落座後，一開口卻非我在高雄習慣聽到的閩南語，而是音調陌生的客家話。再次的意外衝擊讓我突然意識到，是啊，這次的確來到了一個與之前經驗完全不同的地方。不是台灣以外的國家，卻擁有著異於個人日常經驗的文化，雖然這是他們的日常生活，但我仍隱隱產生了一種面對未知的興奮感。

　　為了與熱心安排我的行程的朋友父母親碰面，我提早在二月戲前一天抵達。一下客運，友人母親就像是怕我餓著般，帶我去享用了第一碗美濃粄條，蔥香鹹油及甘美的湯頭，模仿

● 美濃河畔

在地人加入醋和辣椒醬，即使在炎熱的天氣中，一碗湯粄條仍是樸實吸引人的美味。

傳統的二月戲如其名在農曆二月舉辦，但因為近年來各福首缺錢缺人力，原本考慮要停止舉辦，幸好在幾位年輕後生加入後，從 2014 年開始透過網路社團募集到足夠資金，才延續了傳統。但因籌資不易，今年的舉辦時間也因此延到了國曆三月底。原本二月戲是由上中下庄輪流，舉辦在各庄區域的乾涸美濃河岸上，但因為儀式簡化，加上有能力負責的福首及禮生減少，二月戲的舉辦方式也有所調整，近幾年來都統一辦在美濃舊橋旁的河堤上，五〇年代時人山人海擠滿河岸的景象，如今再不復見。

河堤上的二月戲場地，在夜裡約九、十點才見到兩台貨車停在河堤道路上，忙著下舞台支架與器具。原本在指揮舞台定位的年輕福首，看到我拿著相機拍攝，向我打了個招呼，有些感慨地說居然有年輕人對這件事感到好奇。在短短的一兩句交談，甚至是帶著些抱怨的語氣中，年輕福首談到是為了承繼父親的意念，再怎麼困難也得繼續維持傳統祭儀下去。最後他神祕兮兮地說，原本今年的錢只請得到閩南語戲團，但最後一刻有人加碼贊助，所以請到了北部客家戲團，叫我有空要來看。問清了明日的行程後，我便向仍忙碌著搭台布置的福首暫別，期待著明天的「迎伯公」儀式和客家戲團的演出。

蛇官之謎

隔天趁早晨，我前往位在永安街上的聖君宮拜訪。

聖君宮前有個小小的廟埕，廟本身在近年修繕下，色彩豔麗的剪黏與黃瓦充滿了嶄新的氣息。我詢問了坐在涼椅上乘涼的阿伯，有關蛇官

傳說的疑問。

　　阿伯對蛇神的認知和【考據篇】所寫到的聖君／法主公傳說相去不遠，也與廟中的石碑記載相同。張蕭劉連四位聖君因除蛇妖而面色改變，後來成了福建地區的鄉里守護神。而美濃本地的劉聖君是庄民渡海來台時，從原鄉廣東梅縣帶來的神像，原本僅在家中祭拜，後來才籌錢蓋壇。

　　值得一提的是幾十年前的聖君宮提供「青方」，在醫療資源缺乏的時代，廟內因應村裡的疑難雜症抓草藥治療，聽說非常靈驗，來祭拜者絡繹不絕，乩童一天要辦事三次才能消化人潮。後因政府的衛生法令禁止，加上乩童過世，聖君宮的香火減少，至今在農曆四月八日舉辦祭典時，也不似往年熱鬧了。反而是位在六龜的新威，自劉聖君信仰傳過去之後，便成為了當地的信仰中心。

　　後來從友人父親那裡，聽說了另一個與農人有關係的版本，他說他和聖君廟不熟，但有聽說過幾位聖君臉色各異，其中有一位綠面聖君是因被蛇咬才改變面色，這故事是為了警惕農人要當心蛇害。

　　這次造訪收穫不多，雖然早就對於鈴木清一郎的調查產生懷疑，也不清楚為何會有這樣的誤認，但沒有其他證據證明之下，關於「蛇神劉聖君」的說法，本

● 聖君廟供奉張蕭劉連四位聖君，仔細可看見較小的神像有不同面色

● 二月戲福音

● 客家八音

次的調查算是「Myth busted」。

請伯公看大戲

中午與從台北趕來的攝影師阿成碰面，前往市場邊的會場瞧瞧。

二月戲的時程皆為兩日，雖然與過去已有些不同。第一日早上、下午迎伯公，晚上看大戲，午夜進行還神儀式。隔日上午送福首，中午再演一場戲，下午送伯公。

約下午一點多，伯公轎已經上了發財車，身穿長藍衫的福首們隨著發財車準備出發。而儀典要角——客家八音團四位樂師分別持著嗩吶、二弦、胖胡、小鑼，他們反而沒上發財車，而是坐上了轎車。啟程時，樂師將嗩吶前頭探出車窗外吹奏，有種傳統與現代的衝突趣味。

就如前文中所提到的，二月戲的迎伯公儀式以清代瀰濃庄範圍內的伯公壇為主，福首們一一邀請十三位伯公前來看戲。迎接伯公的儀式流程大概如下：帶頭的禮生將寫著伯公名字的小紅牌位插在香爐中，帶領眾福首上香，由禮生念請疏文，燒金鳴炮，取走小紅牌位及一炷

香插在迎伯公用的轎中香爐，完成迎伯公的儀式。

雖然儀式簡單，但對於外地人的我們來說，卻是因此而探訪了藏身在山腳水邊、田埂中間，守護土地的伯公們。

第一站就是瀰濃庄開庄伯公，藏身在靈山山麓下的開庄伯公在細細彎彎的道路底端。伯公壇的形制已經與最初開庄伯公的樣式不同，但伯公壇後方的老芒果樹枝幹粗壯，已是一百七十歲高齡的老樹，是在清道光咸豐年間種植的。

可惜的是，因為路不熟，加上伯公多藏身在地圖上也未顯示的地方，我和同行的阿成跟丟了隊伍，所以跳過了蠻陀羅伯公，直接前往德勝公壇。

位在溪旁的德勝公壇，有個顯靈守衛鄉里的傳說。清乾隆年間正值林爽文事變，六堆成立民間協防組織支援府城對抗林爽文軍隊。瀰濃位處要衝，正好隔著旗尾溪與敵軍對峙。當時敵軍攜帶了石灰，攻至牛埔庄時正值西風，敵軍趁機潑灑石灰想阻止六堆軍的視線，風向卻在此時轉成了東風，將石灰吹回對岸，敵軍反受其害，人數較少的六堆軍趁機攻擊讓敵軍損失慘重。後來鄉里謠傳，當時起東風時，有位若隱若現有如關公的神人在空中揮扇，使風向轉變。

從前的德勝公壇及之後幾間造訪的伯公壇，原本皆是露天墓塚型的伯公形式，但在六〇年代時，從

● 開庄伯公

傳統的墓塚型改建為廟宇，有些甚至還刻神像，原本的石頭公或牌位被收藏至小祠後面。根據張二文的統計，在美濃地區 397 座伯公中，目前的型制維持露天祭壇的伯公壇約為四分之一，其餘均改建成廟祠。這或許是受到了閩南人信仰福德正神的影響，從自然神逐漸轉變為有人型的人神。

　　接下來是里社真官伯公，也就是「蛇官」伯公，位在德勝公壇附近，越過在當地稱作「河壩埔」的地區，意思為河流沿岸較低處，河水暴漲時能夠成為滯洪池的平原。美濃溪水口的地勢十分平坦，站在青翠田園中遙望綿延在美濃平原北方尖峭的金字面山，藍衣的禮生與福首們持著紅色大旗，在大地上繪上了一抹明亮的色彩。

　　離開里社真官伯公後，下一站是楊寮下伯公，又稱為中圳伯公，在伯公祠一旁的圳道被稱為伯公溝。雖然距離永安街較遠，卻是以前美濃河畔西柵門往中壇地區的要道，也算是瀰濃庄的邊界地帶。楊寮下的名稱聽說是以前有戶姓楊的村人常在此放置奉茶，因此為名。

水畔的伯公

　　接下來幾位伯公皆在永安街上，包含坑仔底伯公（現稱永安福德

● 伯公墓塚

● 前往迎伯公的隊伍

祠）、花樹下伯公（現稱花樹下福德祠）及阿彌陀伯公。

　　值得一提的是隱身在巷子與堤防之間的阿彌陀伯公。當車子在古老的永安街停下時，我和阿成才覺得奇怪，隨著隊伍走進一條僅供兩人並肩的巷子，巷子一側擺了幾座石碑，再往前才發現一座小小的墓塚型伯公立在建築物的後面。

　　南柵門阿彌陀伯公或許是除了里社真官之外，與水最有關係的伯公。根據一旁矗立的碑文上寫著：

　　清代瀰濃庄的穀物從此上大筏，沿美濃河順流至下淡水溪（即高
　　屏溪）之東港銷售予大陸商船兼運回日用品，在此並設有義渡，方便
　　美濃溪兩岸庄民往來

　　如今美濃河已用堤防圍堵，往昔為交通要衝的南柵門渡船頭被封鎖在河岸的另一側。比起其他香火鼎盛的伯公祠，土色的石頭伯公在房舍的陰影中，與灰暗的人造水泥面面相覷，在狹窄的空間中，與斑

● 楊寮下伯公

駁的碑石漸被人們遺忘。

　　位在美濃湖（舊稱中正湖、中圳埤）旁的中圳糧埤伯公是第九位伯公，中圳埤是清乾隆十三年時興建的水利建設，道光八年時因山洪暴發，河水衝破堤防漫延形成湖泊，庄人即在下游築堤，引水灌溉。後於日治時期併入獅子頭水利組合，成為公共水利設施。

　　糧埤伯公也有了座嶄新的棲身之廟，廟前坐滿了庄人，下棋觀棋者來來往往就像是庄頭的長青活動中心。無事者招呼著行禮如儀的福首們，但多半庄人仍在一圍方陣中進行無聲的廝殺，熱鬧的八音旋律對他們毫無影響。從糧埤伯公的位置眺望美濃湖，近年來公所建設了環湖自行車道，使此地從水源地轉變為遊憩區。

　　帶著九位伯公的小紅牌位，我們抵達了第十座伯公──美濃庄頭伯公的轄地。庄頭伯公位在美濃溪高聳的堤防畔，一旁即是保衛瀰濃庄的東門樓，兩側河岸的視野遼闊。庄頭伯公也是早期美濃開庄時建立的伯公壇，在伯公壇後的老榕樹有著扭曲的枝枒和樹瘤，據說已有一百五十年以上的歷史。這裡是瀰濃老街的邊界，東門樓在實體建設上肩負著抵抗番人的責任，而庄頭伯公同樣地也帶著鎮守鄉里的祈念，

● 前往阿彌陀伯公的小巷

● 阿彌陀伯公

面水佇立。

　　繼續跳上機車，跟著領頭的伯公轎，前往第十一位伯公——檳榔園伯公。這位伯公隱藏在一個十分奇妙的地點，我們抵達了一條位在美濃區衛生所旁的死路，另一側是一小片草原，草原上斑駁的道路綿延入一大片香蕉園中。兩台車毫不猶豫地開車鑽入香蕉園。

　　兩側的香蕉樹愈往深處愈顯茂密，小貨卡愈往內開，近乎貼著香蕉樹前進。接著，一間小小的伯公祠出現在叢林間，屋頂紅磚被雨水淋去鮮豔的色彩，斑駁牌匾透著歲月痕跡，腳踏的水泥地在溼潤的空氣中長滿青苔。雖然一開始對於為何在香蕉園中間會有伯公廟感到困

● 糧埤伯公旁的下棋客

● 美濃庄頭伯公

惑，但後來一看地圖，便發現此處是柚仔林庄的範圍，伯公祠後方是在地人稱之為「三夾水」——也就是瀰濃河、羌子寮溪、竹子門溝（舊稱柚仔林溪）三條河流匯流的區域。邊境及水源，伯公建置的位置多半不脫這兩點要件。

　　最後兩位伯公都是在柚仔林地區，第十二座是柚仔林

伯公，位在社區活動中心的二樓，我們隨著福首們走上樓梯時，看見一間完整的廟立在頂樓，十分奇妙。遠眺的平原景色寬廣，或許柚仔林伯公對久居地面感到膩煩，而喜愛登高望遠也說不定呢。

結束後，我們回到美濃舊橋畔，最後一位排渡伯公即安置在舊市場旁的

● 東門樓

鐵皮屋小廟中。迎接十三位伯公約需兩個半小時的時間，最後再將放置牌位的香爐，也就是代表將伯公們在「福廠」（祭祀伯公的主要空間）安座後，迎伯公儀式便告一段落。

告祭河江

二月戲保留了開庄時期的記憶，體現了伯公、河流與村莊密不可分的關係。冬春之交的三月，太陽仍早下山，在伯公順利安座後，時間幾近黃昏。眾人七手八腳地把桌椅祭品搬下河岸，準備接下來的祭河江儀式。豬頭、熟肉、雞等牲禮，水果、鮮花都擺在紅桌上，金紙分成三種在一旁排成圓圈。

紅桌上的牌位寫著：河江伯公 里社真官 暨列諸尊神香位前

但在紅桌旁邊，卻也準備了水盆與毛巾，在民俗意義上這樣的布置是要讓好兄弟孤魂野鬼們在享用布施前，能夠擦淨手腳、洗洗臉。

但出現在祭祀伯公的場合，似乎有些微妙。我猜可能是祭河江的本意在時代變遷中逐漸變質，在與普渡時有類似祭儀的狀況下，融合混淆了也說不定。

　　後來向謝宜文老師（他是今天八音樂手之一）請教後，他的印象中祭河江，或者說祭河神，是祭祀水鬼的好聽說法，而伯公則是鎮壓好兄弟，勿讓他們鬧事的神祇。另一位福首也提到之前有里長不想參加二月戲，導致里中發生不好之事的傳聞。若說二月戲的確是從古代社官信仰逐漸演變，加入了平息水中孤魂的怨氣，且不讓他們作亂的儀式，似乎也不是說不過去。傳統民俗並非一成不變，而是隨著時代

● 前往檳榔園伯公的途中，經過顛簸的產業道路

● 祭拜檳榔園伯公

● 位於二樓的柚仔林伯公

● 演奏八音的庄民

需求改變，能夠適應當
代，傳統才能延續生命。
或許祭河江的祭祀型態
也是順應不同需求而增
加了不同的面向。

吹過河岸的風有些
蕭條，雪白的芒草在乾
枯的河床上伸展搖擺，

● 祭儀過程

靜靜地。禮生念完敬告河江伯公的疏文後，燒香鳴炮，再將金紙燒化。
此時的陽光漸漸躲去雙峰山之後，滿天紅霞，儀式也告了個段落。

戲台上的演出已蓄勢待發，演員鳳冠錦袍，手持拂塵，身段之柔
美，眼波之流轉，文武場一鬆一緊、一靜一動之間勾引著觀眾目光。

台灣只有北部有客語戲團，南部因為客語人口流失等的因素，沒
有固定演出的客語戲團，因此每年二月戲時，都得重金向北部聘請客
語戲團。這次請到竹北新樂園歌劇團，是老中青三代傳承客家戲的代表。

說到為什麼一定得找客家戲團，除了傳統使然之外，也因為最單
純的一個事實——老一輩不懂閩南語。據 2010 年內政部的家戶語言抽
樣中，美濃的抽樣結果有八成的人在家裡是說客語的，是六堆各鄉鎮
中最高者。因此聽說以前沒錢舉辦時，請來的閩南語戲團為了省錢，
還播客語的錄音帶搭配演出，不然台下的鄉親們聽不懂戲在演什麼。

在看戲之前，我一直挺好奇客家戲團與閩南戲團有何不同，前者
的曲調中加入了客家曲調，甚至是山歌的節奏，非常獨特。然而，與
閩南語戲團相同的地方，皆是先演出劇碼後，再進行扮仙的演出。扮
仙即演員會扮演神明，最常見的就是扮八仙，在演出中象徵天上眾神

明共赴盛會。

　　演出約在十點左右結束，在演出同時，福廠也沒真正閒下來，他們正在準備「還神」儀式。還神儀式比起祭河江更為隆重，除了擺設三層祭壇外，也準備了一對豬羊（未煮過的，保留頭尾）敬天。還神在客家習俗的年中行事裡代表一年中感謝上天保佑、還願的儀式。傳統上是要過午夜才開始進行，但因現代儀式簡化，改為提早開始，但結束時一定要在子時過後，也就是晚上十一點之後。

　　夜已深，四位樂手從早到晚堅守崗位，即使舞台和座位已經收拾

● 客家戲班演出──八仙過海

● 客家風味素辦桌

● 河畔祭江

一空，但還神儀式尚未結束，八音的樂聲仍在美濃河畔迴盪，如同百年前，絲毫未變。

山與水間的網絡——社官與竹仔門電廠

水邊的社官伯公

　　美濃地區除了瀰濃庄里社真官外，其他庄頭也存在著里社真官的信仰，僅存的兩座皆位在美濃最早開發的區域：「九芎林里社真官」及「龍肚庄里社真官」，目前皆被列為市定古蹟，其中龍肚庄的里社真官伯公據說是保存最完整、未經改建的里社真官，希望今天能一探究竟。

　　從美濃市區往東騎，經過美濃湖後，逐漸進入了竹頭背地區。清乾隆 3 年（1738）時，位在瀰濃庄東北角的竹頭背與九芎林正式有人進入移墾，九芎林即是現在廣林社區的舊名。按照客家人的習慣，開庄後即會在山邊水岸設置開庄伯公以及里社真官伯公，擔任守田守水關之職。

　　竹頭背、九芎林地區在民國六、七〇年代重建水利設施完整之前，因地勢較高、水源不足，多為旱田，故種植蕃薯、甘蔗等耐旱作物。旱田有種說法也稱作「看天田」，顧名思義是看老天爺賞不賞飯吃，因此生活多半貧窮。晚年深受貧病交迫的文學家鍾理和，家族所擁有的笠山農場也就是在這個地區。他在《故鄉四部》中，曾描寫他在太平洋戰後，故鄉竹頭角陷入旱災的殘破景象，然而如今路經竹頭背，只會覺得是個安靜的小村落而已。過往艱苦的農業生活，在水利設施重建後，

得以在稻作之間種植菸葉貼補家用。只不過公賣局於 2018 年後不再與菸農契作，家家戶戶曬菸葉的場景已不復見。

通往九芎林里社真官的道路並不好找，隨著指標轉彎後，是條更為窄小的田間道路，過了一條小橋，路已到盡頭，氤氲霧氣中，目標就在眼前。

背倚橫山，面前是條整治過的圳道，路底除了里社真官外，還有廣福庄開基伯公作為鄰居，加上四周也安置著不少先人，看來是塊風水寶地。此地已是聚落外緣，且建築物面向聚落，是里社真官設置地點的一貫特色。然而，九芎林里社真官比起瀰濃庄的規模小了不少，且神壇上的裝飾也較簡略古樸。僅有對聯「里居千載盛，社立萬民安」、「四民俱感德，萬幸沐沾恩」，與「廣福庄水土里社貞官位」等字樣而已。

……頭擺九芎林過窮，冇錢，還沒做社官伯公介時節，莊肚裏十家田坵賣分竹頭背，有人請地理先生來看，落尾伯公做起來，淨存三家田坵有買歸來……

● 往九芎林里社真官路上

根據鍾兆生訪問九芎林的居民，曾提到以前九芎林地區還沒建造社官伯公的時候，很窮沒錢，庄裡有十家人把田地賣給竹頭背，後來有人請地理師來看風水，建造伯公壇後，只有三家沒把田買回來。伯公守水口，也是守著財富，成為先民最穩固的靠山。

　　後來我才知道，竹頭背（廣興庄）祭河江的日期與形式與瀰濃庄完全不同。祭河江與滿年福（歲末感恩伯公之祭儀）同時在年底冬至前的吉日舉行，雖然同樣會邀請伯公入座，也在河邊擺放「河伯水官」的香位，但九芎林的里社真官伯公並非在邀請之列。雖然在現代的地區劃分都被稱為竹頭角，但明顯可看出不同庄頭的原始範圍，以及分明的地域性。而九芎林相比竹頭背又是更小的庄頭，做滿年福時，便沒如此大陣仗。

　　離開前雨勢又變大了，我們決定稍坐片刻躲雨，在這安靜的山腳，遙想從前。

從龍腹流出的圳水

　　龍肚的開墾時間比瀰濃庄還早，清乾隆 3 年（1738）即開闢了美濃第一條水圳——龍肚水圳，使龍肚地區供水無虞，一年兩穫甚至成為了清代六堆的糧倉。現在則是個擁有緩慢復古風情的小鎮，也能見到好幾棟完整的菸樓遺跡。

　　在村內漫遊時，瞥見一座有些突兀的五層樓寶塔突出在房舍之上，原本我只以為是座普通的佛塔，走近才發覺裡頭供奉的是孔子，原來是座超大型敬字亭，此外，台 28 線旁還有間占地頗大的文昌祠，看來龍肚地區的文風發達其來有自。這敬字亭建得這麼高，其實也有風水的意義存在，這就得從龍肚的傳說故事開始說起。

介在竹頭庄與龍肚庄中間的龍山，過去名為「蛇山」，後來居民覺得蛇聽起來不吉利，而改為「龍山」。而龍肚這裡最有意思的，就是與龍脈相關的傳說了。

〈龍龜會談〉的故事相傳龍肚的山形特殊，有獅、象、龜、蛇、龍等動物之吉象，被認為有龍脈，因此皇帝便讓地理師來斷龍脈、敗風水，但在挖掘時卻發生隔天溝渠被回填，山形崩塌。有一賣豬肉的人偷聽牆角，聽見龍山對龜精說祂什麼都不怕，只怕鋸子，龜精則說他最怕雷公。這人聽到之後告訴開鑿的官員，隔天埋下鋸子和鑿子，工程便順利進行下去，直到溝渠挖通後數日，龍山竟流出了血水。而當時庄內有一戶人家的孩子，耳垂到肩，手臂過膝，被認為有皇帝命，但在龍脈被破後，隨即夭折，庄內也從此不平靜。

這個故事經過時間變遷後，流傳下來有許多變體，但歷史上最有可能的版本，是發生在雍正 13 年（1735）的一場大暴雨。

龍山山系與橫山中間，竹仔門溪穿越的通道稱之為「龍闕」，據說兩邊的山原本是連著的，東邊與北邊的水系在此凹陷處匯集成潭，遇到大雨易氾濫成災。雍正年間由於豪雨不斷，山區土石鬆軟導致龍山崩塌，被洪水沖出一條溪流，即為竹仔門溪。水流退去後，曾經的積水沼澤成為良田。

但後來龍肚庄一度發展凋敝，庄人認為是截斷龍脈之故，最後在龍闕出口處設立「里社真官」，面向東方的村落，也把守水關，防止土地流失。加上傳說中有一位人稱「李古伯」的地理師，為鎮住缺口，在龍闕處建造一座小型敬字亭，鎮壓邪氣，重振氣運，也能焚燒字紙代表客家人對文字的敬重，使文風再興。然而，現在看到的六角五重塔造型是民國後才用鋼筋水泥建造的。

位在龍肚庄邊境的龍肚里社真官伯公是目前保存下來形制最完整、最大的社官伯公，是此行的重要目標之一。原以為龍肚的里社真官伯公也會像九芎林的里社真官一樣，藏在山邊水尾之處，但抵達才發現，其實祂就在台 28 線旁邊的檳榔樹林中。看地圖上，此處就像是個隘口，兩邊山頭夾著平整的兩線道省道，以及蜿蜒的竹仔門溪，穿過龍闕深入美濃平原，注入美濃溪，灌溉數百公頃的土地。

占地比瀰濃庄的里社真官大上一些，灰白的碑石上刻有「龍庄、水口」二字，表明了里社真官的職責，石頭供桌上放著金紙與供品，沒被雨淋溼的狀況下，應該是附近的住民前來祭拜時所放置的。

雖然龍肚早期即有豐富的水資源，但大旱時，仍只能寄望上天降雨。比起較富裕的瀰濃庄，龍肚庄及竹頭角兩個聚落，過去曾有祈雨的

● 龍肚庄里社真官

經驗。鍾理和的小說〈雨〉中，便描寫過祈雨的橋段，祈雨儀式會在村中的廟宇或善堂廣場舉行，而龍肚庄曾在供奉水利三恩公的清水宮舉辦，也曾在龍肚庄里社真官處舉行。全庄村民由竹仔門發電所沿著獅子圳順流而下，一直拜到龍闕的里社真官。

穿山越嶺的引水工程

　　從龍肚往新威方向的省道 28 號是兩線道的平坦柏油路，約略十分鐘的車程，其右手邊看到了一條岔路，在安全島上一面陳舊的路牌寫著「高屏發電廠」。右轉進入狹小的道路，往前一小段便是路的盡頭，圍牆內幾株聳立的棕櫚樹，彷彿帶著些南國熱帶風情。然而，在斗大的雨勢中，我們全身溼透地抵達了竹仔門發電所，也就是現在的高屏發電廠竹門分廠。

　　明治 42 年（1909）興建完成的竹仔門發電所是川流式的水力發電廠，發電原理是引入較高地勢的荖濃溪水至竹仔門發電所，中間有二十一公尺的落差，引入的水進入壓力鋼管後，推動發電機組，產生的電力除了供給當時的打狗港開港建設、大高屏地區，也延伸至台南地區，成為當時工商業發展及現代化的重要建設。仿巴洛克式的廠房建築及四組舊機組如今都被列為國定古蹟，舊機組也停止使用，但台電另外再規劃了新的發電機組投入商業運轉。

　　對美濃而言，竹仔門發電所的興建，除了電力供給之外，最重要的就是發電後的尾水經過如微血管般深入美濃地區的獅子頭圳，灌溉近五千公頃的地區，將美濃地區的看天田轉變成良田，也開始了糖業及煙業的開發。

　　有人會說日本時代的基礎建設是台灣現代化的開端，比起劉銘傳那

被日本人戲稱為「肺病鐵道」的火車，連接北中南的縱貫線才是串起整座島嶼的交通命脈。但不可諱言的是，這一切的建設有個大前提——台灣作為日本殖民地，所以必須服從殖民母國的政策，發電廠、港口、糖廠、煙樓等，都是為了內地，而毫無保留地向外輸出島嶼的血肉。

近年來，現代產業遺產逐漸受到重視，或許也是重新檢視被忽略數十年的台灣發展史契機吧。期待下次重返此地時，能見到竹門電廠重現舊風華。

跟著水圳回家，我們騎著機車，沿台 28 線省道返回美濃。

● 竹仔門電廠

【參考資料】

洪馨蘭，2013，〈「社官」信仰在廣東蕉嶺與臺灣美濃的比較研究〉，《民俗曲藝》，180（2013.6），頁 83-130

張二文， 2002 〈美濃土地伯公信仰之研究〉，國立台南師範學院鄉土文化研究所碩士論文

劉吏桓，2016，〈美濃聚落發展與伯公信仰之研究〉，中國文化大學史學系碩士論文

謝宜文，2009，〈美濃「二月戲」祭祀禮儀與其空間之研究〉，高雄縣客家學術研究計畫，未出版

黃美珍，2008，〈聚落，信仰與地方精英：以美濃二月戲為例〉，國立交通大學客家社會與文化碩士在職專班碩士論文

鈴木清一郎（1934），《台灣舊慣習俗信仰》，馮作民、高賢治譯

阮昌銳（2013），〈台灣民間的蛇神崇拜〉，《臺灣博物季刊》，32 卷 1 期，P44-51

張二文（2008），〈客家「聖君爺」信仰及其傳說流變調查研究－以聖君、法主公、五營信仰之關係為主〉，行政院客家委員會 97 年度獎助客家學術研究

李添春，〈臺灣的動物崇拜〉，《南瀛佛教》，第 13 卷第 11 號

林欣育，2007，《土地與認同：美濃地區客家墾拓傳說之研究》，國立清華大學碩士論文

鍾鳳娣，2009，《美濃水圳文化之研究》，國立高雄師範大學客家文化研究所碩士論文

鍾兆生，2016，《美濃聚落文化景觀之形塑與特質》，國立高雄師範大學地理學系博士論文

戴佳靜，2003，《美濃地區民間故事研究》，台北市立師範學院應用語言文學研究所碩士論文

【補充資料】

美濃開基伯公社樹 鑑定為百年老樹 http：//e-info.org.tw/node/105539

誰說國語 https：//www.mplus.com.tw/article/744

感謝 林沛瑜以及林明成老師及師母在考察途中的所有協助，如果沒有你們的萬能支援，這次的考察不會如此順利，特此致謝。

三四二

尋妖人

高珮芸（Pey）

　　北投人，轉職為文化恐怖分子的貓大外交系，認為要面對世界一定得從在地出發，努力增加對台灣歷史與在地議題的認識。工作室的酒鬼二號，再忙也要喝瓶酒再上。

貓將軍

「貓將軍」，流傳於頭城當地的詭譎傳說。傳聞此將軍神原先為山貓精，彼時山貓作亂，其亡靈屢屢出現，或殺家畜，或作祟使人們患病，受害者甚至發出貓聲或做出貓的動作，使村民極度惶恐不安。此妖靈後經乩童傳話要求為其建廟，方停止作祟，於是村民遂建天神宮奉祀之，而山貓精也信守承諾，不再禍害百姓，即今日頭城新建里的將軍廟。

出沒地點：宜蘭頭城

宜蘭

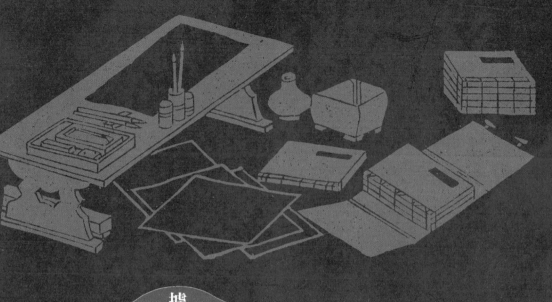

將軍廟的前世今生（上）

　　初聽到頭城將軍廟的故事是從朋友那邊，說是清朝時，頭城九股山上聚落有山貓精作祟，讓居民驚慌萬分，後來經過乩童傳話，山貓精要求為祂建廟，便會停止騷動，並庇佑鄉里，居民於是建了座「天神宮」，將山貓精奉為將軍，而山貓精也信守承諾，不再作亂了。後來，廟宇一度被土匪焚毀，多年未再重建，神像卻在一次颱風大水時，沿著福德坑溪漂到山下，被山下居民拾起，重新供奉起來──即今日頭城新建里的將軍廟。

　　這就是將軍廟建廟的起源：一則帶有神祕色彩的鄉野奇譚。這種因作祟（或害怕其作祟）而建廟，建廟後祭拜以平息祟亂的模式，總讓人想到那些在民間信仰中常見，拜祭無祀孤魂的信仰，譬如戰死、溺死的無主屍骸，人們會將其收集起來供奉，成了眾多的有應公廟；而像是早夭、意外身亡的無歸女鬼，人們也會集中到姑娘廟裡頭祭祀。然

而貓妖是動物靈，動物靈作祟的案例，不知能不能歸在此分類之下呢？

以動物崇拜的觀點，民間傳說中，動物妖怪有可能在因緣際會之下成神，最有名當屬玄天上帝腳下所踩的龜蛇，這對被尊稱為「蛇聖公」、「龜聖公」的神將，都是從妖怪轉化而成的神明部屬。

不過，貓妖作祟要求建廟，還成為主神的案例，除了頭城之外，幾乎不曾在別處聽聞過，所以這座以貓為神的將軍廟，可說是獨一無二。

大概因為如此，凡是整理台灣動物信仰的文章，都免不了一提將軍爺，例如：在丸井圭治郎的《臺灣宗教調查報告書》，就提到頭城這裡有台灣唯一的貓神信仰，民眾諱稱「貓」，因此呼其為「將軍爺」，神像和常人相異，耳和眼都和貓一樣。在 1999 年出版的《植物動物與民俗》一書中，也提到了將軍爺：「宜蘭頭城的天神宮祭祀『將軍爺』，原本是一隻山貓」，還說天神宮「現在祭祀時仍用生的肉和魚」──

● 頭城新建里將軍廟

如此野味十足，令人驚訝之餘更感好奇。

原以為此類故事很值得被記載下來，雖不至於廣為人知，但也不應沒沒無聞，想不到翻過幾本鄉土故事集，幾乎都尋了個空。我只偶然在吳敏顯的小說＜放貓＞裡頭，找到了相關的對話。小說中，村裡有怪貓搗亂，神明出籤說那貓是海邊廟裡的虎爺化身，苦主卻半信半疑，反問難道不是頭城的大山貓跑出來作亂？廟公急急忙忙為將軍爺辯護：

人家頭城那山貓，早都封了將軍爺，有了神格之後，百年來護國祐民，才不會隨便捉弄人。這在縣志鎮志當中都記得清清楚楚，騙不了人。

縣志鎮志中果真有提到將軍爺嗎？是的。翻開其中宗教志的篇章，「將軍廟」或是另稱「天神宮」，都出現在統計廟宇的表格裡頭，名列在冊，登記有案，只不過對於其由來，卻也是幾乎隻字未提，顯然並非如小說裡廟公所云的那般「清清楚楚」。

結果，關於將軍爺的身世，最詳細的文獻是日治時期留下的宗教紀錄。朋友當初曾從鈴木清一郎的《台灣舊慣習俗信仰》中讀到。在這本採集了台灣各地禮俗、信仰等風土民情的書中，鈴木清一郎是這樣記錄將軍廟的：

宜蘭縣頭城鎮新興路九十九號的將軍廟，是供奉稱為『將軍爺』的木神像，據說這是為了祭祀一隻貓。光緒元年在福德坑（又叫土地公廟，或李石家），有一隻山貓的妖怪，經常偷吃家畜，並且作祟使人染患惡疾，因而使居民萬分驚恐，就到處向神佛祈禱，可是始終沒收到效果。後來正當向將軍爺祈禱時，這隻山貓的妖怪卻經由童乩（乩童）說：『今後想要叫我不做壞事，必須為我建一座廟供奉，那時我

將成為全庄的守護神。」
居民對於乩童所傳的這句
神諭都信以為真，就集資
建了這座廟，從此貓害也
就停止了。

我讀著這樣的描述，
一時間不免懷疑起來——
廟內的「將軍爺」真是那
隻山貓，或是其實指的是
那位幫忙居中斡旋的神
明？不過我隨即想起了
《臺灣宗教調查報告書》
對神像的描述，既然神像
具備貓的特徵，那麼也許
主神為貓的可能性要來得
大些。

● 昭和 11 年拍攝的貓將軍神像

此外，除了《台灣舊慣習俗信仰》，增田福太郎於《臺灣宗教信仰》
一書中，記錄了他在昭和 11 年（1936）調查將軍廟，訪問當時管理人
吳瑞所得知的故事，對於貓妖由來以及貓害的經過，有更加生動的細節：

在福德坑創立的理由乃當時住於福德坑之李某所飼養的貓，被庄
民所殺，其亡靈屢屢出現，或殺家畜，或作祟人們使之患病，甚者發
貓聲或做貓的動作，住民大懼，託乩童請示，據答：若將其奉為神祭祀，
或可不再為禍，於是建此廟祭祀，其後果未再有被害情事云。

一旁並且附有廟內主神像的照片，題名為「李將軍（貓？）」，攝於昭和11年（1936），老照片的細節有些模糊，但可見到將軍爺是武人打扮，端坐椅上，左手置於膝，右手掌心向上舉高到胸前，儘管並未持物，動作卻好像正捧著什麼，又好像是要往濃密的鬍鬚拂去。圓睜的雙目的確有幾分動物的神態，耳朵則很可惜地似乎被頭冠遮住了，分辨不出那據說像貓耳外觀真正如何。不過增田福太郎以文字記錄：「主神為木雕神像，但異於普通人體，其耳目如貓。」算是為《臺灣宗教調查報告書》再次背書。

將軍爺神體為貓，這件事大抵是定論。不過說到廟宇的歷史，在交互比對各方的記載之後，發現了一些出入，令我感到困惑。

關於將軍廟於九股山上建立的年代，文字記載基本上沒有分歧。根據《台灣舊慣習俗信仰》還有《臺灣宗教信仰》，將軍廟建於福成庄（福德坑），時間是光緒2年（1876），也就是貓害之後的隔年，然而那座廟宇卻在光緒22年（1896）時被抗日軍焚毀。接下來，一直要到光緒27年（1901）左右，將軍廟才在現址，也就是新興路的地方重建了起來。

奇怪的是，以上兩處都並未提到廟宇為什麼是在山下重建，一開始聽見的「大水將神像沖到山下」說法，不知為何並未在紀錄中出現。宜蘭多雨，山洪暴發的災害時有所聞，神像隨水下山這種事聽來也是真實無比；只是我心裡難免猶疑，因為這樣的精彩經歷，沒道理不被列入傳奇故事的一環。

而對於現在新興路廟宇的建造時間，相對於日治時代的記載，如今的《頭城鎮志》有不一樣的說法。儘管書中並無記錄將軍廟的傳說故事，但卻明白點出了廟宇創建年代應為民國13年（1924），而在此

也終於出現了「大水中拾之而建廟」的敘述，還提到民國 54 年（1965）時歷經了重修。《續修頭城鎮志》的記載也相差無幾，只是這會兒重修時間改為民國 60 年（1971）。

究竟是 1901 年，還是 1924 年？這兩個年代，是對於遷廟時間點的混淆歧異，抑或根本是共存於同一條時間軸的兩項大事記？無論何者，距今已逾百年，除了這些資料，幾乎找不到更加詳盡的記述，而如今就算到當地查訪，也很難遇到曾經身處當年的人了。

在有限的文獻裡頭，該相信哪家說法，我實在拿不定主意。雖說《台灣舊慣習俗信仰》還有《臺灣宗教信仰》記錄的 1901 年版本，年代較早、細節詳盡，似乎較為可信，然而我心裡卻私自受到 1924 年的說法吸引，因為 1924 年，對頭城來說，同樣是命運轉捩的一年。

那一年夏天，頭城發生了一件大事——

將軍廟的前世今生（下）

　　讓我們把時間和視線都先拉遠，看看宜蘭的港口、雨水和河流的歷史。

　　清嘉慶元年（1796），吳沙率領一眾人前往宜蘭，最初就是從烏石港上了岸。這次上岸，為漢人侵墾噶瑪蘭的歷史鳴響了起跑槍，他們在港口南方不遠處築起土圍，開闢聚落，打算做為開墾的據點。這個據點「頭圍」，就是今天的頭城鎮，鎮上有座媽祖廟「慶元宮」，據說就是「嘉慶元年」所建。

　　但首次的開闢並不順利，漢人與當時蘭地的原住民噶瑪蘭族、泰雅族發生了嚴重衝突，甚至暫時退回貢寮的據點。一直要到隔年，噶瑪蘭社爆發天花病疫，吳沙以所學醫術救治病人，才打通了環節，擴大墾殖的規模。

　　但他們要面對的困難不只這些。宜蘭地區的氣候多雨，就算不是颱風季節，山洪暴發造成的水害依然頻繁連發，不僅對人民的生命與財產直接造成危險，也常威脅到交通樞紐──烏石港。

　　烏石港是河港沙岸地形，港深雖不能行大船，但依然是聯絡淡水、台北的重要口岸，也是初期宜蘭地區賴以為生的經濟門戶，許多產業幾乎命繫於此。

那時，宜蘭的一大溪流「西勢大溪」（今宜蘭河），由今日思源埡口附近發源，一路向東流至宜蘭城，過下渡頭後往東北轉折，隨後沿著沿岸沙丘西側向北，最後便在烏石港出海。當時宜蘭北邊的許多溪流，像是五十溪、大礁溪、小礁溪、金面溪，還有九股山上的福德坑溪，都匯注西勢大溪，使得西勢大溪水量算是豐沛，然而彎曲的河道以及河川上游夾帶而下的泥沙，都使得溪水流量、流速不穩定，加上宜蘭多雨的氣候，在在預示著港口顛沛的未來。

接下來的百年間，宜蘭屢受大雨、颱風造成的洪災影響，西勢大溪以及與其同源的濁水溪（今日的蘭陽溪），河道也在蘭陽平原上多次漂移。先是嘉慶14年（1809），颱風的豪雨使得濁水溪下游北徙，與西勢大溪爭道，一同匯流至烏石港出海。但濁水溪在這個港口並沒有安定太久，次年嘉慶15年（1810）的颱風，又讓濁水溪回流去舊

● 宜蘭廳管內圖

● 和平街上盧宅前方的大池，據說是當年頭圍港的
一部分

● 噶瑪蘭廳輿圖纂要（頭城——頭圍街）

河道。

　　文字記錄下的水害也多。
河流改道後的三年間，宜蘭
頻繁發生大水，淹沒田園，
官方宣布免收供賦。而後嘉
慶 20 年、23 年、25 年的夏
季水患也被《噶瑪蘭廳志》
明文記錄，沖毀田地與房舍，
到了道光 28 年（1848），夏
季的颱風重創了頭城山區的
聚落，包含石城、大里、金
面、武營，以及福德坑——
那時因風災而死傷慘重的庄
民，大概沒想到幾十年後還
要受貓妖危害。

　　風災、洪災仍不間斷地
侵擾宜蘭，但也許是因為開
始修築的堤防、水圳等工事
奏效，河川的流向安分了一
陣子，直到光緒 4 年（1878）
才又蠢蠢欲動了起來。那年
十月，山洪爆發，這次換作
西勢大溪改道，出海口南移到打馬煙（今竹安里），烏石港也因此淤塞，
港道變淺、舟船難行；而後光緒 9 年（1883）的二月，美國一艘角板

船在烏石港沉沒，阻塞了航道，烏石港從此正式廢港沒落，船隻只得由打馬煙河口進出。

即使烏石港已無法使用，水運仍是宜蘭重要的對外往來方式，難以輕易放棄。烏石港淤塞後幾年，南方的大坑罟開嘴，小船隻能由此駛往頭圍，在媽祖廟慶元宮前上下貨，新的河港「頭圍港」於是出現，維持頭圍一帶的經濟命脈。

只是在天候帶來的豪雨和沙石持續侵蝕下，頭圍港儘管代之而起，似乎仍舊註定命短。

光緒 18 年（1892），西勢大溪再次因洪水改道。這次的改道使西勢大溪從下渡頭附近衝出一條新河道，往東南方向奔去，在廍後匯流進濁水溪，而後在東港出海。往頭圍方向流去的分支仍在，後被稱為頭圍川，只是水量大減，頭圍港的淤積也悄悄加速。

時間進入日治時代。頭圍港仍是頭圍的首要出入口，只是對於整個宜蘭地區而言，重要性悄然下降。較南方的蘇澳港，不僅是穩定的岩岸，港區面積大，港深也能容納大船出入，兩相比較之下，宜蘭地區對於頭圍港的倚賴日漸移轉。

還有淤積的問題。頭圍港不時會被山上沖刷下來的土石堵塞，在耆老的回憶裡，幾乎每年颱風、大雨過後，都要動員青壯下港清理淤積的泥沙。明治 41 年（1908）、明治 44 年（1911）、大正 8 年（1919）、大正 12 年（1923）……能見於報紙的洪水災害不少，未上報的水災相信只會更多。無論如何，頻繁的清淤、清通航道不僅勞民，也難以阻止水道年年淤積變淺。早在明治 44 年（1911）八月，《臺灣日日新報》上已有篇名為〈頭圍港放棄〉的文章，提到動員疏通卻成效不彰，當地開協議會後，開始有棄港的念頭。

直到大正13年（1924）來臨。那年夏季，頭圍遭逢了颱風，冬季十二月時又經暴雨，新建里的堤防潰堤，頭圍港再度因福德坑溪刷下的泥沙淤積，而這次，官民再也無心力清淤通港了——政府宣布放棄頭圍港。也就在同年十二月，宜蘭線鐵路通車，從此轉變了宜蘭的交通型態。

1924年。倘若是在這一年，將軍爺的神像被那股宣判頭圍港終結、水運沒落的溪水捲起，在福德坑溪的河道中跌跌撞撞，最終乘著大水沖破堤防，在新建里的土地上著陸……

當然，這不過是我毫無根據的臆想罷了。若說將軍爺是隨水下山，那麼以宜蘭的氣候來說，機會多得是。說不定在1901年，也有一次無名水患，將神像沖了下來，停在新建里不走，於是就此落地生根。

我曾好奇過，福德坑溪沖下的神像，理應是由山上福成庄來的，如果有廟被沖毀，神像遺失，庄民難道不曾動過念頭下山尋找，山下頭圍街民有否想要上山歸還？但我隨即又轉念。一來，想到滾滾洪水連神明都無力抵抗，大概稍稍能夠理解居民的自顧不暇；而另一方面，人們不也總是難以抗拒神明擇地而居的冥冥命定嗎？

無獨有偶，現在頭城鎮上的城隍爺，也有溪邊撿拾神像而建廟的傳說，廟宇的沿革同樣記錄下曾經的洪水災害。道光25年（1845），有牧童在福德坑溪畔的林投林撿到一尊神像——據說那尊神像在夜裡發出了光。經過乩童溝通，發現神像原來是城隍爺，而這尊城隍爺先被放在附近的佛祖廟供奉著，之後才移出建廟奉祀。同治3年（1864），經歷了一場洪水，佛祖廟與城隍廟雙雙被沖毀，居民隨後又在今日吉祥路一帶重建新廟。再後來，佛祖廟與城隍廟兩廟合建，成了今日的開成寺，不過這就是民國後的事了。

水災頻傳的山區，究竟適不適合繼續居住呢？這些隨水下山的神像，彷彿先一步示演了福德庄居民的未來。民國65年（1976）八月，范迪颱風襲台，福德坑溪挾大雨暴漲，福德坑的房屋幾乎都被沖毀，水電盡斷，風災後，山上的二十八戶居民，終於決定集體遷村，住到山腳下去了。簡直就像是追隨先他們而下山的那些神像一樣，儘管他們最後的落腳處並不相同。

　　只是比起充滿神聖色彩的神像漂流，人們的搬遷更接近無奈的必然。

　　時至今日，九股山上福德坑幾無住戶，但還有許多廟宇，仍有人會沿著產業道路上山，拈香膜拜；也有佛寺，甚至有出家人入住，在人煙稀少的山中清修——經過現代的河溪整治後，上山居住應該不像以往那麼危險了才對。山下的頭城老街，已不見港區曾有的繁華熱絡，只有老廟、舊建築，在悠閒的氣氛中靜靜存在，證明過往的歷史。

　　將軍廟則立在寧靜的住宅區，緊鄰著住家，面對著鐵路。不知每當火車通過，車聲、平交道號誌聲一陣又一陣，將軍爺是否會回想起許多年前，九股山上福德坑溪的水聲潺潺？火車載著人來來回回，是否會讓祂回憶起乘大水遷徙的經歷？就如同圍繞著祂一脈傳下的傳奇裡的疑點，將軍爺的想法我當然無法知曉，只能當作是另一個神祕的、引人遐想的未解之謎了。

隨興所至的小旅行

　　一說到頭城，大部分的人直覺想起搶孤，但非農曆七月的頭城，自有另一種厚實的人文面貌。頭城鎮上氣氛樸實、步調悠閒，要是能夠放開心胸、仔細探險，便可以在一磚一瓦中尋得趣味，因此不妨隨興之所至，無論加速或停留，順心就好。

Day 1

08:00	🚌	09:30	10:00	12:00	14:00
圓山出發	（國光號圓山至烏石港線，票價115元，車程約90分鐘）	抵達烏石港（烏石港停留30分鐘，參觀清代港口遺址、烏石港環境教育中心）	蘭陽博物館（步行十分鐘到蘭陽博物館，參觀常設展，開放時間上午九點到下午五點）	午餐（頭城車站──樂窯，步行約二十分鐘）	頭城鎮史館（李榮春文學館）（免費參觀，開放時間上午九點到下午五點，中午十二點到下午二點休息）

走訪頭城

頭城老街

老街沿路有許多像招牌一樣的裝置，形式各異，各有特色，上頭都大大標著「頭城老街」，十分新奇好玩，別有趣味。

烏石港環教中心

前身是遊客中心。大廳有一些介紹海洋生態的裝置，就算是大人也會忍不住駐足停留。

清代烏石港遺址

烏石港的紀念碑。烏石港現已轉型成觀光漁港，許多賞鯨船都從這裡出發。

蘭陽博物館

常設展會介紹宜蘭的歷史、地理、風土等，不定時會有特展。三角形單面山的建築造型十分奇特，是港邊一大地標。

頭城鎮史館（李榮春文學館）

建築物為日治時期國小校長宿舍，裡頭主要陳列及介紹頭城文人李榮春的其人其作。

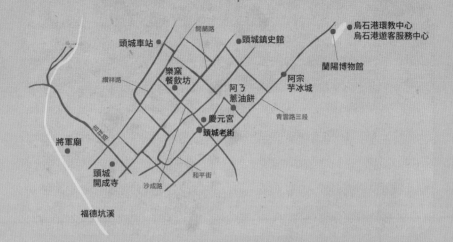

閩蘭路

頭城車站　　頭城鎮史館

烏石港環教中心
烏石港遊客服務中心

蘭陽博物館

樂窯餐飲坊

嶺祥路

阿ㄋ慈油餅

阿宗芋冰城

慶元宮
頭城老街

青雲路三段

將軍廟

頭城開成寺

沙成路　　　和平街

福德坑溪

15:00	16:00	17:00	18:00	19:00	21:00
考察城隍廟（開成寺）（頭城的城隍爺相傳從福德坑溪上游漂下來）	考察將軍廟	考察福德坑溪（河邊可悠閒散步）	晚餐（阿ㄋ蔥油餅、阿宗芋冰）	回程（國光客運頭城站上車）	抵達台北

順路考察

頭城開成寺城隍廟

令人印象深刻的四層樓建築，寺內設有吳沙神龕，佛道同處一寺是其特色。一樓為里民活動中心。

韋馱院

台灣唯一將韋馱菩薩當作主神奉祀的佛寺，位於九股山山腳下。

福崇寺

祭祀開漳聖王，據說將軍廟舊址就在附近。這一帶是福成庄舊聚落，可以看見一些目前無人居住的房子。附近廟宇除了福崇寺，也還有土地公廟、萬應公廟等。

Day 2

08:00　圓山出發

（國光號圓山至烏石港線，票價115元，車程約90分鐘）

09:30　抵達頭城（早餐享用阿公蔥油餅或其他小吃）

10:00　考察韋馱院（山貓精與韋馱爺對峙的民間傳說）

11:00　考察九股山福德坑（福成庄）（山上以前有聚落，現只有產業道路。頭城老街至福德坑舊聚落步行約1小時）

12:00　考察九股山福崇寺（據當地人所述，將軍廟原址天神宮位於此廟附近）

順路考察

北門福德祠與南門福德廟

這兩座土地公廟鎮守街頭與街尾，皆建於同治年間，象徵鎮守財氣。不過北門的福德祠在大正時期翻修過，現今較接近日治時期的樣貌，門口兩座小石獅竟然高踞於兩側門柱上，別具特色。南門福德廟幾經翻修，已經難以想像以前的樣貌了，不過這裡的招財龜倒是蔚為奇觀。廟旁本有一尊石龜，旁有一小塊碑文，信眾可以依照心中所求分別觸摸石龜的不同部位來祈福。

頭城十三行

頭城十三行是相連的十三棟街屋，據說當初是商行及倉庫，現在留下的平房，有些尚有人居，有些卻已閒置破敗，徒有對面牆上的意象磁磚藝術，讓人遙想當年繁榮。

盧宅與史雲湖

宜蘭俗諺：「有盧家富，無盧家厝；有盧家厝，無盧家富」，言下之意，有大宅又有財富的盧家是無人能及的！盧家除了是頭城首富，也出過不少名人，譬如當選首任宜蘭縣民選縣長的盧纘祥，頭城車站前頭還有條以他為名的「纘祥路」。盧宅現今仍有後人居住，並不對外開放，僅能從閉鎖的鐵門縫隙間，一窺大宅面貌。

新長興樹記

見證頭城歷史的新長興樹記，過去是從事南北貨批發的商行，極盛期曾一度擢升為頭城最大店家。新長興樹記的一大特色是門上的「鑲嵌榫法」對聯，「長處樂」、「興於仁」六字嵌於木門上，就像浮雕一樣。立面也能看見閣樓開闢的小門，應是便於運送貨物用，如今尚保存得十分完整。

源合成街屋與陳春記商號

源合成街屋與陳春記商號是老街南段的著名景點，兩座相鄰的街屋皆是日治時期留下的雜貨店店面。源合成街屋看起來整修過較為嶄新，門也換成了現代式鐵門，現作為美學館使用，展示宜蘭畫家楊乾鐘的作品。

13:00	14:00	15:00	16:00	17:00	18:00	19:00	21:00
午餐 （舞涼麵，小 涼園冰菓室）	頭城老街 （南門福德祠） （順遊景點陳 春記商行、源 合成商行）	考察慶元宮	頭城老街 （新長興樹記） （吃一品碗粿， 順遊和平街屋）	頭城老街盧纘祥 宅、十三行 （吃一品碗粿， 順遊和平街屋）	晚餐 （老街懷 舊食堂、 聯發芋冰）	回程 （國光客 運頭城站 上車）	抵達台北

食在頭城

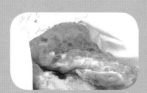

蔥油餅

知名的頭城車站阿公蔥油餅，接近夜市常見的炸蛋蔥油餅，外層炸得酥脆，麵皮卻有特別的Q勁，咀嚼起來很有層次。我吃的是沒加辣的口味，醬料的鹹味不會壓過餅皮本身的味道，蛋的香氣也意外突出。

阿宗芋冰城

首訪阿宗芋冰城，無論假日或平日去，門口都是人滿為患，其口味與口感都比較傳統古早，我點了芋頭、花生與紫米來嘗嘗味道，這三種口味都能吃到食材的顆粒，可見店家用料實在。

舞涼麵

這裡的麵條使用的是義大利麵條，吃起來別有一番嶄新風味。

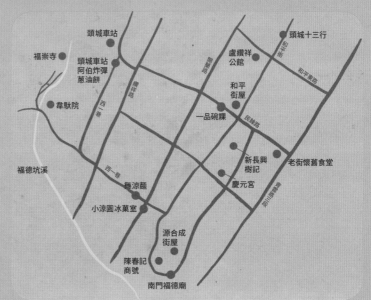

九股山上的痕跡

　　我與旅伴天野拜訪頭城，是五月初的事。

　　此行之前，我在網路上找到了「宮廟達人工作室」對將軍廟的紀錄，除了我們比較熟悉的山貓作祟故事之外，那裡還紀錄了「山貓靈守護原住民公主與吳化之間戀情」，以及「山貓靈對抗韋馱菩薩和孩兒爺」的故事。聽起來好像是很精彩的衍生傳說，尤其九股山腳至今仍有祭拜韋馱菩薩的寺院，似乎與故事遙相呼應，只可惜文章裡對兩則故事的情節並未多加著墨。不知道能不能向作者問得更多細節呢？我這樣想過，輾轉去訊詢問是否方便拜訪，可惜後來沒有交集，因此本次九股山之行，就變成我與天野兩個外地人獨自摸索的一趟旅程了。

　　從台北搭上客運，歷經圓山至南港中間的一段小塞車，抵達宜蘭頭城的時候，差不多剛過早上十點。從下車處要到九股山上的福德坑，首先要往回走幾步，從慶元宮切進老街，走過南門福德祠，而後越過開蘭路，途經長長的吉祥路到山腳，才能走上通往山裡的福德坑路。

　　以我們抵達頭城的時間，上山跋涉的過程要避開正中午，已經是不可能的事了。即使如此，我和天野仍希望能在不算太晚的時間下山吃午餐，因此在老街上也沒逗留，匆匆走過南段的街道，便轉彎直行再

轉彎，走上了吉祥路。

大約三十分鐘後，我們才終於看到那座位於山下，越過福德坑溪的吉祥橋，以及此行的第一個目的地——韋馱院。

也許是因為這天並非假日吧！一路上走來，我們幾乎沒遇上什麼人，就算在

● 慶元宮前曬著石花菜

較有觀光氣息的老街，遊客或是行人也不多，而韋馱院這裡更是如此。眼前這棟二層樓高的佛寺，據說是全台灣唯一以韋馱菩薩做主祀神的寺院，建築物感覺上花了不少心思維護，外牆砌著紅磚，台階以及周遭都打理得乾淨整齊。

寺院的門關著，我和天野一時不敢貿然打擾，只探頭看進去，裡頭靜悄悄的，視線所及之處，更沒有記載佛寺沿革的碑文或紀錄。

我們在韋馱院這裡晃了一陣，又到了緊鄰在旁的土地公廟看了一圈，但期間一個人都沒碰上，當然也就無從探聽起與貓將軍相關的傳說。後頭吉祥路上不時有大小車輛飛速經過，儼然是重要交通要道，但離開柏油路的佛寺與廟宇，卻彷彿隔絕在塵世的繁忙之外，如此超然卻寂寞。

既然此處無人，我們也只好先離開，越過橋繼續趕路了。

過吉祥橋上山後，道路與水道有些距離，只能透過較稀落的樹木間瞥見深切的溪谷裡頭，響著潺潺水聲的溪流。有些溪段看來經過人工整治，河面平整，一階一階像是樓梯一樣；有些溪段則還保留自然的風貌，

● 韋馱院外觀

大小石頭交錯排列，構成一幅灰色調的馬賽克畫。就第一印象而言，福德坑溪看來溫馴無害，溪水那麼薄、那麼輕，刷過石頭時激起的白色水花，以及流下落差時形成的瀑布，都是那樣和緩可愛，難以想像這樣的淺流，竟然曾經變成毀滅住宅的可怕暴溪，兩個形象相比較，真令人感到些許錯亂。

　　同樣難以想像的還有聚落的位置。有人說，石城、大里、福德坑等山區聚落，最初是因為取水方便，加上背山面海較易防守，才發展成了人口聚集地，但在沒有石油也沒有柏油路面的年代，生活在山裡，在我想像中，幾乎接近與世隔絕。這樣的生活方式，讓城市長大的我無法揣想分毫。

　　多虧柏油鋪過的平坦上坡路，縱使我們爬得汗流浹背，卻安全地一步步接近福德坑。從山腳出發後又過了二十多分鐘，我們遇到了「福德廟」。這間土地公廟同時也是財神廟，廟宇左側的山壁擋土牆上，掛著三幅大大的吉祥圖，雖然經過風雨沖刷顯得陳舊，上頭的圖樣仍

堪辨認。廟基稍高於路面，要看到神像得走個四、五階，我們上去向神明拜了拜，頗有拜碼頭的意涵。

● 福德坑溪一景

又過了十多分鐘，人為活動的痕跡逐漸出現在眼前。首先是一座像是水塔或儲水槽的水泥造物，立在右手邊靠溪的那一側，塑膠的水管一根根從裡頭探出，鑽入草叢，顯然是向路延伸的方向而去。再走幾步路，左側靠山處就出現了上端嵌有鏤空花飾的矮牆，以及有著斜屋頂的低矮紅磚建築。儘管建築物已經老舊，看來無法使用，但一旁的空地卻看得出是個菜園，而且似乎沒有荒廢——那就代表有人照顧！

看著菜園，我們都精神一振。果然再往前幾步，就在左手邊離道路不遠的地方見到了房子。

我們終於到了。

如果這裡有住戶，或許就能回應我們的種種好奇，可惜我和天野興沖沖地走到房子那裡時，等著我們的是只剩下屋牆的破敗房屋。我們走近看，門口一旁的牆上看得到電表，不過裡頭薄薄的圓盤卻是靜止不動，往門內一看，木製的屋頂已經塌陷大半，午時的天光從破洞口灑下來，卻無法驅散屋內的陳舊寂寥。由於怕危險，我們兩人都沒有踏進去，只是張望一陣，便滿心疑惑地回到屋前的廣場。

剛才走過來的路上，沿路的電線杆及剛才看見的水塔與菜園，在在說明了山上其實有人活動。可是，人會在哪裡？站在稍高於道路的

● 記載宜蘭縣老樹資料的方形石碑

屋前廣場，我們往路的兩旁張望，始終沒有半個人影。

再回到道路上，我們研究起一塊剛才暫時忽略的方形石碑。那原來是記載宜蘭縣列管老樹資料的石碑，是民國 81 年 12 月所立，上頭刻著編號、樹種、學名、樹齡等的資訊。不過碑孤零零地立在路邊，與最接近的大樹有段不小的距離，而那株樹，也不是碑上所記的樹種「正榕」。合理推測，碑上記錄的這株老樹已然枯死或倒塌了吧。

消失的老樹，消失的人。

試著沿著道路繼續走，右方有座面溪的萬應公廟，再走幾步，左側則出現了一間規模與福德財神廟相似的「石鏡台土地公廟」。這裡剛好有一座橋，通向溪的對岸，天野過去探了探，找到了另一座廟宇——是祭祀開漳聖王的「福崇寺」。

後頭雖還有幾間修繕得較新的房屋，卻圍上了鐵鍊，散發不願被打擾的氣息，站在一段距離遠

● 菜園旁陳舊殘破的廢屋

觀，只能見到大門緊閉，窗內昏暗，猜想也沒有人在屋內。走到這裡後，我們發現越過福德坑溪的另一側，也看得到其他房子，不過一時之間卻沒看到跨過溪谷的橋梁，而回想剛才在福崇寺那裡，好像也沒有道路相連，於是已經覺得疲累的我們，放棄去找尋過去的路，只是在原處望屋興嘆。

　　至此，我們雖然成功抵達了福德坑，卻不知是不巧還是太巧，沒遇見任何可以搭話的對象，雖有遺憾，卻也莫可奈何。

　　循原路下山，再回到頭城老街一帶，已經過了下午兩點，餓得腦筋遲鈍的我們，吃了遲來的午餐與冰後，才終於有精神繼續接下來的探訪。

● 果園後頭幾間修繕較新的房屋

隱居小路旁的將軍爺

　　新興路上將軍廟的正前方有一座大紅色的棚子，首次來到將軍廟，第一眼都會被那上頭招牌似的「新建里將軍廟」幾個大字給吸引住目光，而後視線往下，先看見放在棚子下、廟門前的鐵質供桌，再看見供桌後的天公爐，之後才會見到廟門，真正看到將軍廟的本體。

　　該怎麼說明第一眼看見將軍廟的感覺呢？縱使知道將軍廟早已翻修過多次，它依舊比我心目中的形象要來得現代、平凡許多，讓人有點難以想像這座廟竟屬於一尊充滿故事的「貓將軍」。將軍廟的牆面下半部是吉祥繪圖以及雕刻裝飾，上半部則貼著白色的小磁磚。正門有鐵柵門圍起，門上掛著匾額，只簡明寫著「將軍廟」，對聯是「將士神威驅邪逐怪」、「軍人聖蹟俎豆馨香」，橫批則是豪氣的「將令森嚴統大軍」──光看這副聯，或許會認為裡頭供奉的是哪位人神呢。而正門所在的牆面較立面往內凹進去了一點，左右的門便開在後凹部分的兩側，因此與正門垂直，稍嫌窄了一些，大約僅能容許一人通過。我們到的時候，天公爐插著一炷燒到一半的粗香，顯示不久之前才有人來過，不過廟內似乎沒開燈，或是照明有限，昏昏暗暗的，一時之間讓人有些卻步。

　　將軍廟一側臨著一條小巷，那側的棚子下有座長椅可供休憩，不

● 路旁民家懸掛著八仙彩旗幟，上頭寫著「將軍廟」幾個大字

過那時候空無一人。另一側則緊鄰著民宅，民宅前的空地與廟前棚子下的空間，僅有一道有開口的矮牆象徵性地畫著界線，實際上能夠自由地來往兩邊。而那棟民宅屋前的矮階梯上，有個老伯伯正坐在那兒，好像在乘涼，見我們在將軍廟前停留，有點好奇地看了過來。

終於見到人了！這似乎是個大好機會。可是，我們卻在這時緊張了起來，彼此互看了幾眼，都遲遲不敢上前搭話。我們與老伯伯對視了一陣子，兩邊似乎都有點尷尬，最後我和天野小聲討論幾句，以「先勘查將軍廟裡面」為藉口，雙雙躲進了廟門。

我想起了朋友傳給我的《南瀛佛教》文章，提到當時的總督府寺廟登記簿上頭，記載將軍廟的建坪大約十二坪，但是進廟門一看，現今的將軍

● 廟堂天公爐插著炷香，顯示不久前有人來過

廟似乎沒有當初那麼大了，也許要加上廟前棚子下的空地，才有當初測得的十二坪。廟內配置簡單，除了神龕、供桌、簡單桌椅、放置線香、香具架子以外，就幾乎沒有多餘的東西了。

將軍廟裡頭有三個神龕，左神龕是配祀的玄天上帝，右神龕則是福德正神，主神龕則位於廟中央後方的空間，上頭放滿了十幾尊神像，與供桌、香爐隔了一片透明窗板。窗板兩側各有一扇門，都關著鎖著，我想拍點神像的照片，卻只能從門上的網狀縫隙斜斜遠遠地拍。

窗板中央偏高的位置有個圓孔，大約正對著高處的一尊神像——祂就是將軍爺了。

將軍爺的神像戴著高大的頭冠，披著華麗的神明衣，看不見坐姿，只看見將軍爺紅臉蓄黑鬚，雙眼炯炯，威嚴非常。我在前文中，提到《臺灣宗教信仰》裡面有張昭和 11 年（1936）的將軍爺神像照片，但其實，找到那張照片的時間點是這次拜訪過後，因此發現神像與照片有些差距，也是之後的事。與黑白照片比對，神像圓睜的眼睛大致相似，但鬍子的樣子卻似乎不太一樣。神像有沒有重造過呢？由於頭冠和當初不同，神明衣又將神像完全罩住，看不到動作了，沒有更多線索，我們也難以辨別。

我們注意到供桌上有供品，是極其普通的餅乾——並沒有見到記錄中的生魚、生肉。香爐和天公爐一樣，也插

● 廟內空間不大，陳設簡單

有燒了半炷的香，於是我們也雙手合十，在主神龕前拜了幾拜，向將軍爺打聲招呼，接著我們靠近觀察神像一會兒，便轉頭研究起一旁的神籤了。籤櫃放在玄天上帝的神龕旁，看起來非常老舊，我拉開一個籤格，裡頭的籤紙上方寫有「李將軍廟」，紙張全都泛黃脆化了，邊緣還有蟲蛀的痕跡。籤筒一側有大大的「聖籤」二字，旁邊另一側則寫著「將軍廟林阿西敬獻」，我稍微挪動了一下看，沒有標注年代。

事實上，將軍廟裡面找不到記述廟史與沿革的碑文，而這就是令我們感到煩惱的地方。我們在廟右側牆上找到兩個碑，上面僅分別刻著第三、四屆管理委員會名單。我想起我看過的資料，根據《宜蘭縣民間信仰》一書，作者在民國 82 年來田調時，將軍廟還未成立管理委員會，看來這幾年間有了不同變化──雖然好像有了新的發現，不過

● 正中間頭戴高冠、身披華服、紅臉蓄黑鬍、雙眼炯明的神像即為將軍爺

這個碑並不是我們想要找的。

　　繞了一大圈，我們決定去找伯伯搭話。聽到我們想知道廟的事情，伯伯點點頭說好，等著我們發問。問到廟在這裡多久了？「很久喔！」伯伯感嘆地答道，隨後又篤定地說：「有一百多年。」根據翻文獻時找到的紀錄，算一算的確也差不多時間，雖然伯伯也說不清楚到底多少年，但將軍廟在這裡歷史已久，應該是不爭的事。接著，伯伯主動告訴我們，廟本來在山上，但是「乎水流去了。」——這不就是水流神像的故事嗎？我們想問得更詳細，但說了一陣，伯伯似乎也不知道更多，只知道是很久以前的事，至於山上的廟址，也不清楚究竟在哪裡。

　　我們試著問伯伯有沒有聽過將軍爺的故事，但不知是我們沒說得很清楚，或是伯伯沒聽明白，他開始自顧自地分享起其他事情。他說，將軍廟拜的是將軍爺，將軍爺聖誕在八月十五日，現在每四年會做一次熱鬧，「就是里長選舉之後會辦。」他這樣補充。伯伯這席話倒是解了我的另一個疑惑。之前翻找文獻時，發現各處對於將軍廟的例祭

● 籤筒上刻有「聖籤」二字　　　　　　● 拉開籤格一看，裡頭盡是泛黃脆化的籤紙

時間記錄不一，《臺灣舊慣習俗信仰》說是八月十五日；《臺灣宗教信仰》則記錄八月十四日；《頭城鎮志》則寫八月十三日，如今伯伯提供了他所記憶的將軍爺生日，替八月十五日的版本背書。

「你們要不要拜拜？」伯伯突然這樣問，起身便往廟走去。雖然我們才剛剛拜過，還是又跟著進去，再次跟將軍爺致意。伯伯熟門熟路地指點我們香放哪裡、香爐有幾個，而後又指著越過新興路對面的廣場一側。

「那邊的金爐，一百零一年的時候做的，」伯伯說著，語氣止不住自豪，「花了七十多萬！」

聞言我們好奇地走向金爐。金爐就放在廣場角落，靠近鐵路的那一側，大約一層樓半高，遠看高大，近看裝飾鮮豔，的確華麗氣派。我們在金爐的一側找到文字，記錄著建造這座金亭時的捐獻芳名錄，最後頭寫著當初募得了七十九萬餘。其實，下頭寫道支出只有四十三萬元，還有結餘三十六萬多元，不過在伯伯心中，這座金亭就是值七十多萬吧——伯伯念著記著的數字，代表的並不是物質價值，而是當初捐款人們的點滴心意及努力。

隔了兩天是假日，我和天野又去了頭城。我們

● 矗立在角落的金爐

從宮廟達人工作室那邊得知幾點新的情報：據說將軍廟還在九股山上時的舊址，就在我和天野曾短暫停留的福崇寺附近，對方也建議我們，可以到現在將軍廟旁的佛寺「募善堂」，找住持問問相關歷史。此外，宮廟達人工作室更提供了一則意想不到的訊息——聽說管理委員會請示過將軍爺，加入了李廣將軍系統，因此將軍爺現在成了李二將軍，和頭城鎮上的泰安廟、威靈廟算是大家族了。然而，這一次去頭城，我們礙於時間因素沒上去九股山，也就沒能再訪福崇寺，而當我們前往募善堂（現為善慧寺），遇到的那一位僧人卻說他不太清楚那裡的事。

將軍廟和幾天前來時一樣，並沒有因為假日而人潮洶湧起來。這天，香爐仍有點燃的香，輕煙裊裊，卻依然不見人的蹤跡。

我想著增田福太郎當年在《臺灣宗教信仰》裡頭對將軍廟的描述。1936 年那時，將軍廟因為靈驗事蹟少，沒有專人看顧，顯露衰微之貌，信徒也零零落落，令人懷疑是否即將消失。但將軍廟終究存續到了今日，而就我們窺見的片段日常，這裡已然不是當年岌岌可危的樣子，即使平時鮮少人走動，將軍爺卻似乎在居民的生活中，占有一席之地。雖然曾經的故事並不是那麼為人熟知，也沒有在廟裡留下多少線索，但並不妨礙人們前往燃香膜拜、祈福許願。以前的傳說

● 再次來到將軍廟，廟前香爐仍舊點燃薰香，煙霧裊裊，增添了幾分寂寥

留在我們心中，而未來，也許還有更多的故事——例如：將軍爺加入李廣將軍系統的前因後果，我也深感興趣，也許有幸再來，能再次遇到伯伯或是其他人，並且有機會請他們答疑解惑。

又一班火車經過。從將軍廟看出去的景色是如此安然祥和，我想順溪而下的將軍爺，的確選了個好地方著陸。歷經幾度波折流轉的祂，如今安居在此，香火不斷，想必能繼續照看好幾代人，度過更長、更遠的平靜歲月吧⋯⋯

尋妖人

許雅婷（青悠）

臺大園藝學系研究所畢業，曾獲時報文學獎小品文獎。現為臺北地方異聞工作室地縛靈兼打雜工，上一個參一咖的作品是《唯妖論》，這一個是《尋妖誌》，下一個還在尋尋覓覓中。

鄭成功事件簿
千年老龜

台灣有句俗諺叫——「龜山崁頭」，用來形容不可能發生的事，但從宜蘭各處看龜山島，竟會有龜山島轉頭的錯覺。相傳龜山島本是一隻龜精，還帶有兩顆大卵，讓鄭軍大為驚恐。當時，鄭成功看到精怪絲毫不亂，立即開槍把龜精的甲殼打出了一個洞，重傷的龜精就不吐霧了，沉入海中，不久再度浮上來，成為龜山島。後來鄭成功打出來的洞，裡面積了水，變成湖泊。傳說天島上有婦女忽然感到情慾難安，覺得一定有什麼作祟，當時發現有個男人拿竹竿攪動此湖水，於是她們衝過去搶走竹竿丟掉，渾身的慾火也就降下來了。隨著傳說演進，龜精與鄭成功之間癡纏千年的糾葛，為歷史上的台灣，畫上一筆濃厚的傳奇色彩。

出沒地點：宜蘭龜山島

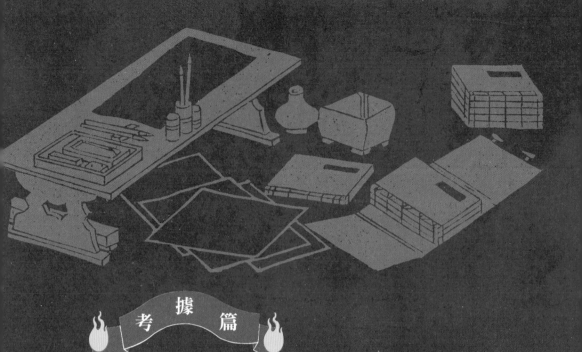

成為傳說的火山島嶼

龜山島，無人島

龜山島位於宜蘭頭城外海，現在普遍的說法，是因本島看來像抬起頭的烏龜，故喚名龜山島——說是這麼說，其實只有某個角度特別像烏龜，其他角度都需要一些想像力。從烏石港出發，船程大約要半小時，從岸上看彷彿很近，其實比想像中更遠。台灣有句俗諺叫：「龜山趖頭」，用來形容不可能發生的事，但從宜蘭各處看龜山島，竟會有龜山島正在轉頭的錯覺；這是因為宜蘭的海灣呈半月形，剛好包住龜山島，雖然龜首始終朝東，但要是沿著海岸走，從北或南看向龜山島，會覺得龜首朝著不同方向。

現在的龜山島是無人島，但過去島上是有住人的，多時曾達七百多人，只是西元 1977 年，因為軍事規劃的需要，強制將島上居民遷徙，

● 龜山島

成為軍事用地，解嚴後軍隊撤離，龜山島便無人居住了。說起漢人何時到龜山島，根據日治時代的文獻記載，道光年間從頭圍大坑罟地方的漳州人為了捕魚之便而到島上，在那之後遷到島上的人漸漸增加。

　　現在島上地名，由龜尾、龜首、龜甲、龜爪等稱之，是徹底將龜山島當成大烏龜了。但何澂寫〈臺陽雜詠〉，裡頭「兩三孤嶼似星羅」一句，註解中提到：「又有五獅嶼，在噶瑪蘭頭圍對渡」，從地理上看，這「五獅嶼」當為「龜山島」無虞；日人安倍明義推測，五獅或許是原住民語的近音譯字，而「五獅」發音與「龜山」相近，從這個脈絡看，龜山島叫龜山也未必是形似烏龜所致。不過，其實無法否認何澂將「龜山」誤為「五獅」的可能，只能說這個問題未有定論。

鄭成功傳說

　　關於鄭成功砲擊龜山島的傳說，目前最早的文獻，是 1936 年李獻璋主編的《臺灣民間文學集》，其中黃得時紀錄了草鞋墩、鶯歌石、劍潭、龜山島的傳說，說龜山島本是龜精，還帶著兩顆卵，讓鄭軍大為驚恐。但明明軍隊不在海上，鄭成功還騎著馬，到底有什麼好怕的？這或許是不解之謎。不過，鄭成功看到精怪絲毫不亂，在馬上開槍把龜精的甲殼打出了一個洞，重傷的龜精停止吐霧，沉入海中，不久再

度浮上來，成為龜山島。後來鄭成功打出來的洞，裡面積了水，變成湖泊。

這個湖，大概是所謂「龜潭」吧。位於龜頸左側的湖泊，可以從401高地上俯瞰。其實黃得時紀錄的故事還有後續，說有天島上的婦女，某天忽然感到情慾難安，覺得一定有什麼作祟，後來發現有個男人拿竹竿攪動湖水，於是她們衝過去搶走竹竿丟掉，渾身的慾火也就降下來了。這種莫名其妙、毫無道理的發展，可說頗有民間故事風格。

故事中的龜卵，是龜山島西南方的礁石，今已不存。據說1943年夜裡，海上忽然傳出巨響，隔天龜卵嶼就不見了。當地居民猜測可能是被水雷破壞。

這不是日治時代的唯一版本。就在1937年，幸田青綠寫了《蘭陽》一書，裡面以「神祕之島」、「傳說之島」來形容龜山島，雖然也提到了鄭成功傳說，但細節與黃得時所寫的完全不同，以下簡述：

「過去鄭成功征伐台灣時，叭哩沙（三星之古名）有隻稀世的巨龜，鄭成功作為戰勝紀念，帶了許多動物要回日本，這隻巨龜也是其中之一。但祂不願就縛，或許是心意感動上天，忽然天氣劇變，驚濤駭浪，作為重要伴手禮的巨龜竟化為山石，一動也不動，鄭成功無可奈何，但性烈如火的他氣憤難平，就以大砲轟擊龜山島。」

據幸田青綠所說，鄭成功的砲擊痕跡不是變成湖泊，而是變成南面斷崖下方的洞窟。傳說暫且不論，我覺得海蝕洞窟的版本，無疑更有傳說性質；因為就在這個海蝕洞旁，有海底溫泉汩汩流出，使那一片海洋變成淡淡的綠色，要是從天空看，簡直像海裡開出白玉色雲紋的花朵。據說1968年時，龜首附近還會噴出大量的硫氣、水蒸氣，白霧直上天際，船隻經過附近都會盡速離開，不然在硫磺氣體中難以呼

吸，這種現象，或許就是「妖精吐霧」的傳說起源。

　　幸田青綠紀錄的傳說有著顯著的殖民痕跡。文中描述鄭成功是要帶伴手禮回日本，明明角色設定上，他可是要反清復明啊！哪有什麼閒情到日本去。不過，也不能說這傳說就是偽造的，即使到現在，民間似乎還流傳著此一版本的變體——據說野柳岬也是龜精，與龜山島這隻龜精正好一公一母，於是鄭成功打算撮合兩隻龜精，便牽著龜山島往野柳岬前進，誰知道這隻龜精到半路就停下，鄭成功怎樣都拖不動，惱羞之下拿砲打它，不小心就將龜精打死了。

　　且不論打算撮合烏龜精的鄭成功到底有多閒，「鄭成功率著龜精前往某處」的形象，依然在這個民間版本裡保存下來。雖然不知故事原型為何，但既然這個變體存在，就不能說幸田青綠的故事是偽造的。

　　被鄭成功砲擊的痕跡，究竟是龜潭，或是海底溫泉邊的海蝕洞呢？考慮到「傳說」為何物，或許兩者都是正解。不過，無論何者都反映了「火山」與「傳說」的聯繫。莊文星在《臺灣自然科學博物館館訊》中撰有〈龜山島是否為活火山〉一文，便指出龜潭可能曾是爆裂性火山口，至於海底溫泉旁的海蝕洞就更不用說了。因為火山活動，至今仍有種種異象，這是否就是造成傳說湧現的原因呢？

　　即使是，也不會是唯一的原因，不然大屯火山應該也會出現相似傳說。為何鄭成功傳說會出現，如先前所言，有可能是鄭成功信仰隨著移民遷入所致。那麼，鄭成功信仰在宜蘭的興盛程度如何呢？

宜蘭的鄭成功信仰

　　之所以追問宜蘭的鄭成功信仰，而不只是頭城，是因為能看到龜山島的範圍很廣，只要出海能見到，就沒必要局限於行政區劃。宜蘭

最早的鄭成功信仰為何？由於早期鄭成功信仰是私祀，或許有些痕跡沒留下，而現在能考察到最早的鄭成功廟宇，或許是冬山的龍安宮。

根據〈冬山龍安宮沿革碑〉，龍安宮本是水尾仔陳家的私廟，陳家先祖於乾隆49年從漳州渡台，卻在海上迷航，無計可施之下，就發願若能平安上岸將祭祀鄭成功，後來果然成功在冬山河上岸，並守諾祀之。民國65年，因為政府開始建設龍德工業區，就將已有兩百年的小廟遷於現址，本來只有陳家子孫祭祀的小廟，也因此成為地方公廟。

水尾仔位於宜蘭五結鄉大吉村，這個地理位置與鄭成功傳說有無關係呢？幸田青綠記載的鄭成功傳說指出，原來大龜是在叭哩沙，也就是三星。這點說來奇妙，因為三星離海岸尚有一段距離，若原傳說的起點在叭哩沙，或許其中隱藏著什麼玄機，但我尚未參透。叭哩沙這個名稱跟噶瑪蘭族有關，說不定噶瑪蘭族與這傳說的原型也有關係。且不論噶瑪蘭族，《噶瑪蘭廳誌》裡，屠文然寫了一首〈龜山嶼歌〉，其中有段註解：「相傳乾隆年末，有哆囉美遠社老番忽見龜山開裂，知漢人將至。」安倍明義認為，這裡說的「龜山開裂」是指火山爆發。哆囉美遠社屬於巴賽，舊部落位置大概在壯圍的大福一帶，原住民見過龜山島，並發展出傳說，這是再自然不過的事。

叭哩沙沿著溪流而下，最後會在蘭陽溪出海。剛剛提到的冬山河，也差不多在此位置。至於水尾仔，則在蘭陽溪上來不遠處。如果說龜精在叭哩沙就是在蘭陽溪出海處的意思，那龍安宮與傳說中龜精的起點，確實算是接近。

雖然漳州人信奉鄭成功是件很妙的事，因為鄭成功其實是泉州人，但若漳州陳家將鄭成功信仰帶進宜蘭——當然，很可能陳家不是唯一來源——那也是乾隆、嘉慶年間的事，比記載鶯歌石的《淡水廳誌》

● 前往龜山島途中

更早。不過，這不能作為鄭成功版本的龜山島傳說當時已經存在的證據，只能說，有這樣的傳說也不奇怪。

更有可能的是龜山島早有自己的傳說，但在鄭成功信仰進入宜蘭後混淆了。道光年間，柯培元曾寫過〈望龜山歌〉，開頭便說「千歲老龜化為石」，如果這不是作者個人的想像，那就表示當地早有「烏龜化石」的傳說。

傳說究竟如何演變，現已難以考據，但再說點胡思亂想吧！前面提到鄭成功打算撮合龜山島與野柳岬，為何是這兩個地點？剛剛也說過，巴賽族的哆囉美遠社能看到龜山島，巧合的是，同屬於巴賽族的金包里社也能看到野柳。難道這兩個地點會扯上關係，與巴賽族的交流聯繫有關嗎？

為何是這兩個地點，確實值得注目，或許反映出兩地至少在航運上多有往來。

記得要事前申請！

登島辦法：上龜山島最重要的就是事前申請。由於龜山島有登島人數限制，所以要先申請才能上島。想要申請的讀者，可以到「東北角暨宜蘭海岸國家風景區」網站，首頁右側第二列有四個圓圈，第三個圓圈上寫著「龜山島登島申請」，按下去就可以了。

　　值得注意的是，申請登島者需在預計登島日的十一到二十天前申請。

　　按照網站說明申請登島後，接下來就是自己找船公司，這部分可參考網站提供的「船舶資訊」，或在網路上搜尋「龜山島行程」。

Day 1

登島	10:00		11:00		蘭陽博物館		冷泉		毛柿公		軍事坑道
	頭城車站		烏石港		普陀巖		龜山國小		騎龍觀音		

順路考察

普陀巖

舊名拱蘭宮。過去祭祀三太子、媽祖、王天君等神明，現在祭祀觀音。

龜尾湖

位於龜山島西邊的龐大湖泊，關於湖泊的成因，有坍方圍起來的說法，也有火山口的說法。

冷泉

雖是山泉水，但位於海邊，遭海水滲透，成分為半鹹水、半淡水。過去缺乏雨水時，是島上居民的主要取水來源。

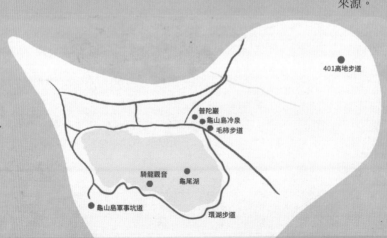

401高地步道

普陀巖
龜山島冷泉
毛柿步道

騎龍觀音　龜尾湖

龜山島軍事坑道

環湖步道

不管選擇哪間船公司，在島上的活動範圍都大同小異。要是沒有選擇「401 高地」的行程，大概都不會離開龜尾一帶，這部分還請讀者注意。

前往烏石港：要登龜山島，通常由烏石港登船。前往烏石港的辦法很多，以下列出幾個參考：

　　一、搭火車到頭城，轉國光客運 1812 公車，或是轉計程車，也可選擇走路過去（約四十分）。

　　二、從台北出發，搭國光客運 1812 公車直接到「港口」站。

　　三、從台北出發，搭噶瑪蘭客運到礁溪轉運站，轉 1740 線公車。

　　　　不過在宜蘭等公車，間隔時間有些長，還請注意。

繞島　　五指山　眼鏡洞　海底溫泉

龜山國小

過去曾是日本人的國語講習所，戰後改為大溪國民小學龜山分校，1954 年獨立為龜山國民小學。

毛柿公

過去島民崇拜的巨木，島上出生的小孩會請毛柿公收為契子。位於毛柿步道上。

騎龍觀音

本來於 1991 年雕塑而成，高五公尺，但因科羅莎颱風侵襲，被攔腰折斷，後來重建為現在樣貌。

軍事坑道

軍方挖鑿出來，以一條主坑道連接不同小坑道，裝備武器，用以防堵敵軍登陸。

順路考察

五指山

位於龜山南側，為一單面崩坍的高峰，因恰巧形似手掌，故稱為五指山。

眼鏡洞

為龜首附近的海蝕洞，因兩洞相近，形似眼鏡，故而得名。

海底溫泉

從龜首附近湧出的海底溫泉，光是接近就能聞到硫磺味。

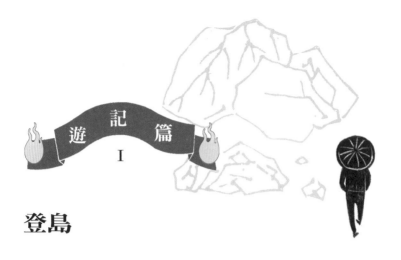

登島

前進烏石港

　　烏石港──據說這名稱是因港口內有巨大黑石。很簡樸的理由，卻意外地有些雅緻；這個港口早從嘉慶、道光年間便存在，相對於加禮宛的「東港」，被稱為「西港」，早期是宜蘭航運的重要咽喉，但清末時泥沙淤積，逐漸失去功能，遂成為廢港，直到現代，才重新建起新港。要前往龜山島，就要在這個新生的烏石港搭船。

　　Google 地圖說，從頭城車站走路到烏石港大約要花三十分鐘。車站出來有計程車等著載客，對不想走這麼遠的讀者來說，相信是很好的選擇。

　　頭城車站前有寫著「開蘭第一城」的石碑。走在頭城的街道，就像踩著歷史的石階，老街前巨大的水塘，據說是頭圍港遺址，也不知真假。要是真的，這港口遺址竟在離海這麼遠的地方，就算是內港，也稱得上滄海桑田，足以讓人感到歷史的重量。

　　烏石港就在頭城最顯著的地標「蘭陽博物館」旁。沿著烏石礁環湖步道，能見到蘭陽博物館的後方，像斜斜沉入湖裡的巨大建築；我曾跟喜歡推理小說的朋友來蘭陽博物館，遠遠看著博物館獨特的造型，

我們說：「總覺得會是在島田莊司的小說裡出現的建築。」

● 造型特殊的蘭陽博物館

話才剛出口，我們就想到了──《斜屋犯罪》！他已經用過這元素了。

據說這般傾斜的設計，是模仿北關海岸附近常見的單面山，因為兩面受侵蝕的速度不同，才導致一邊陡峭、一邊緩斜。現在舊烏石港的黑石，被保留在蘭陽博物館旁邊的溼地中，溼地對面是「烏石港環教中心」，要集合的船公司櫃檯，就在烏石港環教中心裡。

登島

港邊的船比我想像的小，跟日月潭的遊覽船差不多。登船乘客穿上救生衣，導遊的聲音從擴音器傳來：

「雖然上午天氣很好，但下午海上的北風比較大，會有一點點風浪喔。」

確實，早上天氣還有些晴朗，出海時已烏雲密布，海面上甚至有些模糊，本來清晰可見的龜山島，如在霧中。船駛出烏石港，朝霧裡的龜山島前行。隨著馬達啟動，機油味也如影隨形地攀附在船身，對容易暈船的人來說，真是絕佳的催吐劑！海浪彷彿在嘲笑人類渺小，以強大的動能、宏大的幅度將船托起又拋下，我就像在慢速播放的地震中身不由己。

這次登島，因為 401 高地在整修，並未開放，就只參加登島跟繞島

一圈的行程，總共三小時。三小時，在《尋妖誌》的考察史上，還有比這更短的行程嗎？更別說實際在島上的時間只有一個半小時了。如果能自由來去的話，花五個小時都沒問題，只可惜航班是固定的，時間到了，我們也非走不可。

　　導遊在龜山島遊客服務中心將我們集合起來——這個遊客中心簡直像塵封在時光膠囊中，還來不及到如今！看來像軍事建築改造而成，就觀光來說，或許也算是有情調吧。只可惜暈船帶來的震盪，將我到遊興致全都磨掉了。販賣店的婦人喊著：「有人暈船嗎？買一包梅子，吃了會好一點喔！」

　　得救了。我連忙買了一包。

　　服務中心不遠處有間小廟——普陀巖。看旁邊的解說牌，才知道這就是日本時代文獻上提到的「拱蘭宮」，當時每年農曆六月十日到十六日都會舉辦盛大的祭典。「拱蘭宮」是媽祖廟，現在進廟裡看，卻不像是媽祖的神像。聽導遊說，現在祭拜的是觀音，難怪改名叫普陀巖。

　　這間廟本來是拜三太子，後來才改拜媽祖，但軍方徵收土地後，居民不能將神像留在這裡，就全部帶走了。後來空留一間廟，裡面卻沒有神，這樣似乎不好，所以居民就將廟簷的四個角敲掉，宣稱這「不是廟」。

　　國軍登島後，因發生一些不好

● 出港時天氣不佳，有些顛簸

的事，鬧鬼或是有人死去，造成人心惶惶，遂打算重新將神明請回廟中，這就是廟裡拜起觀音的由來。據說國軍也曾擲筊，問是否有必要將廟簷修回去，觀音表示沒必要。就這樣，拱蘭宮改名為普陀巖，沒有太多改變地保留下來。事實上，廟裡對聯寫的「聖澤高深百川匯合」、「母恩浩蕩萬物咸亨」，仍保留著媽祖信仰的痕跡。

如今國軍不在了，遷離的居民也在龜山里重建新的「拱蘭宮」，那現在普陀巖的觀音是由誰祭拜呢？我們這些觀光客上島後，是有些人祭拜觀音，但總不能靠觀光客吧？這點我實在不得而知，當時也忘了問。

解說牌上有段文字是這麼說的：「民國六十六年，島民因生活困苦，集體遷村至宜蘭縣頭城鎮大溪地區仁澤社區，廟中奉祀的媽祖娘娘也一同移駕過去。同年軍方宣布龜山島為軍事管制區，由國軍駐守」，彷彿遷村是出自村民自願，沒有權力介入的成分，龜山島成為軍事管制區，不過是發生在同一年的巧合。身為局外人的我，當然很難判斷當年真實情況究竟為何。民國六十六年，我都還沒出生呢！但根據 2000 年的一則新聞，島民遷走時是軍方以每坪新台幣一元徵收土地，民房未經居民同意就強制拆除，還沒有補償。向讀者提供這份資料，其他就留給讀者自行判斷吧。

拱蘭宮旁有處泉水，據說是天然湧泉，早期居民缺水時，便以此冷泉

● 普陀巖。過去是島上的信仰中心

作飲用水。導遊說，這泉水因鄰近海邊，是淡水、鹹水混合，但沒水的時候非喝不可。看著這池水，倒也有些不可思議的感覺，明明表面飄著水生植物與落葉，看來有些混亂，泉水本身卻有種冷冽的澄澈感。

網路上看過一種說法，說這泉水也被稱為「龜尿」——既然島上各處都以龜為名，這也不奇怪。不過，並沒有在文獻中看到類似說法。有趣的是，五股西雲寺所在的龜山，據說寺裡有能治眼疾靈泉，也被稱為龜尿。既然五股龜山也有鄭成功傳說，那麼這兩處「龜尿」與鄭成功傳說是否有某種聯繫呢？

廟前街道應該就是龜山島上最早的聚落街道，現在雖有軍事建築，但也殘留不少民居。導遊曾講解民居建築的特色，請原諒我已記不得了，只記得牆壁是用自己混合出來的水泥將圓扁型的石頭砌在一起。街道末端是島上的小學，不知為何，觀光客們竟在小學前拍起照來，或許是這麼古老的校舍已經很罕見了吧！接下來只剩四十分鐘，是否能妥善運用這段時間，實在令人不安，我們詢問導遊，意外得知接下來只打算繞龜尾湖一圈，最後看一下軍事坑道，便結束了。

● 廟旁的龜池，是除了雨水外，島上主要的飲用水來源

● 龜山國小，還有居民時學生極為稀少

這樣下去實在稱不上合格的《尋妖誌》之旅，正好我從日本時代的文獻中看到一份資料，就

問導遊：「請問你知道毛柿步道在哪嗎？」

「喔，就在普陀巖後面的步道。因為路有些難走，十個導遊大概有九個不會走。」

「我們可以自由行動嗎？」

「可以啊！只要在集合時間回來就好。」

既然導遊都這麼豪邁，我跟小波自然不會客氣，就這樣脫隊了。到底這個「毛柿步道」有何神祕之處？其實是這樣的，我在日本時代柳川雅俊編纂的〈龜山島案內〉看到一段口碑傳說，簡單翻譯如下：

龜山派出所背面的黑柿據說有一百五十年，自然發芽後成長至今，村落裡的居民將之視為神木，生小孩時必定祭拜。之所以如此，是希望小孩都能像這棵樹一樣長命百歲。

既然有島民祭拜的神木，自然要拜見一下！我在網路上調查，得知這棵神木就位於毛柿步道上，被稱為「毛柿公」；小孩出生後會請毛柿公收為「契子」，也就是神明的養子，大人會拿銅錢去拜，然後以紅、黑、白三色絲線穿過銅錢，讓出生的嬰孩戴著，以保佑嬰孩平安成長。

從普陀巖出發，經過冷泉，很快就會看到毛柿步道。步道前有個「禁止進入」的木牌，剛剛導遊也說過，似乎要整修的樣子。但要是在此放棄就太可惜了！我們毫不猶豫地繞過木牌。對尋妖之旅來說，人類社會的規則與安全，不過是參考而已──不，這只是隨便說說的，還請各位讀者注意安全。

毛柿公與軍事坑道

或許是許久沒人走動，一路上昆蟲與青蛙異常地多，步道入口甚

至有個手掌大的青蛙乾，已被晒得焦黑，皮膚之下的骨骼清晰可見。雖然石階步道頗為顛簸，還有落差頗大的階梯，但沒走多久，我們便見到毛柿公——多虧觀光指示牌，不然在這一片樹林中，根本認不出哪個是毛柿。

重點是，這毛柿公實在缺乏辨識性！本來聽說是神木，還以為會很高大，或至少形狀有些奇特，誰知完全沒有！頂多就是表面有些粗糙、長著樹瘤，遠遠看著，根本不會注意到這些。坦白說，我感到有些失望。但正面的想，人不可貌相就是這麼回事，無論看起來多平凡，毛柿公受到島民崇拜是事實。這個島上出生的人，有多少人是祂的契子啊！但龜山島已成了無人島，會來祭拜祂的人，大概少之又少吧！這麼想著，又不禁感到淒涼。

毛柿公對面有個小小的石碑，上面寫著「漁港開鑿紀念碑」，不知是何時所立。走下步道時，龜尾湖在樹叢間依稀可見，有種難以言喻的淒清。要是用嫵媚來形容湖水，這分嫵媚是千瘡百孔、飽經滄桑的，彷彿暴露在歲月的槍林彈雨下，時間穿透傷痕不平衡地推移，有些部分走得很遙遠，有些還停留在過去。

曾是軍事管制區，現在只有遊客的無人島，直到此時，都還瀰漫著某種禁忌的氛圍。即使那只是被捨棄的禁忌。

湖邊步道有座巨大的騎龍觀音像，似乎是普陀巖信仰的延伸。

雖然觀音像堪稱龐然大物，在視覺

● 島上另一個信仰中心——毛柿公

上相當醒目，但色彩有些俗艷，感受不到什麼藝術性。但觀音像身後的崢嶸斷崖，是火山噴發後凝結而成，共有四層截然不同的節理，堪稱奇岩怪石，竟與觀音像形成絕佳的映襯；要是沒有這尊觀音，這片斷崖恐怕有些粗野吧！但正因觀音像立在這，那種怪獸般的動物性，才收斂成某種雅趣。

步道盡頭，就是軍事坑道的遺跡。

坑道全長八百公尺，一眼是看不到底的，除了主幹道外，還有許多分岔出去的小坑道，但都被封起來，不知道通往哪裡。有個小坑道裡掛著「注意高度」的布條，但只有一半連在壁上，完全沒在維護。不知為何，有些分岔坑道裡的燈光不斷閃爍，宛如恐怖片場景。龜山島不是觀光景點嗎？竟沒在維護燈光，該不會將來打算主打恐怖片風格的觀光行程吧！

當然不可能。燈光的問題，或許是某種怠惰吧。到了坑道盡頭，擺在那裡的是美造 MIAI 式九十公里高射砲，當然已經退役了。雖然觀光客熱切地拍照，多少沖淡了那種氣氛，但

● 騎龍觀音像。後面的山壁表現出不同的地質紋理

被遺棄的感覺實在強烈。這坑道裡最嶄新的東西，或許是那不牢靠、時而閃爍著的燈光吧。

高射砲面對廣大的海洋。探出頭去，海面上能見到各式的船。理論上，砲口是對準宜蘭海岸，因為是用來防守共軍登陸的。但或許是天氣不好，竟看不見台灣；明明在頭城能輕鬆見到龜山島，這裡卻沒這麼容易看到岸上，真是有些意外。

離開坑道時，我跟小波有一搭沒一搭地聊著，忽然間，整個坑道的燈都暗了下來。我跟小波立刻髒話連連。這種時候，人就是會需要憑藉髒話來壯膽，畢竟轉眼間真的是伸手不見五指，我們在八百公尺的正中間，前後的光源都無法好好抵達這個位置。幸好，燈只暗下幾秒鐘，馬上又重新亮起，但那也夠嚇人了！

即使亮起來，我們也逃難般地加快腳步，正好趕上集合時間。

港口邊，迷彩屋前有個巨大的白色石碑，上面寫著紅色大字——島孤人不孤，大概是軍人間彼此打氣的口號吧。但無論石碑本身或字體，都毫無修飾、粗糙至極。或許軍隊就是個無暇顧及藝術的場域。

海邊的岩壁上，則寫著「軍令如山，軍紀似鐵。愛的教育，鐵的紀律。」

我不禁想，這樣的文字到底是寫給誰看的？不用說，當然是寫給軍人看的。但軍令與紀律，難道不是擺在心裡的嗎？寫在這種地方，平白占用大自然的空間，簡直像靠尿騷味宣示自己領地的動物般那樣自我主張，這真的對軍紀有幫助嗎？

像我這樣的人，或許是不會懂的吧。

沒多久，船來到碼頭邊。我跟小波混在從彰化來的旅行團中上了船。

接著就要繞龜山島了。

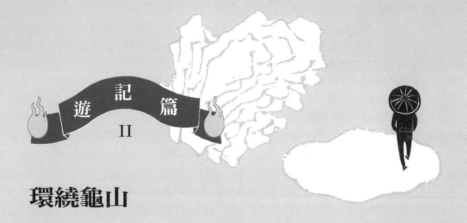

環繞龜山

龜山八景

　　所謂某某八景，這種將某地名勝集合起來套裝介紹，在台灣可說淵遠流長。像《臺灣府志》有「台灣八景」，《淡水廳志》有「淡北八景」，多半四字一組，遣詞優美浪漫，像「澄台觀海」、「鹿耳春潮」等，滿滿的文人情懷。到了日治時代，八景傳統依舊，卻從文人手中解放出來；1927年，《臺灣日日新報》以民眾投票的方式選出「台灣八景十二勝」，稱得上有民意基礎，但未經文人之手，就沒有那種詩般的口吻了。

　　清國時也有蘭陽八景。其中「龜山朝日」，指的是在特定角度，能看到朝陽從龜首的位置升起，彷彿巨大的烏龜朝著太陽一般。曾任噶瑪蘭通判的烏竹芳有詩云：

曉峰高出半天橫，環抱滄波似鏡明。

一葉孤帆山下過，遙看紅日碧濤生。

　　其餘七景與龜山島無關，在此不提。現在所謂的「龜山八景」，也不知是何時、由何人選出，大概無法追溯到清國時期吧！或許是在「八景」傳統下，在地人不落於後，覺得非得列出八種在地美景不可，當然，也可能是遊艇公司想出來的噱頭。無論如何，「龜山八景」的優美程度，

是遠遠比不上清國時期的遊宦文人的。在此羅列於下：

　　龜山朝日、神龜戴帽、神龜擺尾、龜島礦煙、龜岩巉壁、龜卵傳奇、眼鏡洞鐘乳石、海底溫泉湧上流

　　這些景色，大半要搭遊艇在海上方能得見，有些甚至已見不到了。像「龜卵傳奇」，指的就是 1943 年在轟天巨響中消失的龜卵嶼，繞龜山島時，導遊連提都沒提；至於「神龜戴帽」，指的是白雲籠罩在龜甲之上，這是需要一些機緣的景色，當天我沒緣分，但看網路上的照片，真頗為奇妙的自然景觀，彷彿龜甲突出水面激起的浪花，而那些浪花化作了白雲，只圍繞在龜甲旁邊。

　　至於其他八景中的景色，就讓我們乘船去看吧。

出航

　　登島時，我們是在龜尾附近的碼頭上岸。不知為何，出發繞島時

● 軍隊在島上留下的坑道痕跡

卻沒回到原來的碼頭，而是在軍事坑道旁的另一個碼頭上船。這兩個碼頭，可說正好在龜尾的兩端。沿著廟前街道繞龜尾湖，走到荒涼至極的石堆海岸，有條通往龜尾的小路。因為龜尾相當長，一時幾乎看不到盡頭，只能看到有些破敗的燈塔在海風中佇立。

據說，海浪將石頭衝到岸上，隨著季風的方向不同，這條漫長龜尾的方向也會產生微妙的改變，這就是「神龜擺尾」。當然，才剛登島的我們是看不出來的。事實上，站在龜尾湖旁，根本連「龜尾」都見不到。

再度出航繞島，天氣已經轉好。登島時，在來龜山島的海上，波浪拍打船身，浪花飛散在空氣中，簡直像鹹鹹的霧雨；現在繞島，船身雖仍晃來晃去，至少我已有欣賞風景的餘裕，甚至太陽隱約從烏雲中透出，在龜背灑上可愛的金光。

離開港口不久，便看到山壁上有好幾個鑿出來的洞。那是軍事坑道各個小岔道的出口，現在當然都荒廢了。導遊說，因為颱風的關係，有一些已經坍崩，還有些遺跡沉到海裡去了。

人造之物，逃不過自然純粹的暴力，這不罕見。但龜山島上，就連自然本身也無法從這種暴力中倖存；再往前一段距離，有面峭壁自海中升起，導遊說那是「五指山」。仔細一看，確實像是手掌之形，據說是整座山不斷崩塌，才造成掌面如此平整。

說到「五指山」，難免會想到《西遊記》裡的佛祖之手，但這個「五指山」沒有那樣的氣勢，隱隱剝落的破碎掌面，反有種傾頹之感。再往前有好幾個海蝕洞，其中最大且緊緊相鄰的兩個，就是八景中有著鐘乳石的「眼鏡洞」了。其實從海面上看，龜首與龜頸後方的海蝕洞絕對不少，為何唯獨這「眼鏡洞」特別有名，我想不通，或許其中還

有什麼我不知道的故事吧！可惜的是，我們只從船上遠遠看著「眼鏡洞」，當然也沒機會看到鐘乳石。倒是導遊講了一件有趣的軼事。

這些海蝕洞，據說過去曾有海盜躲藏。戰後某段時間，有些漁民會在海上走私，同樣利用這些海蝕洞。因為走私的利益太大了，在走私的全盛期，甚至有上百艘船圍繞在洞外，這些船在夜裡發出的光，就連頭城岸邊都看得到，因此被稱為「龜島夜市」。不過，這夜市只存在兩年，政府知道後，保七總隊介入，夜市就不復存在了。

這種禁忌的交易所，倒令我想到萬華的「賊仔市」；這種地方竟有海上版本，未免太過浪漫，反而讓我有些猶豫是否真實。但無可查證之際，懷著一絲幻想，倒也不錯。要是堅持查證，反而是不解風情了。

過了眼鏡洞，山勢緩緩降下，接著猛然爬升；這就到了龜頸與龜首所在。導遊提到龜山八景中的「龜山朝日」，但這樣的景色，我們當然沒見到，畢竟日出已經是好幾個小時前的事了。導遊說，要看到「龜山朝日」，就要在日出前出海，但湊到足以出航的人數並不容易，所以即使對導遊他們來說，這也不是常見的景色。

不過，就算在岸上，只要角度正確，也能看到「龜山朝日」；說是在某處海岸，但我當時有些暈船，沒記起來，還請讀者見諒。

還沒到龜首，溫泉的硫磺味已隨海風襲來，這就是八景中的「海底溫泉湧上流」與「龜島磺煙」吧！雖然硫磺味非常清晰，卻看不見什麼煙，不像大屯山上，火山氣體簡直如白龍般升起。導遊說，過去龜首上能看見

● 有海盜傳說的眼鏡洞

十一處硫氣孔，但在九二一大地震後，因坍方之故，將硫氣孔全都遮住了，現在只聞得到氣味，看不見氣體。

剛剛說過了，在龜山島，連自然本身都無法倖免於自然的暴力。

據說溫泉湧上之處，海水顏色較白。但當天天氣沒這麼好，船離溫泉湧出處也有些距離，只能隱約看見海面上有著翠玉色的白帶。對事前聽聞這種特殊陰陽海的我來說，未免有些可惜；反而透過地圖的衛星照片，能清楚看見龜首附近綻開的銀藍色火焰，與旁邊海水分隔。

「我覺得龜山島最像烏龜的部分，其實是這個方向。」導遊說。

這時我們已到龜山島北側。如他所說，南面山勢陡峭，連植物都難以生長，綠色的植被很少，除了龜頸、龜首外處，並不怎麼像烏龜。但北面的緩坡柔順嫵媚，綠樹籠罩其上，確實有如蓋在烏龜上的巨大甲殼，而且生機旺盛。

「以前島上還有居民時，曾在龜首一帶放養羊群。但居民被遷走

● 龜首與龜甲

時，那些羊帶不走，就留在島上。軍隊上來後，那些羊就成了軍隊練習打靶的目標，現在島上已經沒有羊了。」

人的生活，是會留下痕跡的。像羅馬競技場，這麼偉大的建築，即使已失去當初的功能，也會留下來；但也有些東西是無論如何都不會留下的。且不論生態平衡之類的觀點，當羊被帶到島上，就已留下痕跡，但要消滅這些痕跡也是輕而易舉的。

這是理所當然的事，我竟感到有些苦澀。

沒多久，我們啟程回烏石港。

或許是已經習慣，直到上岸前，都沒登島時的那種不適，甚至差點在船上睡著；到了港邊，船在港口外停了片刻，因為漁船正要出海捕魚。我跟小波看著，發現有漁夫站在船後方撒冥紙，接近黃昏的天色中，鵝黃色的紙錢在水面上飛舞。據說這是給好兄弟的買路錢，希望好兄弟不要作祟。

● 出航時撒紙錢的漁船

對我這種喜好民俗考據的人而言，這或許是整日下來最令我感到滿足的一幕……

尋　妖　人

瀟湘神

本名羅傳樵，一九八二年生，臺北地方異聞工作室成員，主食為推理與奇幻。

既是小說創作者，也是實境遊戲設計師。著有《臺北城裡妖魔跋扈》、《帝國大學赤雨騷亂》，參與《唯妖論》的部分考察，也是實境遊戲《城市邊陲的遁逃者》的原案。目前熱衷於尋找在地創地的各種跨領域可能。

尋妖誌

巨人
阿里嘎該

阿里嘎該——流傳於阿美族與撒奇萊雅族的妖怪，最早的紀錄可追溯至日治時期。阿里嘎該是全身長毛，長著貓眼，擅長變身法術的巨人，並且時常使用這種法術騷擾居民、吃食嬰兒和冒犯婦女。這種變身法術不僅是變換自己的樣貌，還可以變出其他人物，如數千名士兵。而除了變身法術外，阿里嘎該還在其他作祟傳說中展現了其他異能，如斷臂再生、使人產生幻覺等，非常多樣。後來族人群起攻之，阿里嘎該戰敗後求情，於每年祭祀時保佑族人漁獲豐收，成為豐年祭與海祭的由來。

出沒地點：花蓮市美崙山

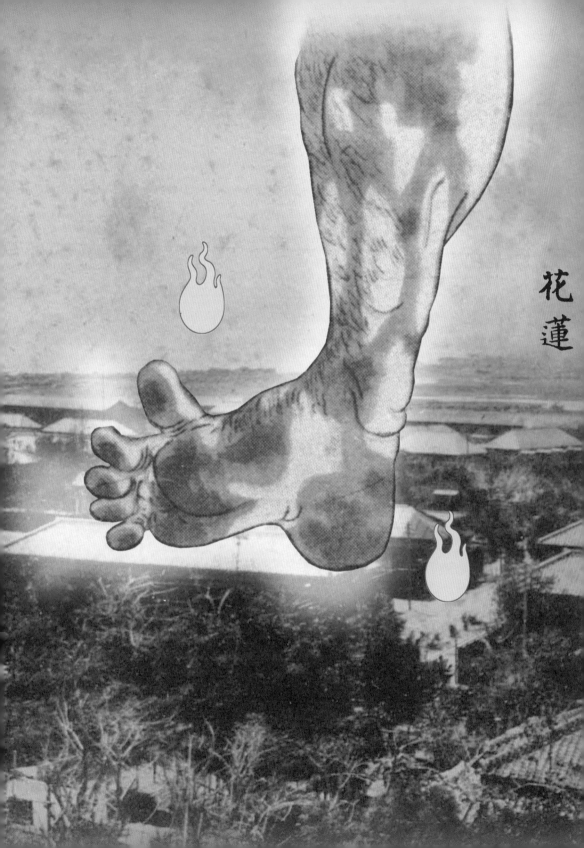

花蓮

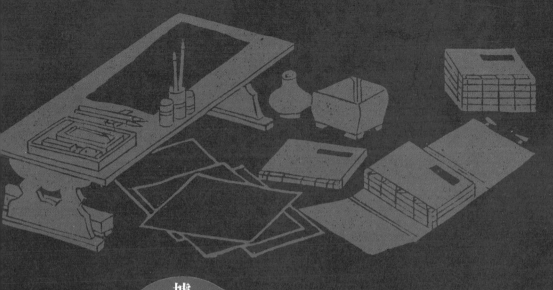

I

追尋巨人的足跡

擅長法術的巨人

　　阿里嘎該（alikakay）是流傳於阿美族與撒奇萊雅族的傳說，最早的紀錄可追溯至日治時期。該傳說被認為與阿美族傳統的「海祭（捕魚祭）」與「豐年祭」的產生有關，是阿美族最具代表性的妖怪傳說。

　　《番族慣習調查報告書》的〈第二卷：阿美族與卑南族〉中，是這樣描述阿里嘎該的：

　　　　他們的皮膚白皙，眼球如貓眼，頭髮長，鬚髯蓬茂掩住胸部，胸毛
　　　長至肚臍，手腳之毛濃密且長達寸餘，身高則高達丈餘。

　　書中記載他們於米崙山麓穴居，所謂的米崙山，即今天花蓮縣政府西邊的美崙山。與阿里嘎該有直接衝突的，便是居住在這塊區域的「南勢番」——即今天的「南勢阿美」，分布於今天花蓮縣新城鄉、花蓮市、

吉安、壽豐等鄉鎮。也就是說，雖然我們說阿里嘎該是流傳於阿美與撒奇萊雅族的傳說，但真正與之相關的，只有住在美崙山附近的南勢阿美族。

文獻中又說：

不知他們在何時從何地遷來。其人數僅有五人、社民稱之為hofhof、takuy、'alafukes、doec、pato'an。他們奔馳如風，擅長變身之術，拔手毛吹氣即可變出所要的人物，或變出數千個士兵，或變成嬰兒的母親，或變成番婦的丈夫，經常出沒於番社，冒犯婦女或吃嬰兒，據說番人為此苦惱不已。

阿里嘎該不僅身材高大，奔馳如風，還擅長變身之術。關於他們是如何變身，除了數千名士兵是拔手毛吹氣變出來的之外，文獻中並沒有詳細說明，但他們是如何騷擾族人，卻有詳細的記載：

一、破壞民房點菸

hofhof經常來部落惡作劇。某日祂來到番社，如往常一腳跨進民家，破壞屋頂，並將手伸入屋內，命令別人幫祂點菸。留守在家的老婦預料此事，一面讓hofhof暫等，一面讓數十名藏匿在屋內的少年，使用備妥的粗藤繩綁住hofhof的手臂，使勁地拉。最後將hofhof的手臂拔斷，使其狼狽地逃走。

二、吃食嬰兒的內臟

某日，一名少女揹著嬰兒跟隨母親前往耕地，當她停下來摘採路邊的草時，有一名阿里嘎該見狀，立即拔下自己的手毛念咒化身母親的樣子，從少女背後接過嬰兒，假裝要哺乳，卻是剖開嬰兒的胸膛挖出心臟……

三、變身丈夫冒犯婦女

小米收穫之後有 miladis 祭的漁獵。社民扶老攜幼前往米崙溪，社裡只有婦女們留守。感覺方過中午時分，而太陽卻已西斜即將日暮，因此在 safong' atang 家裡留守的妻子非常慌張，趕緊準備黏糕等候丈夫兒子們回來。不久，丈夫和兩個兒子各帶四條魚回來。一家團圓和樂吃完晚飯沒多久就上床睡覺。

妻子覺得天快亮了，於是起床走到屋外，這時太陽雖已西斜，但是離日暮尚早。她以為是在作夢，覺得非常不可思議，進屋後，發現方才還睡在床上的丈夫和兒子都不見了。就在她驚愕住的時候，丈夫和兩個兒子各帶四條魚回來。妻子以為是丈夫開她玩笑，嘴裡咕嚕地發起牢騷，但是看見丈夫似乎確實一直待在溪邊，並無可疑之處，便告知他剛才發生的事情。夫妻倆都認為係妖怪所為而毛骨悚然。由於此事，妻子後來懷孕生下一名男孩，取名 toray，男孩長大後容貌魁偉，身高丈餘，聽說與' alikakay 族人無異。

這些是《番族慣習調查報告書》記載的版本。

關於第一篇作祟故事，在《台灣原住民口傳文學選集》（林道生）中也有記載，卻稍有不同。故事中，阿里嘎該破壞房屋並非為了點菸，而是為了吃食躲在會所的嬰兒，且被拔斷手臂後沒有逃跑，反而一副無所謂的模樣說道：「拉吉、拉吉、吉里卡山，山上多的是木柴，撿一支裝上去，又是一隻好手臂！」然後拔起一根樹木接到斷肢處，變成一支新手臂。

而關於第三篇的阿里嘎該之子 toray，文獻還有許多與祂有關的傳說，我們稍後也會說到。

美崙山上的大戰

　　面對阿里嘎該屢次的騷擾，南勢阿美人自然不會坐以待斃，在一次祕密開會後，決定出兵討伐。阿美人與阿里嘎該的戰爭，有許多不同的版本，不過都是交戰多次後才取勝，取勝方法也不太相同。在這裡，我們將比較最早的文獻《番族慣習調查報告書》與近代文獻《台灣原住民口傳文學選集》兩者的差異。

　　《番族慣習調查報告書》中記載：第一次阿美人出兵，阿里嘎該以毛髮變作數千名士兵應對；第二次出兵，阿美人帶了一種有異臭的大樹 kalalaw，然而還是戰敗；直到第三次出兵，使用了「婦女不淨之腰裙」，才使阿里嘎該投降，並約定立刻離開美崙山，向東涉海而歸，據說海水只到他們的腳踝。

　　兩名阿里嘎該逕自離開，兩名阿里嘎該教導社民應舉行祭祀之日以及祈禱方法，只有一名名喚 Takuy 的阿里嘎該留了下來，入七腳川社後便住在山中，晚年成為該社之神，經常以豬或蛇的形象出現。這個記載相當重要，我們後續再談。

　　《台灣原住民口傳文學選集》中描述的，就生動許多，在與阿里嘎該開戰之前甚至還有一段訓練的過程：各部落的頭目選出年齡階級一、二級的菁英，分為「拉力氣」（lalikit，北軍）與「力固大」（likuda，南軍），並實施嚴格的快跑、長跑、撐竿跳、射箭、刀術、摔角、擲石頭、拔河、負重競走等九項戰術訓練，幾個月後才正式開戰。

　　第一次出戰時，北軍拉力氣用彈弓射出千萬飛石，雖然打塌了阿里嘎該的房舍，阿里嘎該卻毫髮無傷；第二次出戰，換南軍力固大打前鋒，使用弓箭進行攻擊，卻一樣毫無作用；第三次兩軍同時用火箭射向美崙山，但這些火箭在飛到阿里嘎該身旁時便都神奇地熄滅了；

第四次，頭目下定決心與阿里嘎該進行生死決戰，所有人拿著大刀與阿里嘎該肉搏，然而大刀不僅砍不進阿里嘎該的脖子，阿里嘎該只用手指輕輕一碰，阿美人便倒了下來，或死或傷。

這次出戰傷亡慘重，再也沒有人反抗阿里嘎該。直到有一天，頭目被海神卡費（kafit）託夢，得知阿里嘎該害怕祭典中使用的「布隆」（porong，一種用蘆葦編成的法器），才終於獲得勝利。阿里嘎該下跪求饒，並答應永遠離開美崙山，臨行前祂們告知阿美人，只要每年的這個時候，帶著檳榔、米酒、都輪（tulun，糯米糕、黏糕）來此祭拜海神卡費，便能捕到許多魚蝦，據說這就成了阿美族的豐年祭與海祭的由來。

對比兩個版本，可以發現在後來的版本中，增加了許多新的要素，如（1）拉力氣與力固大兩軍隊以及訓練過程、（2）海神卡費的託夢、（3）該傳說導致了海祭與豐年祭的誕生；且後來的版本刪去了原來版本「使用婦女不淨之腰裙」，這個在今天看來較不性別友善的戰勝方式，改成了使用布隆法器。

關於第一點與第三點的改動，我們可以視之為口傳文學紀錄文化的功能，也就是利用妖怪傳說，解釋現今祭儀或習俗的起因。這種作法其實相當常見，妖怪傳說因此被賦予了傳播文化的功能，而更容易被傳誦和記憶。

至於第二點就有些令人玩味。在同樣也是日治時期的調查文獻《蕃族調查報告書》中，記載了阿美人有四個主神：Kafid、Arakakay、Dongi、Malataw，前兩者即為卡費與阿里嘎該（拼法不同應是因為紀錄者不同）。當中是這樣描述的：

Kafid：男神，為掌管陰晴風雨之神。外形似人，眼睛和頭髮都是

紅色的，好與魚類為友，其妻名為 Owa Macan。蕃人尊稱 Kafid 為「魚之父」，從事漁撈或在海上遭遇暴風雨時，皆祭祀此神。據說其居住在東方，鯨魚是祂的孩子。

Arakakay：男神，是 Kafid 的顧問。外形似人，身高三丈（日本的一丈約為 3.03 公尺），臉長，眼大，嘴巴小，手腳約與身高等長，爪利，常危害人畜。

阿里嘎該竟是海神卡費的顧問！

這也許便是為何後來的故事忽然冒出「海神卡費的託夢」這樣的元素，且阿里嘎該必須踏過海洋，才能回到祂們位於東方的家鄉。只是究竟是什麼樣的顧問，又為什麼好好的顧問會危害人畜，目前尚未有定論，還需繼續深入研究。

與我們熟悉的神話傳說不同，阿里嘎該的傳說留下了許多可考的部分。不僅居住遺跡的位置被詳細記錄下來，阿里嘎該的後代們所產生的事蹟也非常多，且唯一留下來的阿里嘎該 Takuy，原本以為只有隻字片語，卻意外發現其傳說竟深入了七腳川人的歷史與生活。

這些可考的傳說的痕跡，也構成了這趟尋妖之旅的基礎。

米崙山上的土窟

在《番族慣習調查報告書》中，除了提到阿里嘎該住在米倫山的土窟外，還詳載了該洞窟的位置，洞窟內甚至還有遺留下來的家具：

'alikakay 族以前居住在米崙山麓的土窟，位於現在的陸軍火藥庫後方，距今十二、三年前尚為一片竹林，洞穴向內傾斜，深約十間，共有左右二室。左室有石杵及石箱（長 3 尺，寬 1 尺 2 寸，深約 1 尺 5 寸），右室為空室。兩室皆有矮樹及叢生的雜草，但近年來竹林被砍

伐，土窟之入口亦因牧牛的結果被填平，變成盆地，只略顯古址之痕跡。

　　內文提到，阿里嘎該居住的土窟，位於「現在」的陸軍火藥庫後方。這裡的「現在」，應該就是作者小島由道記錄這則資訊的時間，大約是 1909 至 1921 年左右。但陸軍火藥庫又在哪裡呢？

　　為此筆者翻找了許多花蓮地區的古地圖，但地圖頂多是把軍營的位置標示出來，不會明確標示火藥庫的位置。後來筆者才意識到，火藥庫是重要軍事地標，除非是軍事地圖，本就不會標在地圖上。

　　1929 年的花蓮港街一般圖是目前能找到有涵蓋米崙山，且有標示軍營位置的地圖。我們可以看到，圖上的米崙山有一大半被劃入練兵場的範圍，陸軍火藥庫恐怕就位在這裡。

蛇神達貴

　　只有 takuy 一人留在此地，他入七腳川社後，住在山中，晚年成為該社之神，經常變成豬或蛇出現。

　　這是先前介紹美崙山大戰時，文獻中提到的一句話。

　　這則紀錄相當有趣，原本做亂的妖怪，竟然成為神明。筆者原以為這樣的信仰也許早已消失，但經過調查後卻發現並非如此。一開始筆者只找

● 1929 年花蓮港街一般圖

到一些隻字片語。在行政院原住民委員會的《原住民族傳統領域土地調查——第四年研究報告》中，附錄的「花蓮縣花蓮市傳統領域地名故事表」這麼寫道：

Kapuces 意為「大痔瘡」。其所指應為福州公墓所在之丘陵。根據耆老傳說指出：名為 Takuy 的神與七腳川社人交情極佳，而他就住在這個地方。

但除此之外，卻找不到任何相關的紀錄。本來打算放棄時，卻又從花蓮當地蒐羅傳說的友人那裡，聽聞了一個關於蛇的 kawas（靈）的故事，這才驚覺這個蛇的 kawas，也許便是那個我一直遍尋不著的 Takuy。

該故事友人將其撰寫成了文章〈南勢阿美的鬼怪世界——Takuwi（達貴），蛇之 kawas〉，在此引述其內容：

根據 sikasuan（七腳川）耆老口述，Takuwi（達貴）是 o'nel（蛇）的 kawas（靈），住在固定區域，據說離以前本部落不遠。Takuwi 住的地方有一顆大石頭，部落每有征戰，或出草或服役，會有特定的長者率族眾前往請謁，等於是稟明，也算是求神諭、求預卜，望能事先知曉此行吉凶。

族中只有少數特定的人，聽得懂 Takuwi 說的話。但過去每有戰事，出發前男人們一定會先到 Takuwi 的石頭前祈求，老人家講，他們到了後會先 mifetik（滴酒敬禮），等了會後會聽到沙沙沙的聲音，然後看得到的會看到 Takuwi 滑行出來，這時主禱的長者會進一步向前，告知此行來意，並聽取 Takuwi 指示……

這不正是 Takuy 的傳說嗎？

Takuy 與 Takuwi 的寫法不同，所以一開始沒有意會過來，但一讀出來便恍然大悟。Takuy 與 Takuwi 發音幾乎相同，又都是蛇的形象，

且同為七腳川地方的傳統信仰，描寫的應該是一樣的傳說。只是在耆老的口中，Takuy 失去了與阿里嘎該的連結，也不會化身為豬，但這可以視為傳說的演變，同樣值得探討。

根據耆老的敘述，日本人在 1908 年發動了七腳川事件，將社民與達貴約定溝通的巨石埋到土中，之後，日本人在七腳川社蓋起了吉野村。時至今日，達貴巨石的埋葬處已無人知曉，然而蛇神的故事還有後續。

終戰後，耆老某日遇到兩個看來七、八十歲的道士。他回憶道：「很接近他們倆時，正好看站在高處，羅盤比劃下喃喃念著：『窮凶惡地，靈蛇出世』。這八個字打到我心坎，是啊你看我們福興這塊地，七腳川原住民、吉野村移民、後來的客家人哪個不凶啊。……老地理仙後來在風水裡動了手腳，最高的忠烈祠據說就是蓋來鎮蛇妖的。」

這個忠烈祠，據說模仿了中正紀念堂的設計，如果能夠去親眼看看的話那就太好了。但耆老口中的忠烈祠究竟是哪一座？令筆者困惑的是，似乎沒有與七腳川原址相符的忠烈祠，後來筆者才發現，耆老指的應該是位於福興村的花蓮縣軍人「忠靈祠」，「忠靈祠」不僅外觀符合耆老的描述，位置也相當靠近七腳川部落的原址。

阿里嘎該的子孫

阿里嘎該雖然在戰爭後離開，卻留下了許多子孫，而關於這些子孫，文獻也有相當篇幅的紀載。在先前描述阿里嘎該的作祟事蹟時，有提到的「toray」，據說 toray 自幼皮膚白皙，容貌魁偉，並且特別喜歡盪鞦韆。每年 malalikid（豐年祭）時，他會在社內尋找對立的巨樹，綁上粗大的藤繩，揹著由鯨骨製成的風箏，脖子上掛著大鈴環，颼颼

地盪鞦韆。當風箏在空中飄揚，鈴環叮噹和音，常常吸引社內男女不去跳舞前往觀看。但隨著年齡增長，他的身材愈來愈高，最後直達丈餘，因找不到配偶而一生孤獨。

然而這個 toray 並不是阿里嘎該唯一留下的孩子。

除了薄薄社的 toray 之外，阿里嘎該也在十餘里的南方留下了馬太鞍社的 'adafowang 和太巴塱社的 kapa' 兩子。傳說，這三人在知道彼此出自同一祖先後便互相結拜。當時北部有異族 sakiraya（撒奇萊雅）社，該社有一個以剛勇出名的頭目 patoloan，三人為了展現自己的勇武，便相約要討伐他。然而在約定好襲擊之日後，toray 竟先跑去通知 sakiraya 社，使得不知情的 'adafowang 和 kapa' 被早已準備好的 sakiraya 社反擊，只得狼狽逃跑。

當他們逃到里漏社東方時，toray 忽然從草叢中跳出，一刀殺死了 kapa'。正當 toray 準備砍下 kapa' 的首級，慌亂的 'adafowang 便撒謊：「看呀！我軍在象鼻角燃起的火！」藉此引開 toray 的注意而跑走。toray 才揮刀到一半，便看見象鼻角的火光，只好放棄追擊。

追尋巨人的足跡

在整理這麼多傳說故事後，心中也定下了幾個必去的地點。首先，作為與阿里嘎該有關的兩個祭典──「海祭」和「豐年祭」是一定要去的；而位於美崙山上阿里嘎該居住的土窟、與達貴溝通的巨石、「鎮壓蛇妖」的忠靈祠等，都值得一看。

然而在整理妖怪文獻的同時，有兩個影響了族群分布的重大事件，若是不去了解，這趟旅程根本不能算是完成。那是發生於這塊土地，兩次的滅族事件──「加禮宛事件」和「七腳川事件」。

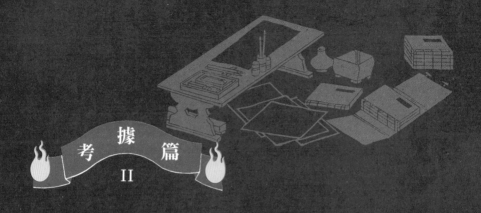

看不見的統治者之手

　　不同文化的族群爭奪有限的資源，本來就會產生碰撞、衝突和鬥爭，幾百年以來，這些碰撞、衝突和鬥爭不斷在台灣這座島嶼上演。花蓮的歷史，其實就是原住民與原住民、原住民與漢人，以及原住民與日本人之間的爭鬥史。其中兩次相當重要的大事件，甚至直接翻轉了當時花蓮的族群結構，並使三個族群幾乎從歷史中消失。

兩族聯手對抗外來勢力

　　第一，便是發生於清領時期的「加禮宛事件」，該起事件直接導致了撒奇萊雅族的消失。

　　「加禮宛事件」，或稱「達固湖灣事件」，是噶瑪蘭族和撒奇萊雅族在 1878 年發生的聯合抗清事件。「加禮宛（Kaliawan）」是撒奇萊雅族與南勢阿美族對花蓮地區的噶瑪蘭族的統稱，而「達固湖灣（Dagubuwan）」則是撒奇萊雅族的主要根據地。

　　撒奇萊雅族在奇萊平原一直處於主導地位——這點可以從「奇萊」這個地名得知。該名稱來自外族接觸撒奇萊雅族時，誤將族名 Sakiraya 當成地名，因此，所在地的平原被稱為「奇萊平原」，而位於附近的高山也被稱為「奇萊山」。但在加禮宛事件之後，清軍幾乎剿滅了所有加禮宛人和撒奇萊雅人，倖存的撒奇萊雅人則在阿美族人中躲藏了

百餘年。

　　最初加禮宛人會從原來宜蘭的根據地來到花蓮，便是因為漢人的大舉入侵。早在 1776 年，漢人林元旻由烏石港北邊的河流上溯，成功侵占淇武蘭，成為最早入墾蘭陽平原的漢人。二十年後，1796 年，漳州人吳沙便率領漳、泉、客家移民，大規模武裝進入噶瑪蘭，建立了頭城。

　　原本漢人只能找噶瑪蘭人尚未開墾的偏僻田地耕作，但藉由種種手段，比如丟棄死貓死狗到噶瑪蘭人田地，使其認為不吉利而棄置，或是偷推田埂，使其田地縮減等，加上漢人人口的急速擴張，終於迫使噶瑪蘭人往花東遷移。在 1830 到 1840 年間，以加禮宛社為首的六個噶瑪蘭社，成功入侵了奇萊平原，在美崙溪北岸建立新聚落，並逐漸凌駕原來在此地生存的泰雅與南勢阿美人。

　　然而，不過短短的三十年，加禮宛人又再度面對相同的問題。儘管加禮宛人曾試圖從體制內取得土地所有權，也曾幫助清軍對抗太魯閣族，但在官府明顯偏袒漢人的情況下，在光緒 4 年（1878）的 6 月 18 日，憤怒的加禮宛人聯合了撒奇萊雅人組織聯軍，爆發了「加禮宛事件」。

　　事發的導火線眾說紛紜，有人說是漢商私入加禮宛土地被殺害，而清軍下令加禮宛人賠償；也有人說是加禮宛人不滿漢人陳輝煌招搖撞騙，長期欺壓族人，加上為軍隊購買糧食發生爭議；還有人說，是因為當地的清軍欺侮婦女，加禮宛人為母系社會，到營理論時對方非但隱匿肇事者，甚至殺害前來理論的族人。

　　不論何種原因，這場抗清行動維持的時間並不長。原先清廷因為加禮宛人為「熟番」，先派遣文官進行安撫，事件已逐漸平息，沒想到兩個月後的增兵，使衝突再度爆發。加禮宛人殺害了十名漢人，讓

清廷決定以武力鎮壓加禮宛社。

　　9月5日，清軍打算從美崙山進攻加禮宛社卻遭到偷襲，於是決定先攻擊撒奇萊雅族的達固湖灣部落，以孤立加禮宛社。在其他原住民的幫助下，清軍得知刺竹林有三道取水門。然而這取水門實在太小，一旦進入便會被擊殺，於是採取火攻，以帶火的箭矢將整個部落燒毀殆盡。

　　撒奇萊雅人決定投降，於是推舉頭目古穆・巴力克（Komod Pazik）及其妻伊婕・卡娜蕭（Icep Kanasaw）前往軍營，沒想到古穆・巴力克卻被清軍綁在茄苳樹上凌遲，伊婕・卡娜蕭則被夾在剖開的茄苳樹之間，被數十名清軍活活踩死。清軍甚至命令撒奇萊雅人與阿美人在旁圍觀，用以殺雞儆猴。

　　兩天後，清軍再次進攻加禮宛社，成功斬殺加禮宛社百餘人，其餘人各自逃竄。此時，原本持觀望態度的荳蘭、薄薄等社，以及太魯閣人，都加入了攻擊加禮宛社的行列，在腹背受敵的情況下，加禮宛人終於投降，加禮宛事件宣告結束。

　　事件過後，撒奇萊雅人與加禮宛人流竄各地，隱身各個族群。前者混入阿美各族，甚至在後來日人進行民族調查時，因害怕被追殺，而不願自稱撒奇萊雅族，被劃入阿美族的分支；後者也逐漸融入漢人或他族的社會，再也不敢宣揚自己的族名。而在此次事件中幫助清軍最多的七腳川社，則代替撒奇萊雅，成為奇萊平原最大的部落。

薪資問題演變成的滅族悲劇

　　然而七腳川社成為最強盛部落的日子沒有持續多久，便因為爆發了七腳川事件，而被日人剿滅、分裂。

　　七腳川（Cikasuan），又被譯為「竹腳宣」、「直腳宣」，是南勢

阿美族中的一社。最初阿美人遷居此地時，見此地多柴薪（Cikasoyay），因而得名。在加禮宛事件時，因為協助清軍切斷撒奇萊雅族和木瓜番之間的聯絡，並剿滅逃竄的加禮宛人，被贈與大量銀帛，順勢取代撒奇萊雅，成為該領土上最大的部落。

1895 年，馬關割台，日本人接手治理台灣。一開始，日本人利用七腳川人與太魯閣群之間的矛盾，時常徵用其為軍伕。甚至在明治 40 年（1907），設立用以封鎖太魯閣群突襲的「北埔隘勇線」時，徵用數十名七腳川社的壯丁，編為隘勇。也因此，七腳川社人擁有大量火槍，且因長期被委以重任，而對日本政府採取對等姿態，時常有不配合政令的表現。

1908 年 12 月，原本被派往自家附近執勤的十八名隘勇，因工作調動至遠方海岸，而感到不平，認為薪資過少，且值勤地離家過遠。不僅如此，當他們向頭目索取工資時，頭目與警察皆推卸責任，雙方互踢皮球。隘勇們認為這是警方與頭目故意苛待他們，於是在十三日相約逃往山區。隔日，又有四名隘勇逃走，甚至發生襲警事件，造成一名巡查身亡。

15 日，七腳川派出所被七腳川社人包圍，不過被從花蓮港趕來救援的步兵成功擊退而返。本來只是少部分人的薪資問題，卻被日方認定為全社暴動，當晚便發動軍事行動，後續幾日，為了確保其餘南勢阿美五社順服，而命其奪取七腳川社之糧食，放火燒毀家具。最終使七腳川人在糧食欠缺的情況下，請求歸順。

歸順的七腳川人被日本人分配到花東各地，七腳川社也被遷至今日花蓮池南、月眉、溪口及台東縣海端，被稱為「七腳川新社」。其餘不肯投降者，也在大正 3 年（1914）時，與太魯閣群一同被討伐。

而原來七腳川社的土地，則成為了日本第一座官營移民村——吉野村。

　　關於七腳川事件為什麼會發生，有各種說法。其中一種說法，是七腳川事件，乃是日本人刻意誇大的行動，畢竟原本只是普通的勞資糾紛，最終怎麼會演變成為必須以滅社來解決的軍事行動？根據該說法，日人必須剿滅七腳川社的原因有二：一是為了取得樟腦，二是為了建設東台灣的軍事防禦。

　　1905 年，日俄戰爭的勝利使得日本軍國主義抬頭。樟腦為軍需化學工業的重要原料，而東台灣擁有豐富的林地與礦業資源，無疑是第一首選。這就使得當時的總督佐久間左馬太，必須以更強硬的方式治理番地，於是推行了所謂「五年理蕃計畫」——簡單來說，便是武力鎮壓原住民，要求繳回槍械彈藥的政策。

　　如前所述，七腳川人長期藐視日人統治，又因防守隘勇線而擁有大量槍械，自然是首要目標。此外，當時東部開發中有一個重要建設——「台東線鐵道」，其修築的區域也與七腳川社的生活領域緊密相關。而日人害怕七腳川人逐漸萌芽的土地所有權概念，會使得鐵道能否取得土地鋪設，遭遇極大的困難；再加上當時私人企業已經有移民東台灣的先例，但一直不太成功，使得官營移民村的構想也逐漸成形。

　　以上幾點，使七腳川事件的發生，近乎成為必然。

族群正名和被遺忘的過去

　　在經歷了百餘年的隱姓埋名後，噶瑪蘭族與撒奇萊雅族，終於展開正名之路。1980 年開始，噶瑪蘭人展開尋根與正名運動，並在 2002 年 12 月 25 日，正式被官方承認為第十一個台灣原住民族。緊接在後

的撒奇萊雅族，也於 2007 年 1 月 17 日，被承認為第十三個台灣原住民族。

不僅如此，在加禮宛事件中，受清軍凌虐致死的頭目古穆・巴力克與頭目之妻伊婕・卡娜蕭，也被封為「火神」與「火神太」。撒奇萊雅人每年十月會舉行「火神祭」，用以傳頌他們的壯烈犧牲，藉此提醒年輕一代切勿忘卻族根。

然而，如今被稱為「太昌部落」的七腳川部落，即使距離村子不遠處便立著七腳川事件紀念碑，年輕一代卻幾乎不知道自己族群的過去。對於身為「七腳川人」的認同，逐漸被身為「阿美族人」的認同所取代。

終戰後，台灣的統治權又交給了另一批人，族群結構再次改變。原本容納日本移民的吉野村，如今成為了吉安鄉；花蓮港神社變成了花蓮忠烈祠；真言宗吉野布教所成為了今天的慶修院；達固湖灣部落，修築了一條位於原址附近的同名大道；台東線鐵道，成了今天的花東線；美崙山則蓋起了公園。

事過境遷。

當初那雙擠壓原住民生存空間的「統治者之手」，如今又花了多少力氣，維護他們應有的平等呢？傳統領域的土地正義問題、東海岸環評未過的開發案、族語的逐漸消失、歲時祭儀的觀光化、社會上對原住民各種刻板印象歧視……種種問題尚未解決。

加禮宛事件與七腳川事件，這兩個應該被大書特書，被台灣人銘記的歷史，卻鮮少為人提起。這趟尋妖之旅，也許不能為解決上述的問題，卻希望能透過這趟旅程，喚起大家對歷史的重視。畢竟，妖怪就是文化，而文化則建立在這片土地的記憶之上。

藏在名詞裡的歷史

　　這次的尋妖之旅，安排了兩條路線，一條以尋找阿里嘎該為主，一條則以認識奇萊平原上族群衝突的歷史為主，後者又分為「加禮宛事件」、「七腳川事件」。

Day 1　尋找阿里嘎該

11:50	13:10	14:00	15:00	16:00	17:00
台北出發（台鐵普悠瑪號列車，中途可買鐵路便當在車上享用。若想早一點抵達花蓮，上午還有很多班次可選擇）	花蓮車站（可租借機車）	美崙山	仁里部落（薄薄社）（派出所西南西處找番刀）	福州公墓	三軍公墓

順路考察

美崙山

今天的美崙山公園，從清領以來就一直是戰略要地，日治時期蓋有練兵場，直到今天還有國軍駐守。據說日治時期的陸軍火藥庫後方，能找到阿里嘎該曾居住過的洞窟，內裡左有石杵和石箱，右為空室。

薄薄社派出所

今天的仁里派出所。日治時期的文獻記載，其西南西處曾挖到阿里嘎該之子 toray 巨大的番刀刀鞘。

福州公墓（大痔瘡 Kapuces）

今天吉安鄉福州公墓下突出的小丘陵。過去被七腳川人稱為 Kapuces，大痔瘡之意。傳說五名阿里嘎該之一的 Takuy 在美崙山大戰戰敗後來到這裡，化身為蛇與居民見面。

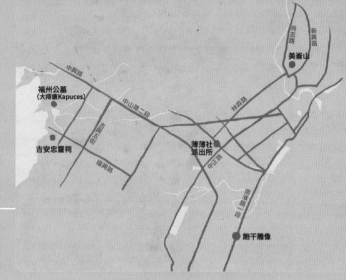

忠靈祠   18:00   20:00

飽干雕像   晚餐   住宿
       （回到花蓮
       市區享用）

吉安忠靈祠

據耆老所說，該建築是國民政府時期，兩位老地理師為了封印位於此處的蛇妖所建。蛇妖傳說與七腳川人的信仰 Takuy 蛇神不謀而合。

飽干雕像

飽干（PawKan）雕像位於阿美文化村外，傳說飽干是飽干部落（Cipawkan，今德安部落）的頭目，身材高大健碩、武功高強、智勇超群，曾經帶領南勢阿美人對抗阿里嘎該。

Day 2　藏在名詞裡的歷史 ［加禮宛事件］

07:00	13:00	13:30	15:00	18:00
早餐自理 達固湖灣大路 （原達固湖灣部落） 佐倉公墓	撒法度祭祀廣場 （位在水璉部落入口，為紀念加禮宛事件設立）	水璉部落 （可體驗部落獵人生活）	返回花蓮 （市區漫遊）	晚餐 （可選擇知名餛飩小吃、鋼管紅茶）

順路考察

達固湖灣大路

位於從前達固湖灣部落附近。達固湖灣部落為撒奇萊雅族尚還強盛時的部落，後因加禮宛事件滅社後消失。

佐倉公墓

此地為過去達固湖灣部落的一部分。加禮宛事件後，達固湖灣部落的撒奇萊雅人被強迫遷村而四散他方，留在原址的族人將部落改名為「Sakul」──茄苳樹之意，漢名為「歸化社」。日治時，因 Sakul 與 Sakura 音近，被稱為佐倉。

撒法度祭祀廣場

撒奇萊雅族為了紀念在加禮宛事件中喪生的頭目古穆・巴力克，及其妻伊婕・卡娜蕭，每年會在此舉行火神祭，以期勉子孫不忘過去。

水璉部落

在加禮宛事件過後，部分的撒奇萊雅族逃離至此建立新部落。當時帶領部落的頭目才十五、六歲。而後日本人進行民族學研究，撒奇萊雅人因害怕被追殺，不願自稱族名，而被劃入阿美族的一支，於 2007 年正名為第十三個台灣原住民族。

Day 2　［七腳川事件］

07:00	08:00	09:00	吉野神社遺址	12:00	13:00
早餐自理	出發前往吉安	吉野開村記念碑 （可體驗部落獵人生活）	慶修院 七腳川事件紀念碑	午餐	回到花蓮市區 （稍作休息）

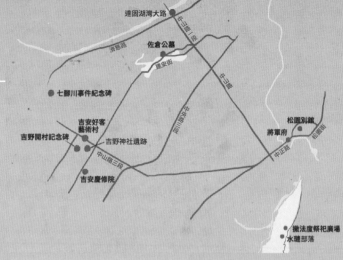

19:20 花蓮火車站（若結束行程，可搭乘太魯閣號。若選擇繼續行程，隔天可繼續考察七腳川事件行程）

21:20 抵達台北

順路考察

吉野神社遺址

為了撫慰吉野移民，移民村於1912年建立了神道教的吉野神社，這是花蓮港廳最早建立的神社。

吉野布教所

即今日吉安慶修院。七腳川事件後，日本人建立了吉野移民村，同時也帶來了佛教信仰。

七腳川事件紀念碑

為了紀念1908年發生的七腳川事件所設立的紀念碑，位於今天的太昌部落（七腳川部落）附近。舊時的七腳川部落其實坐落在三軍公墓與福州公墓之間的平原地帶，後因七腳川事件被遷走，並於原址建立吉野移民村。

松園別館

松園別館舊稱「花蓮港陸軍兵事部」辦公室，建於二次世界大戰後期，是日軍當時在花蓮重要的軍事指揮中心。

將軍府

將軍府是日治時期建立的軍官宿舍，終戰後，將軍府被作為眷村住宅，後因無人居住而逐漸被拆遷，直到2005年被列入古蹟後才停止。

14:30 松園別館（以日式建築為主的考察行程）

16:30 將軍府（花蓮美崙溪畔）

17:30 回到市區

18:00 晚餐

19:20 花蓮火車站（若結束行程，可搭乘太魯閣號。若選擇繼續行程，隔天可繼續考察加禮宛事件行程）

21:20 抵達台北

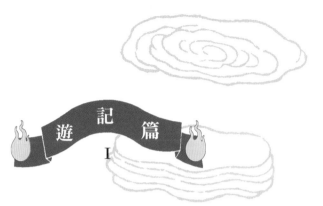

祭典尋妖：阿里嘎該與捕魚祭

阿里嘎該居住的洞窟

　　跟著地圖導航，不到十分鐘的機車路程便來到美崙山公園。還在想要如何停車，忽然感覺一個妖異的視線襲來。我心中一凜，這難道是阿里嘎該？連忙往四周看去——一隻巨大的「米奇」用詭異的微笑看著我，左手還比了個「耶」的手勢。在找到巨人之前先找到巨鼠，也算是好的開始吧

　　根據《番族慣習調查報告書》的記載，美崙山是阿里嘎該的大本營，而祂們居住的土窟，據說就位於當時日本陸軍的火藥庫後方。我心想，繞著山走一圈應該會找到吧？就算沒找到，應該也有些蛛絲馬跡。於是將機車停在一條分岔的山道前，沒有多想便出發了。

　　走才沒多久，我便找到山洞。我稍微探頭進去，地面有些潮溼，雖然是大白天，還是令人覺得毛骨悚然。

　　這不可能就是阿里嘎該的土窟吧，我心裡有無限的疑問。

　　先不說外面有明顯的軍事編號，裡面的空間這麼小，怎麼可能容納三丈高的巨人呢，更別說沒看見小島由道說的石杵和石箱。果然，當我繼續前進，更多這樣的山洞出現在我眼前。

這些山洞全開了槍口，易守難攻，很明顯是做為軍事防守用途，且全用水泥灌成，顯然是現代的產物。美崙山雖然僅一百零八公尺，但由於四周是奇萊平原，視野良好，從清領以來就一直作為軍事要地。日本人曾在這裡建設練兵場，國民政府來台後，這邊也一直有國軍駐守，有這樣的設施一點也不奇怪。

這也解釋為什麼阿里嘎該的土窟會位在陸軍火藥庫的後方了。

我沿著步道，花一個多小時走到美崙山的右半部，發現出現類似軍營的建築，才略感不妙。遠遠就看見軍人駐守，看見我猶豫不前，似乎有前來盤查的跡象。我不敢多作停留，深怕惹上麻煩，只好快步離去。

● 美崙山公園的招牌地標「米老鼠」

● 舊時軍事重地，做為防守之用

但問題來了，陸軍火藥庫很可能就位在營區之內——在國民政府接收之後，建築和用地應該是直接繼承使用的，所以位置變化應該不大。我琢磨了一下文獻的文字「陸軍火藥庫的後方」，開始朝著想像中的「陸軍火藥庫後方」移動，但在漫無目的地亂走一個多小時之後，我宣告放棄。

其實，在小島由道紀錄口碑的那個年代，土窟已經因為放牧的關係被填平了。一百年以後的今天，如果不加以開挖，怎麼可能找得到？然而這天下午，我找到好幾個可能是遺址的位置，即使證據不足，也沒能真的找到石杵和石箱，但想像著阿里嘎該如何在此生活，也能讓平凡的公園踏青，變成妖異感十足的尋妖之旅。

未知與想像，也許便是探險的本質。

吉安聯合海祭 Miladis

海風這麼強，祭品卻怎麼吹也吹不倒呢。

在我眼前，祭祀海神的祭品用香蕉葉盛著；三瓶要請祖靈享用的米酒，一旁還有都輪和檳榔。海風相當強勁，將香蕉葉吹得獵獵作響，本來看起來應該要倒下的米酒寶特瓶，此刻卻像是被什麼神奇力量保護似的，硬生生站得挺直。

今天是海祭，又稱捕魚祭、Miladis，是阿美族人一年一度的重要祭典，也是這次尋妖的重點行程。

海祭場是個類似運動場的地方，四周搭滿紅色的帳棚，每個帳棚都掛著來自哪個部落的指示牌。既然是吉安鄉公所舉辦的聯合海祭，那麼來的自然都是南勢阿美族，不過似乎不是每個部落都有參加。

再次回到會場時，現場準備進行「陸地撒網」的比賽。「陸地撒網」比賽由不同部落推派代表隊參加，廣場中央用粉筆畫了幾個圓圈，放

了六、七個空保特瓶代表魚群，參賽者只有一次撒網的機會，捕到越多魚的那隊獲勝。

●馬路旁插滿宣揚捕魚祭的旗幟

這是我第一次親眼見到撒網捕魚的技巧，確實堪稱華麗。撒網者雙手持網，用全身的力量如射飛盤般將網拋出，如果使勁正確，漁網會像蛛網那樣展開，落到地上。接著將漁網拉回，漁網上的小石子會讓網會收緊，魚（寶特瓶）便會被纏住，這便是完整的捕魚流程。

陸地撒網結束之後，主持人宣布大夥移駕到附近的生態池。據說在生態池裡，有著前幾天從其他地方運來的魚——沒錯，接下來要進行的活動，是真正的撒網捕魚。這次沒有分隊，在主持人宣布比賽開始的那一瞬間，所有參賽者拿著漁網衝下池子，小小的生態池瞬間擠滿了人，煞是壯觀。

午餐後，下午的活動還沒開始，便在大會那裡拿了一本活動

● 較有經驗的長輩示範撒網技巧

手冊，沒想到便看到阿里嘎該的故事。一樣是阿里嘎該的作祟故事，一樣是美崙山大戰，故事的最後，也一樣是阿里嘎該教導了阿美族人捕魚祭要準備米酒、檳榔和都輪祭拜海神。我開始好奇就算手冊這樣寫，又有多少人知道阿里嘎該的傳說呢？

於是，我打算要來做街頭口述調查。

循著一個個帳篷，逢人便問，想詢問是否聽過阿里嘎該的故事。以下即是願意受訪者的簡單調查記錄：

1. 一位光華部落的阿嬤。當我提到住在 bazik（美崙山）的阿里嘎該時，她相當驚訝，直說：「對，是 bazik」。這位阿嬤知道阿里嘎該扮成丈夫的作祟故事，不過她說比她再年輕的人大概就沒聽過了。她還提到，阿美文化村外的那個雕像是阿里嘎該的孩子，叫 bakwai（或是 cibakwai）。

2. 南華部落的帳篷問了一群大哥，說阿里嘎該是會抓走人讓人失蹤的妖怪。一位大哥補充，他是信基督教的，而妖怪就是妖怪，與基督教和佛教裡說的魔鬼不同。

3. 納荳蘭部落的帳棚，問了一位大姐，她說有聽過，而且據說大家都知道，不過當我問對方怎麼知道，她卻說是從網路上看到的。據她所知，阿里嘎該是一種會變身的巨人，騷擾婦女和小孩。她還說南邊的部落不叫阿里嘎該，叫 caraw（另一種妖怪，腳很長會將誘拐來的兒童掛在樹上，使之因下不來而死亡）。

4. 問了永安部落的頭目，他說他有聽過阿里嘎該，也同樣問我有沒有聽過七爺八爺，不過比較令人驚訝的是，他提到了另一個妖怪拉里美納（Lalimenah，一種會在即將病死之人面前化身成親人，勾人迷路的妖怪），說阿里嘎該很高，拉里美納很矮，而且都會勾人魂，就

● 許多參賽者在一聲令下，瘋狂衝下生態池捕魚，場面十分熱鬧

● 將捕到的魚放置帳棚區秤重，以利記錄

● 活動特別舉辦為婦女設計的釣竹魚比賽

像漢人的七爺八爺。

　　這次訪問得到不少有趣的資訊，雖然與文獻中略有不同，卻有不少人都聽過阿里嘎該的傳說，這樣的差異也許才是傳說真正的樣貌。其中比較值得討論的幾個是：

　　（1）阿美文化村外的那個雕像是阿里嘎該的孩子。

　　（2）南邊的部落不叫阿里嘎該，叫 caraw。

　　（3）阿里嘎該與七爺八爺的關係。

　　前者讓我打算海祭結束後直接去看看，後兩者則應該是某種文化上的類比，因為聽過類似的、相近的神怪，於是將之加以連結，久了便因此混淆而產生新的傳說。

阿美文化村外的巨人

　　因為很在意光華部落那位阿嬤說的阿里嘎該之子雕像，捕魚祭活動一結束，我便騎車來到阿美文化村。車程不到十分鐘，遠遠就能看見那尊巨大的雕像。

　　第一眼注意到的是這尊雕像下面的台座，竟然是雕刻兩尊石獅子以及紅色的寶珠，這完全是漢人的元素；再來注意到的，是雕像腳邊有座木造的小祭壇，裡面竟然備有酒水，難道這尊雕像是有人祭祀的嗎？我想找人詢問，無奈四下無人，只好作罷。

　　文獻中阿里嘎該確實有留下子嗣，一是薄薄社的 toray，二是馬太鞍社的 'adafowang，三是太巴塱社的 kapa'，不過完全沒有見過 bakwai 這個名字。這個 bakwai 究竟何許人也？

　　事後我對這尊雕像進行調查，才從典藏台灣的資料庫中，找到這尊雕像背後的故事。這的確不是阿里嘎該之子的雕像，但是雕像本尊的故事，卻和阿里嘎該之間有著密切相關。

　　這尊雕像名叫「飽干（PawKan）」的頭目，是飽干部落（cipawkan，今天的德安部落）的祖先。傳說祂身材高大壯碩、武功高強且智勇雙全，曾領導南勢阿美人與阿里嘎該作戰。這也是在前文中，我們提過的美崙山大戰的故事，只是這次，領導人有了名字，故事更加完整。

　　原來，光華部落阿嬤記得的 bakwai，其實是 PawKan，而所謂的阿里嘎該之子，竟是帶領擊退阿里嘎該的頭目！這起意外的發現，著實讓這趟旅程增色了不少。

● 文化村外的巨大雕像

祭典尋妖：達貴蛇神與豐年祭

在美崙山大戰之後，五名阿里嘎該只離去了四名，其中一名叫作「Takuy」的阿里嘎該留了下來，進入七腳川社，後來成為該社之神，經常以豬或蛇的形象出現。

本以為這則傳說不可考，但在一次與友人的對話中，卻意外發現這則傳說竟被流傳了下來。

故事由七腳川的耆老所述，說 Takuwi 是蛇的 kawas，住在離部落不遠的山上，每次征戰前部落都會請謁 Takuwi，以知吉凶。Kawas 一詞是「靈」的意思，阿美族的神鬼觀和漢人不同，要翻譯成妖或是神都可以，也因此，Takuwi，蛇的 kawas，也可以改稱祂為「達貴蛇神」。

再次來到花蓮，已經是兩個月後的事，這次的尋妖之旅，便是瞄準了這個傳說。

從七腳川到吉野再到吉安

要尋找蛇神，首先要先認識流傳這則傳說的部落背後的故事。於是，我的第一站來到了「吉安好客藝術村」。

根據史料，「七腳川事件」後，社人被迫遷居他處，被拆散在各個阿美部落之中。日人在原來空下來的土地，建立了第一個官營的移民

村。由於移民多來自四國德島縣的吉野川，故稱此地為「吉野村」。

● 園區內展示的「吉野開村記念碑」

這個好客藝術村的前身位置，便是吉野村的宮前部落。終戰之後，該地被接收成為宮前營區，吉野也被改名為吉安，而後宮前營區因長年荒廢，最近才交由吉安鄉公所進行改建再利用計畫。園區不大，大概十幾分鐘就能逛完，而在園區內的草坪上，便立著一塊巨大的石碑——是「吉野開村記念碑」。

除了紀念碑之外，園區內還可以見到吉野神社遺址，是一塊寫有「鎮座紀念」的石碑。石碑旁邊應景地建了座「手水舍」，不過也只有形似，沒有用來淨身的勺子，比起手水舍，更像是噴水池。

我帶著失望的心情離開好客藝術村。下一個景點離好客藝術村不遠，車程五分鐘不到，也與吉野村的信仰相關，那就是花蓮有名的三級古蹟「慶修院」。

慶修院過去叫作「吉野布教所」，建於 1917 年，屬於佛教真言宗，主祀空海大師、不動明王及毘沙門天。終戰後，該處改稱「慶修院」，裡面的主神也因應台灣人的信仰而改祀阿彌陀佛和觀世音菩薩，不過在 1997 年被指定為三級古蹟之後便失去原來的信仰功能。

一進入慶修院園區，看到的便是極度日式的場景，左手邊是手水舍，往裡走右手邊便是本體慶修院，更裡面則有四國八十八箇所的石佛和繪馬，以及販賣部。

● 八十八尊石佛

寺院是可以脫鞋進入的，遠遠就聽到日文的誦經聲，觀察一會才發現是從一旁的音響發出。周邊的販賣部不間斷地播映著吉野的歷史，外面的展板也可以看到七腳川事件和吉野村的歷史介紹。

慶修院在終戰後其實是有信仰功能的，如今的園區裡卻完全看不到這段歷史的介紹，原來祭祀阿彌陀佛和觀世音菩薩的歷史，就這樣被忽略，硬生生跳回日治時期。雖然如此，至少慶修院在古蹟的維護與修復上做的還是用心的，如今的慶修院與舊照片中的模樣相去不遠，或許這樣就足夠令人欣慰了。

七腳川的豐年祭

我在豐年祭（Malalikid）的前一天傍晚，來到七腳川部落。

七腳川事件紀念碑就在七腳川部落不遠處。周圍沒什麼人，偶有居民遛狗經過，但鮮

● 前身為吉安布教所的慶修院

少有人駐足。紀念碑下方，寫著衝突事件的始末，四周有以陶板畫藝術描繪的七腳川事件圖。

　　稍微複習了一下七腳川事件，閱讀完碑文後進入部落，竟意外發現部落裡有一群人正牽著手跳舞，口中唱著族語的歌。這才想起，的確，豐年祭一直以來都不是一天就結束的活動，通常觀光客看到的，是族人願意開放給訪客參加的部分。這次的經驗相當難得，在無預警的狀況下見證這樣的舞蹈，才真切體會到豐年祭文化就是生活，而非給外人欣賞的表演。

　　隔天一早，我再次來到七腳川部落，幸運遇上了一位聽過阿里嘎該傳說的當地居民。據此位大姐所說，阿里嘎該是類似漢人魔神仔的妖怪，小小的，會抓小孩；至於達貴，則是大蟒蛇的名字，以前小時候看到大蟒蛇都會以為是達貴。

　　所以達貴蛇神的傳說果然有在七腳川流傳！

鎮壓蛇妖的法陣

　　達貴蛇神的追尋尚未結束。

　　根據文獻，有一個被稱為 Kapuces，意為「大痔瘡」的地方，是達貴蛇神的居住

● 位於七腳川部落不遠的七腳川事件紀念碑，極引人注目的歷史地標

● 豐年祭尾聲的儀式舞蹈

之地，而這個 Kapuces，推測便是今天福州公墓所在之丘陵。

除此之外，如同先前考據篇所述，在蛇的 kawas 故事當中，耆老曾提到國民政府來台後，兩位地理師來到七腳川部落原址附近，拿著羅盤，口中說出「窮兇惡地，靈蛇出世」八個字，之後還祭出法陣要鎮這蛇妖。根據考據，這陣眼便是今天的吉安忠靈祠。

因此，這第三天的花蓮尋妖之旅，去的便是福州公墓和吉安忠靈祠了。

第一站是福州公墓。

我揀選人煙稀少的小路，不久便看見寫有福州公墓的拱門。遠處有農家，但眼前只有一個年邁的守墓人，看來應該是漢人。我抱著姑且一試的心情，問了關於蛇神的傳說，對方並沒有聽過。

於是我騎得稍遠一些，想找找「Kapuces」可能的位置。文獻中說是福州公墓所在的丘陵，那麼，應該就是放眼所及，那片特別光禿的地區吧。如果位置沒錯的話，當初與達貴見面的石頭，可能就埋在這裡。

接著我前往忠靈祠，忠靈祠位於三軍公墓，和福州公墓一樣，都是揀選人煙罕至的小徑才能到的了的地方。我在想，也許就是因為發生七腳川事件的關係，七腳川部落原址才會都是公墓吧。這點和撒奇萊雅族在加禮宛事件後，原來的達固湖灣部落附近，也變成了佐倉公墓的原因相同，都是發生過大屠殺之後留下的荒廢之地。

和福州公墓不同的是，三軍公墓看不到墓碑。顧名思義，三軍公墓是埋葬陣亡或因公殉亡軍人的墳墓，此地建有忠靈祠，亡故軍人的遺骸便統一收藏在忠靈祠內。

這座忠靈祠，便是七腳川耆老當初所說，那個鎮壓蛇妖的法陣了。

走過忠靈祠牌樓，眼前便是一枚飛彈和兩架坦克。我拾級而上，爬了一段不算短的階梯，終於來到忠靈祠門口。聽說，忠靈祠是刻意模仿中正紀念堂建造，有小中正紀念堂之稱，看這建築形式的確很像，都是白牆藍頂的中式風格。八卦形的屋頂有如法陣，也難怪會被耆老認為是有鎮煞功用。

我走進「陣眼」。裡頭插了許多國旗，一個寫著「中華民國國軍陣亡將士靈位」的巨大牌位立於中間，兩旁有著令人聯想到台灣傳統葬禮的特殊配色花圈，四周的牆壁則寫滿了陣亡將士的名字。

這是個嚴肅的地方。

但在耆老的認知裡，這卻也是漢人欺壓原住民的縮影，和花蓮所有古蹟、建築、地名一樣，都潛

● 如果位置沒錯的話，當初與達貴見面的石頭，可能就埋在這裡

四三六

藏著族群衝突的痕跡，或許這便是這座多元共存的島嶼，始終不可忘卻的原罪吧……

　　我離開忠靈祠，這次尋訪達貴蛇神的旅程便就此結束。然而之後和友人聊到此事，卻又得知另一個消息：達貴蛇神的祭祀，有可能會在九月份七腳川部落的巫師祭看到。

　　有機會的話，我當然想去看看。

　　不過，那又是另一個故事了。

尋妖人

楊海彥（小波）

　　畢業於台大生技系，而後就讀實踐工設所，為北地異工作室共同創辦人，過著不停轉換跑道的人生。參與過《唯妖論》、《說妖》等計畫，嗜讀奇幻文學，喜愛電影，養一隻以咖啡為名的貓。

魔神仔

日月潭傳說

貓將軍

大莆林水鬼

番婆鬼

石爺信仰

蛇神傳說

阿里嘎該

MEMORIES OF THE ISLAND

妖誌

島嶼妖怪文化之旅

國家圖書館出版品預行編目資料

尋妖誌：島嶼妖怪文化之旅 / 臺北地方異聞工作室著.
-- 初版. -- 臺中市：晨星, 2018.09
　　面；　公分. --（台灣地圖；43）
ISBN 978-986-443-191-5(平裝)

1.妖怪 2.文化研究 3.臺灣

298.6　　　　　　　　　　　　107012043

台灣地圖043

尋妖誌：島嶼妖怪文化之旅

作者	臺北地方異聞工作室（瀟湘神、謝蓓宜、高珮芸、清翔、楊海彥、林祉均、 王宥翔、 阮宗憲、許雅婷）
攝影	羅元成
主編	徐惠雅
執行主編	胡文青
校對	陳育茹、胡文青、蔡穎詩、臺北地方異聞工作室
插畫	李岱玲
美術編輯	黃子欽
封面設計	黃子欽

創辦人	陳銘民
發行所	晨星出版有限公司
	台中市407工業區30路1號
	TEL：（04）23595820　FAX：（04）23550581
	http://www.morningstar.com.tw
	行政院新聞局版台業字第2500號
法律顧問	陳思成律師
初版	西元2018年09月20日
二刷	西元2021年02月20日

總經銷	知己圖書股份有限公司
	台北　台北市106辛亥路一段30號9樓
	TEL：（02）23672044／23672047　FAX：（02）23635741
	台中　台中市407工業30路1號
	TEL：（04）23595819 FAX：（04）23595493
	E-mail：service@morningstar.com.tw
	網路書店 http://www.morningstar.com.tw
讀者服務專線	02-23672044
郵政劃撥	15060393（知己圖書股份有限公司）

印刷	上好印刷股份有限公司
	定價 550 元
	ISBN　978-986-443-191-5
	Published by Morning Star Publishing Inc.
	Printed in Taiwan

本書之踏查與研究獲國藝會補助